Conteúdo digital exclusivo!

Cadastre-se e transforme seus estudos em uma experiência única de aprendizado!

Acesse agora

Portal:

www.editoradobrasil.com.br/apoema

Código de aluno:

1244599A1334639

CB015108

Lembre-se de que esse código é pessoal e intransferível. Guarde-o com cuidado, pois é a única forma de você utilizar os conteúdos do portal.

Editora do Brasil

SILVIA PANAZZO
- Licenciada em História pela Pontifícia Universidade Católica – SP
- Licenciada em Pedagogia pela Universidade Cidade de São Paulo
- Pós-graduada em Tecnologias na aprendizagem pelo Centro Universitário Senac
- Professora de História no Ensino Fundamental e Ensino Médio

MARIA LUÍSA VAZ
- Licenciada em História pela Universidade de São Paulo
- Mestre em História Social pela Universidade de São Paulo
- Professora de História no Ensino Fundamental, Ensino Médio e Ensino Superior

APOEMA

HIS, TÓ RIA

9

1ª edição
São Paulo, 2018

Dados Internacionais de Catalogação na Publicação (CIP)
(Câmara Brasileira do Livro, SP, Brasil)

Panazzo, Silvia
    Apoema: história 9 / Silvia Panazzo, Maria Luísa
Vaz. – 1. ed. – São Paulo: Editora do Brasil, 2018. –
(Coleção apoema; 9)

    Bibliografia.
    ISBN 978-85-10-06912-0 (aluno)
    ISBN 978-85-10-06913-7 (professor)

    1. História (Ensino fundamental) I. Vaz, Maria
Luísa. II. Título. III. Série.

18-19666   CDD-372.89

Índices para catálogo sistemático:
1. História: Ensino fundamental 372.89

Maria Alice Ferreira - Bibliotecária - CRB-8/7964

Direção-geral: Vicente Tortamano Avanso

Direção editorial: Felipe Ramos Poletti
Gerência editorial: Erika Caldin
Supervisão de arte e editoração: Cida Alves
Supervisão de revisão: Dora Helena Feres
Supervisão de iconografia: Léo Burgos
Supervisão de digital: Ethel Shuña Queiroz
Supervisão de controle de processos editoriais: Marta Dias Portero
Supervisão de direitos autorais: Marilisa Bertolone Mendes

Supervisão editorial: Priscilla Cerencio
Edição: Mariana Tomadossi
Assistência editorial: Ivi Paula Costa da Silva e Rogério Cantelli
Auxílio editorial: Felipe Adão
Apoio editorial: Camila Marques e Mariana Gazeta
Coordenação de revisão: Otacílio Palareti
Copidesque: Gisélia Costa e Sylmara Beletti
Revisão: Andréia Andrade, Elaine Silva e Martin Gonçalves
Pesquisa iconográfica: Odete Ernestina Pereira e Priscila Ferraz
Assistência de arte: Letícia Santos
Design gráfico: Patrícia Lino
Capa: Megalo Design
Imagem de capa: Museu de Londres, Londres/Bridgeman Images/Easypix Brasil
Ilustrações: Fabio Nienow, Jane Kelly/Shutterstock.com (ícones seções), Paula Haydee Radi, Tatiana Kasyanova /Shutterstock.com (textura seção Documentos em foco)
Produção cartográfica: Alessandro Passos da Costa, DAE (Departamento de Arte e Editoração), Mario Yoshida e Sonia Vaz
Coordenação de editoração eletrônica: Abdonildo José de Lima Santos
Editoração eletrônica: NPublic/Formato Comunicação
Licenciamentos de textos: Cinthya Utiyama, Jennifer Xavier, Paula Harue Tozaki e Renata Garbellini
Controle de processos editoriais: Bruna Alves, Carlos Nunes, Jefferson Galdino, Rafael Machado e Stephanie Paparella

1ª edição / 1ª impressão, 2018
Impresso na AR Fernandez Gráfica

Editora do Brasil
Rua Conselheiro Nébias, 887
São Paulo, SP – CEP 01203-001
Fone: +55 11 3226-0211
www.editoradobrasil.com.br

abdr
ASSOCIAÇÃO BRASILEIRA DOS DIREITOS REPROGRÁFICOS
Respeite o direito autoral

APRESENTAÇÃO

Esta coleção coloca-o em contato com os saberes historicamente produzidos para que você interprete os diferentes processos históricos, bem como as relações estabelecidas entre os grupos humanos nos diferentes tempos e espaços.

Você irá se deparar com fatos relevantes da história do Brasil e do mundo, desde os primórdios aos dias atuais, para conhecer aspectos sociais, culturais, políticos, econômicos e o cotidiano dos diferentes sujeitos históricos.

O objetivo é apresentar um panorama amplo da história das sociedades para possibilitar uma interpretação dela, mesmo não sendo a única possível. A História pode sempre ser revista e reinterpretada à luz de novas descobertas e novos estudos de fontes históricas – ou seja, trata-se de um saber que está sempre em processo de construção.

Com base no conhecimento do passado e do presente, a coleção oferece subsídios para a compreensão das transformações realizadas pelas sociedades. Desse modo, você perceberá que, como sujeitos e agentes da história, todos nós podemos e devemos lutar por uma sociedade mais justa e digna, exercitando a tolerância, a pluralidade e o respeito. Pretendemos, por meio deste livro, contribuir para o processo de formação de cidadãos críticos, atuantes e preocupados com o mundo do qual fazemos parte.

As autoras

SUMÁRIO

UNIDADE 1

Antever

Em 15 de novembro de 1889, a República foi proclamada no Campo de Santana, evento representado nessa obra de Benedito Calixto.

Situado na região central da cidade do Rio de Janeiro, o local já havia sido cenário de outros marcos de nossa história: as coroações de D. João VI (1818), de Pedro I (1822) e de seu sucessor, Pedro II (1841). Constituiu-se assim em um local de memórias políticas da então capital do país, simbolizando duas realidades distintas: monarquia e república.

Que transformações ocorreram no Brasil com a adoção da república? Quais os contornos socioculturais do novo tempo que emergiu?

O ano de 1889 ficou marcado na história de nosso país devido ao rompimento com a tradição monárquica de origem europeia. Na virada do século XIX para o XX, parte da sociedade brasileira tinha a expectativa de que o país, enfim, alcançaria a *modernidade* e o *progresso*.

Como você imagina que esses conceitos eram entendidos naquele contexto? Foi possível concretizar os diferentes projetos de modernidade e progresso de cada segmento social?

Pinacoteca Municipal de São Paulo, São Paulo/Foto: Romulo Fialdini/Tempo Composto

Benedito Calixto. *Proclamação da República*, 1893. Óleo sobre tela, 1,23 m × 2 m.

Uma República para poucos

CAPÍTULO 1

Nasce a República

Protesto em frente ao Congresso Nacional contra a reforma da Previdência. Brasília (DF), 2016.

Em uma república, palavra que se origina do latim e cujo primeiro significado é "coisa pública", supõe-se que o Estado atenda a todos, ou seja, espera-se que todos os setores da sociedade se sintam representados de forma equilibrada. Nas últimas décadas, diversos grupos sociais, incentivados pela velocidade no compartilhamento de informações, têm se mobilizado para reivindicar seus direitos.

Mas nem sempre foi assim. A Primeira República, também chamada de República Velha, foi instalada no Brasil em 1889 e caracterizou-se como uma república para poucos cidadãos.

Governo militar provisório

Logo após os acontecimentos de 15 de novembro de 1889, coube aos militares a instalação de um governo provisório, cuja presidência foi entregue ao marechal Deodoro da Fonseca. Seguiram-se medidas que procuravam diferenciar o novo regime da monarquia, como a concessão de cidadania brasileira aos imigrantes, a separação entre Estado e Igreja e a instituição da liberdade religiosa e do casamento civil.

Deodoro da Fonseca, fotografia de Henrique Bernardelli, 1891.

Henrique Bernardelli. *Proclamação da República*, 1892. Óleo sobre tela.

O artista usou a fotografia de Deodoro da Fonseca, de 1891, para compor o rosto do personagem nesse quadro.

Ampliar

Chiquinha Gonzaga, de Edinha Diniz (Moderna).

A biografia de Chiquinha Gonzaga traz informações a respeito da cultura brasileira e da situação das mulheres nesse período.

O despertar da República, de Ana Luiza Martins (Contexto).

Trata das disputas políticas na época da proclamação e dos primeiros anos da república no Brasil.

A Constituição de 1891

O Congresso Nacional Constituinte foi convocado em 1890, e a primeira Constituição do novo regime entrou em vigor no ano seguinte. Ela estabelecia o presidencialismo, a extinção do Poder Moderador e a permanência dos poderes Executivo, Legislativo e Judiciário. Determinava, ainda, que a eleição do primeiro presidente da República seria indireta (realizada pelo Legislativo) e as posteriores seriam diretas. As províncias passaram a ser chamadas de estados e a ter autonomia em relação ao poder federal.

A Constituição também instituiu o voto aberto, e passaram a ser considerados eleitores os homens alfabetizados maiores de 21 anos, exceto clérigos e militares.

O voto aberto possibilitava que fazendeiros mantivessem o poder nas regiões onde exerciam domínio. O fim do voto censitário não representou uma real democratização do país, pois grande parte da população brasileira – mulheres, analfabetos, membros do clero e do exército – permaneceu sem direitos políticos.

Se no tempo do Império o voto era censitário, na República garantiu-se a restrição de eleitores pela exclusão dos que nada possuíam ou dos que não tinham acesso à educação. Essa exclusão estava relacionada à origem social dos deputados da Assembleia Constituinte, que pertenciam à elite agrária.

Aurélio de Figueiredo. *Compromisso constitucional de 1891*, 1896. Óleo sobre tela, 3,30 m × 2,57 m.

A obra representa o chefe do Executivo, Deodoro da Fonseca, presente no Congresso Nacional Constituinte.

Efeitos nefastos do Encilhamento

Com o objetivo de acelerar o crescimento econômico e demonstrar a superioridade do regime republicano, o então ministro da Fazenda, Rui Barbosa, implementou políticas de incentivo à industrialização. Entre 1890 e 1891, créditos bancários foram facilitados a quem pretendesse investir em indústrias ou estabelecimentos agrícolas, comerciais e financeiros. No entanto, a maioria dessas empresas "não saiu do papel", pois muitos investidores recebiam dinheiro e o desviavam para outros fins.

Essa medida ficou conhecida como **Encilhamento** e levou a economia brasileira ao colapso. Na **Bolsa de Valores**, as negociações eram tão velozes que fortunas se formavam e se perdiam do dia para a noite. Para evitar que a moeda se desvalorizasse, foi necessário suspender sua emissão.

Independentemente dessas medidas, ocorria nessa época uma diversificação na produção industrial, no comércio, na oferta de lazer e nos serviços públicos e privados, que gerou o crescimento das cidades, sobretudo Rio de Janeiro e São Paulo. A crise provocada pelo Encilhamento teve, no entanto, ampla repercussão negativa: **inflação**, muitas falências, quebra da Bolsa de Valores e **depressão econômica**.

A renúncia de Deodoro

O governo de Deodoro da Fonseca desgastou-se com a crise provocada pelo Encilhamento. Além disso, o presidente se desentendeu com o Legislativo e reaproximou-se de políticos que defendiam o retorno da monarquia. Ao final de 1891, ele renunciou ao cargo, assumindo o vice, marechal Floriano Peixoto, que tinha o apoio dos cafeicultores paulistas, que haviam integrado o movimento republicano. De acordo com a Constituição, novas eleições presidenciais deveriam ser convocadas, mas Floriano Peixoto ignorou esse dispositivo legal.

Documentos em foco ▮▮▮

E a febre continua desesperadamente

Observe na charge a corrida desenfreada aos investimentos proporcionados pela política econômica governamental.

1 Seria possível, apenas por meio de leis, implantar a industrialização no Brasil?

2 A quem beneficiaria esse processo de industrialização e crescimento econômico?

3 Por que o autor da charge teria comparado os investidores a apostadores?

Fundação Biblioteca Nacional, Rio de Janeiro

E a febre continua desesperadamente.

Pereira Neto. "E a febre continua desesperadamente", charge publicada na *Revista Illustrada*, 1890.

As revoltas militares

Floriano Peixoto governou de 1891 a 1894. O início de seu governo foi marcado por medidas de caráter popular, como o congelamento do preço dos aluguéis, da carne e de outros alimentos. No entanto, ele também promoveu dura repressão aos seus opositores, atitude que lhe proporcionou o apelido de "Marechal de Ferro".

No Rio Grande do Sul estourou a Revolta Federalista (1892-1895) e, no Rio de Janeiro, a Revolta da Armada (1893-1895). A Revolta Federalista teve caráter antirrepublicano e manifestou o descontentamento das elites locais com o governo gaúcho, que pretendia fortalecer o poder central. Floriano Peixoto apoiou o governo gaúcho na luta contra os federalistas mais radicais, derrotando-os.

Já a Revolta da Armada eclodiu porque a Marinha, antiga aliada da monarquia, desejava a convocação de novas eleições presidenciais, alegando a **inconstitucionalidade** do mandato de Floriano. Apesar de ameaçarem invadir o Rio de Janeiro e de se unirem aos federalistas no sul, os rebeldes foram derrotados.

Resultado do manifesto político assignado por 13 generaes de terra e mar: reformas e promoções em penca.

Angelo Agostini. "Resultado do manifesto político assinado por 13 generais de terra e mar: reformas e promoções em penca", charge publicada na *Revista Illustrada*, 1892.

O **Manifesto dos 13 generais** foi um documento publicado em 1892 que contestava a legitimidade do governo de Floriano Peixoto, condenava suas atitudes autoritárias e solicitava a convocação de novas eleições. Na charge, o autor ironiza a maneira pela qual Floriano reagiu ao manifesto: recorreu a demissões e a "promoções" de seus opositores a cargos distantes da capital federal.

Fotografia de Juan Gutierrez que retrata as ruínas do Forte de Villegaignon, ocupado pelas forças rebeldes durante a Revolta da Armada e destruído pelas tropas leais a Floriano Peixoto. Rio de Janeiro (RJ), 1893.

A elite cafeeira apoia Floriano

Na repressão a esses movimentos, Floriano recebeu ajuda financeira do Partido Republicano Paulista (PRP), que estava interessado em conter a crise econômica. Além disso, o PRP pretendia lançar seu candidato à sucessão presidencial e preferia fazê-lo em um clima de estabilidade política.

Em 1894, foi eleito à Presidência o cafeicultor Prudente de Moraes, candidato do Partido Republicano Paulista, dando início a um longo período de controle da política nacional pela oligarquia paulista.

Glossário

Inconstitucionalidade: condição do que não está de acordo com a Constituição.

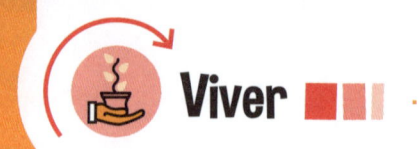

Viver ▪▪▪

Patriotismo ou cidadania?

A cidadania é uma prática que vem se transformando ao longo do tempo; a ideia originou-se na cultura greco-romana. Ser cidadão significa reivindicar direitos, engajar-se em ações de interesse coletivo, lutar por igualdade, justiça e por espaços de convivência de qualidade. Já patriotismo significa o sentimento de amor à pátria e a defesa do bem comum e de todos os símbolos nacionais.

Embora não tenham o mesmo significado, ambos os conceitos muitas vezes aparecem no mesmo contexto ou são confundidos.

Washington Alves/Reuters/Fotoarena

Protesto contra a corrupção. Belo Horizonte (MG), 2016.

2 A partir de hoje, 15 de novembro de 1889, o Brasil entra em nova fase, pois pode-se considerar finda a Monarquia, passando a regime francamente democrático com todas as consequências da Liberdade.

Foi o exército quem operou esta magna transformação; assim como a de 7 de abril de 31 ele firmou a Monarquia constitucional, acabando com o despotismo do Primeiro Imperador, hoje proclamou, no meio da maior tranquilidade e com solenidade realmente imponente, que queria outra forma de governo.

Assim desaparece a única monarquia que existia na América, e, fazendo votos para que o novo regime encaminhe a nossa pátria a seus grandes destinos, esperamos que os vencedores saberão legitimar a posse do poder com o selo da moderação, benignidade e justiça, impedindo qualquer violência contra os vencidos, e mostrando que a força bem se concilia com a moderação.

Viva o Brasil! Viva a Democracia! Viva a Liberdade!

O futuro do Brasil. *Gazeta da Tarde*, Rio de Janeiro, 15 nov. 1889. nº 310, p. 1.

1 Em dupla, observe a imagem e identifique a época em que foi produzida e o acontecimento a que se refere.

2 Conversem sobre a imagem: Existem símbolos nacionais nela? Quais? Qual é a relação entre o acontecimento mostrado na imagem e o citado no texto?

3 Em que aspecto a imagem ou o texto revelam a presença do patriotismo e da cidadania?

4 Em que aspectos o texto do jornal *Gazeta da Tarde* manifesta o que provavelmente seria o desejo do povo brasileiro?

Expressem suas conclusões em um trabalho visual. Vocês poderão elaborar memes, GIFs, desenhos, colagem de fotografias, colagem de notícias recentes de jornal etc.

Atividades ▪▪▪

1 Durante o governo de Deodoro da Fonseca, o ministro Rui Barbosa implantou uma nova política econômica com o objetivo de acelerar o desenvolvimento do país.

a) Como se chamava e em que consistia essa política?

b) Quais foram seus resultados?

2 Indique os avanços e retrocessos da Constituição de 1891, em comparação com a Constituição de 1824, nos seguintes aspectos:

a) os poderes no Estado brasileiro;

b) a administração dos estados (antigas províncias);

c) o direito a voto.

3 O início da república foi abalado pela renúncia de Deodoro da Fonseca antes de cumprir metade de seu mandato. Embora a Constituição determinasse a convocação de novas eleições presidenciais, o vice-presidente, Floriano Peixoto, assumiu a Presidência, à revelia dos protestos contra sua decisão arbitrária. Nesse contexto, explique a Revolta Federalista e a Revolta da Armada.

4 Observe esta imagem e faça o que se pede.

Fundação Maria Luisa e Oscar Americano, São Paulo

Anônimo. *Alegoria à proclamação da República e à partida da família imperial*, séc. XIX. Óleo sobre tela, 82 cm × 103 cm.

a) Descreva a cena representada no quadro.

b) Relacionando a pintura com o que você estudou, quem poderia ser o militar que segura a bandeira?

c) E a mulher, o que ela representa?

d) Qual teria sido a intenção do artista ao colocar na cena militares, civis, um grupo familiar e trabalhadores?

e) Nesse quadro, a mulher parece ocupar uma posição de destaque. Pelo que você já estudou, na sociedade brasileira da época as mulheres tinham destaque?

5 Qual foi a participação do povo brasileiro na Proclamação da República? O que mudou para a maioria da população brasileira após o fim da monarquia?

CAPÍTULO 2

Oligarquias no poder

Arionauro. *Eleições*. Charge publicada em: ‹www.arionaurocartuns.com.br›, em 17 maio 2018.

No Brasil, o coronelismo é um fenômeno político de longa duração que surgiu no início da república; ele consiste na manipulação do voto e no controle sobre o eleitorado.

O "coronel" do século XXI pode ser o prefeito do pequeno município que tem a "máquina pública" nas mãos, da qual a maioria dos habitantes depende para obter emprego, ou o fazendeiro poderoso e temido que exerce rígido controle sobre seus empregados e agregados.

Os "coronéis" são ainda os membros de numerosos "clãs" políticos, sobretudo do Nordeste do Brasil, que ocupam historicamente cargos estratégicos no Executivo, Legislativo e Judiciário.

O poder dos coronéis

De maneira semelhante ao que ocorreu no processo de independência, na consolidação do regime republicano prevaleceram os interesses das elites sobre os da maioria da sociedade, provocando o fortalecimento do poder local.

Os grandes fazendeiros, chamados de coronéis desde os tempos da monarquia, exerciam a liderança política e tinham enorme poder em suas regiões, decidindo até quais candidatos seriam eleitos. Esse fenômeno político ficou conhecido como coronelismo.

Nas primeiras décadas do século XX, eram comuns as fotografias dos coronéis com membros da família e agregados, de forma a evidenciar seu prestígio como patriarca e líder político.

Casa de Oswaldo Cruz, Rio de Janeiro

Família do coronel O'Donnel, Parnaguá (PI), 1912.

O fortalecimento do coronelismo

Diversos fatores contribuíram para o fortalecimento do poder local nas mãos dos coronéis. Um exemplo é o abandono do município pelos governos federal e estadual, inclusive no **repasse** de verbas dos impostos. Isso criou condições para que os membros das elites, os grandes fazendeiros, estendessem sua influência sobre os negócios públicos municipais, principalmente nas cidades do interior do Brasil.

Os coronéis eram chamados assim porque, desde os tempos da monarquia, muitos fazendeiros haviam recebido o título da Guarda Nacional, criada no governo do Regente Feijó (1835-1837) para combater revoltas que ocorriam no país. Esses fazendeiros não tinham nenhum vínculo com a carreira militar, mas podiam formar tropas próprias. Com isso, passaram a organizar bandos de **capangas**, que defendiam seus interesses, quase sempre de modo violento.

Glossário

Capanga: homem que se coloca a serviço de quem lhe paga; guarda-costas.
Repasse: ato de repassar, distribuir.

O voto de cabresto

Em torno do coronel **gravitavam** aliados e protegidos, que sempre votavam nos candidatos indicados por ele. Essa prática constituiu o voto de **cabresto**, justificado pelo fato de a maioria do eleitorado viver na miséria e se sentir na obrigação de retribuir com lealdade e obediência favores como oportunidades de emprego, melhorias na região, tratamento médico e dinheiro para a realização de festas religiosas.

As regiões controladas pelos coronéis eram conhecidas como "currais eleitorais", o que dava um sentido bastante negativo ao controle que aqueles chefes políticos exerciam.

Com o voto aberto, ou seja, declarado em voz alta, ficava fácil para os capangas obrigarem os eleitores a votar no candidato "certo", o que era devidamente registrado pelos **mesários** com uma pena molhada na tinta, como se escrevia naquela época. Por isso, as eleições eram chamadas de "bico de pena".

Documentos em foco ▪▪▪

Povos da República – 1920

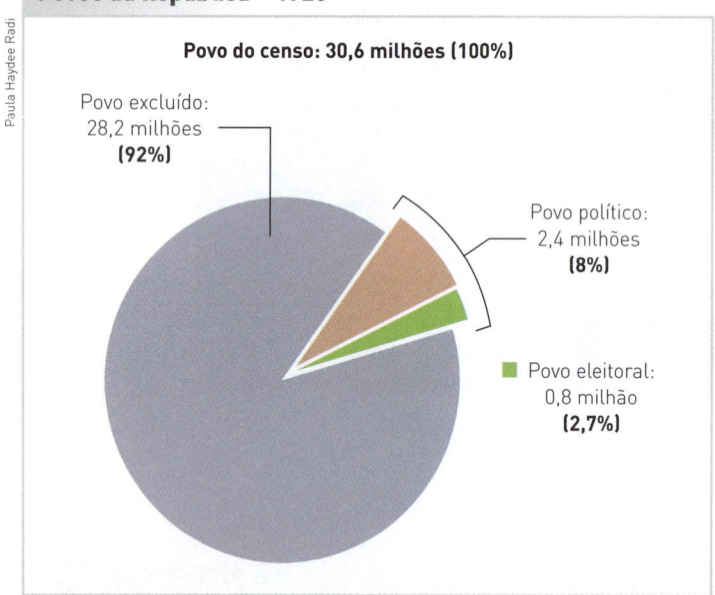

Paula Haydee Radi

Povo do censo: 30,6 milhões (100%)

Povo excluído: 28,2 milhões **(92%)**

Povo político: 2,4 milhões **(8%)**

Povo eleitoral: 0,8 milhão **(2,7%)**

Fonte: José Murilo de Carvalho. O pecado original da República. *Revista da Biblioteca Nacional*, ano 1, n. 5, p. 21-22, nov. 2005.

1. Em que aspectos o autor se baseou para analisar quem participava ou não da política?

2. Quem eram os excluídos do direito de voto na Primeira República, de acordo com o texto?

3. Qual era o índice de analfabetismo no Brasil, de acordo com o censo citado no texto?

Povo excluído

O cientista político José Murilo de Carvalho assim analisa a exclusão do povo brasileiro das decisões políticas no início da república:

De acordo com os dados do censo de 1920, tínhamos uma população total [...] de 30,6 milhões. Este é o povo do censo que, pelo menos em tese, possuía direitos civis. Mas quantos desses cidadãos civis eram também cidadãos políticos, quantos pertenciam ao corpo político da nação? Para calcular esse número, temos primeiro que deduzir do total de analfabetos, proibidos por lei de votar. O analfabetismo, na época, atingia 75,5% da população. Feito o cálculo, restam 7,5 milhões. Depois, é preciso descontar as mulheres. Embora a lei não lhes negasse explicitamente o direito de voto, pela tradição não votavam. Ficamos com 4,5 milhões. Os estrangeiros também não tinham o direito de voto. Nosso número cai para 3,9 milhões. Finalmente, os homens menores de 21 anos também não votavam. Ficamos reduzidos a míseros 2,4 milhões de brasileiros legalmente autorizados a participar do sistema político por meio do voto. Ficam fora do sistema, excluídos, 28,2 milhões, 92% da população.

José Murilo de Carvalho. O pecado original da República. *Revista de História da Biblioteca Nacional*, ano 1, n. 5, p. 21-22, nov. 2005.

Pontos de vista ▪▪▪

Quem é

Victor Nunes Leal

O que faz

Jurista e sociólogo

Métodos e interesses dos coronéis

A prática do coronelismo tem sido pesquisada por diversos estudiosos das Ciências Humanas. Os estudos, embora tragam diferentes abordagens, muitas vezes se complementam. Sobre o poder local dos coronéis na Primeira República, o jurista e sociólogo Victor Nunes Leal afirma:

> É ao seu interesse e à sua insistência que se devem os principais melhoramentos do lugar. A escola, a estrada, o correio, o telégrafo, a ferrovia, a igreja, o posto de saúde, o hospital, o clube, o campo de *football*, a **linha de tiro**, a luz elétrica, a rede de esgotos, a água encanada – tudo exige o seu esforço, às vezes um penoso esforço que chega ao heroísmo. E com essas realizações de utilidade pública, algumas das quais só dependem do seu empenho e prestígio político, enquanto outras podem requerer contribuições pessoais suas e dos amigos, é com elas que, em grande parte, o chefe municipal constrói ou conserva sua posição de liderança.

> Victor Nunes Leal. *Coronelismo, enxada e voto*. 3. ed. Rio de Janeiro: Nova Fronteira, 1997. p. 58.

Glossário

Linha de tiro: local próprio para a preparação de reservistas do Exército; tiro de guerra.

Tradição constitucional: tradição baseada na Constituição e no respeito às leis, que devem refletir as necessidades e os interesses da sociedade e valer para todos os seus membros.

Vácuo institucional: ausência ou incompetência de instituições (principalmente do poder público) no cuidado dos interesses coletivos e na satisfação das necessidades básicas da população.

Quem é

Isabel Lustosa

O que faz

Historiadora

Sobre o mesmo tema, a historiadora Isabel Lustosa diz:

> Assim, pode-se dizer que os primeiros anos de nossa história republicana legitimaram e deram mais força e durabilidade ao poder de fato dos coronéis. Estes aderiram ao novo sistema, pois estavam interessados em conservar as boas relações com o chefe do governo estadual, o que lhes permitia manter o controle sobre a destinação de cargos públicos, tais como os de delegado e juiz das vilas e cidades que ficavam em sua área de influência. Nos primeiros anos da República, os coronéis valeram-se do **vácuo institucional** e da falta de **tradição constitucional** de suas regiões para aumentar ainda mais seus poderes, privilégios e riquezas.

> Isabel Lustosa. *De olho em Lampião: violência e esperteza*. São Paulo: Claro Enigma, 2011. p. 28.

❶ O texto de Victor Nunes Leal mostra outro meio, que não a violência, usado pelos coronéis para garantir seu poder. Que meio era esse?

❷ O texto de Isabel Lustosa aponta os interesses dos coronéis em dominar as regiões em que atuavam. Identifique quais eram esses interesses.

Oligarquias regionais no poder

Durante a chamada República Oligárquica (1894-1930), o governo federal foi controlado por elites cuja força política e econômica foi imposta aos demais segmentos sociais. Conduziram essa política nacional os cafeicultores de São Paulo, Rio de Janeiro e Minas Gerais, e as oligarquias do Rio Grande do Sul, Bahia e Pernambuco, que tinham muitos deputados no Congresso Nacional.

Na época, as eleições presidenciais foram marcadas pelas articulações dessas oligarquias regionais; mas, como havia muitas divergências de interesses, novas alianças se formavam ou se desfaziam a cada candidatura.

Em 1914, 1922 e 1926, por exemplo, São Paulo e Minas Gerais apoiaram e elegeram os mesmos candidatos em eleições regionais. Como paulistas e mineiros também se elegeram em eleições presidenciais, surgiu uma expressão chamada "política do café com leite" para denominar o que teria sido um acordo entre eles para a alternância no poder. Contudo, pesquisas recentes destacam que interesses próprios de cada estado impediram que se formasse um bloco coeso durante todo o período.

TELEGRAMMAS

Serviço especial do «ESTADO DÈ S. PAULO», da Agencia Havas e da Agencia Americana

O NOVO GOVERNO

U manifesto do sr. Wenceslau Braz á Nação

Trecho da primeira página do jornal *O Estado de S. Paulo*, de 16 de novembro de 1914, que traz pronunciamento, por telegrama, do mineiro Venceslau Brás, eleito presidente da República para o mandato 1914-1918.

A política dos governadores

Para conter a oposição ao governo federal e compensar as demais oligarquias do país, o presidente Campos Sales criou em 1898 a política dos governadores. A estratégia consistia no apoio mútuo entre o presidente e os governadores estaduais. No Poder Legislativo, somente eram reconhecidos os mandatos de deputados e senadores ligados às elites de cada estado. Os parlamentares da oposição não assumiam seus cargos porque eram acusados de vencer as eleições por meio de fraudes.

Embarque de café no Porto de Santos (SP), 1900.

O Convênio de Taubaté

No início do século XX, o café perdera preço no mercado internacional em decorrência da superprodução. Em 1906, durante o governo de Rodrigues Alves, a burguesia cafeeira reuniu-se na cidade de Taubaté (SP) para tentar solucionar a crise, em um evento que ficou conhecido por Convênio de Taubaté.

Naquela ocasião, ficou definido que os governos federais comprariam o excedente de café produzido a fim de equilibrar a oferta e a procura pelo produto no mercado internacional. Se preciso, os estoques comprados seriam queimados para tirar o produto de circulação e forçar a alta dos preços. A compra, no entanto, seria financiada por empréstimos estrangeiros, quitados com o dinheiro arrecadado com o aumento de impostos pagos por toda a população. Na época, essa política foi muito criticada por parte da sociedade brasileira.

zoom — O Convênio de Taubaté foi uma intervenção do governo na economia? Por quê?

Atividades ■■■

no caderno

1 Analise a charge a seguir e faça o que se pede.

AS PROXIMAS ELEIÇÕES... "DE CABRESTO"

ELLA. — E' o Zé Besta?
ELLE. — Não, é o Zé Burro!

Fundação Biblioteca Nacional, Rio de Janeiro

Storni."As próximas eleições... 'de cabresto'." Charge publicada na revista *Careta*, 1927.

a) Identifique os elementos usados pelo artista para criticar e ironizar o voto de cabresto.

b) Escreva um texto sobre o voto de cabresto na atualidade. Critique os modos pelos quais os eleitores de hoje podem ser levados a votar em um candidato que não é o de sua livre escolha.

2 Você concorda que o voto secreto, como é praticado atualmente no Brasil, é um sistema mais democrático que o voto aberto? Por quê?

3 Identifique e explique os mecanismos políticos que garantiram o controle do poder pelas oligarquias durante a Primeira República.

4 Na Primeira República, foi criada pelo governo federal uma política cuja finalidade era impedir a queda dos preços do café.

a) Como se chamou essa política?

b) Como se chamou a reunião em que essa política foi decidida?

c) Como o governo agia, de acordo com essa política?

d) Como o governo obtinha financiamento para aplicar essa política?

e) Em sua opinião, essa política beneficiava o conjunto da população brasileira? Por quê?

5 As eleições na Primeira República foram caracterizadas pelo voto de cabresto. Atualmente, a cada eleição realizada no Brasil, cresce a orientação para os eleitores exercerem o "voto consciente". Forme um trio e discuta as seguintes questões:

a) Como vocês definem "voto consciente"?

b) O voto é um instrumento importante para a democracia brasileira? Por quê?

c) Que sugestões vocês dariam aos eleitores brasileiros para que eles exerçam seu voto de forma consciente?

6 No Brasil, a consolidação do regime republicano ocorreu com o controle das oligarquias sobre os governos municipal, estadual e federal. Essa fase de nossa história é conhecida como República Oligárquica. Atualmente, pelas características do governo nos âmbitos municipal, estadual e federal, que nome poderia ser dado a nossa República? Forme um grupo e discuta o assunto. Registrem o nome escolhido e justifiquem-no por meio de um texto ou de uma charge criada por vocês.

3

Movimentos sociais rurais e urbanos

Movimentos sociais e feministas participam de manifestação no Dia Internacional da Mulher em São Paulo (SP), 2012.

Ao longo da nossa história houve incontáveis momentos em que a população tomou parte de lutas sociais para que suas reivindicações fossem atendidas. Durante os primeiros anos da república não foi diferente.

Ao contrário do que se esperava, a república não melhorou as condições de vida da maior parte da população brasileira, o que gerou muitos movimentos de contestação à ordem vigente. Estes ocorreram tanto em áreas rurais, afastadas dos centros econômicos, como em centros urbanos e no Rio de Janeiro, capital do país.

De quem são as terras?

A aprovação da Lei de Terras durante o Segundo Reinado, em 1850, tornara ainda mais difícil o acesso das camadas humildes à propriedade, pois definira que as terras só poderiam ser adquiridas por meio de compra.

Com exceção do sul do país, onde imigrantes conseguiram implantar pequenas propriedades rurais, nas demais regiões predominavam latifúndios e as terras eram concentradas nas mãos das elites. Tal situação agravou as tensões sociais, principalmente após o fim da escravidão, quando aumentou o número de brasileiros sem terra e sem trabalho.

No início da república, durante o governo do presidente Prudente de Moraes, ocorreu no sertão da Bahia um dos conflitos mais representativos da luta pela terra no Brasil: a Guerra de Canudos (1896-1897).

ZOOM

Após o fim da escravidão (1888), a Lei de Terras afetou, de modo especial, os ex-escravizados. Por quê?

A Guerra de Canudos

Em 1893, formara-se o arraial de Canudos, uma comunidade de sertanejos da região, muitos deles ex-cativos. Praticando uma economia de subsistência, aos poucos o arraial recebeu um número crescente de pessoas em busca de melhores condições de vida. A liderança do beato Antônio Conselheiro também atraía os **desvalidos**: seus discursos religiosos eram palavras de esperança para aqueles que não viam o governo atender a seus interesses e necessidades.

Representação do Arraial de Canudos, visto pela estrada do Rosario. Litografia de Demétrio Urpia, 1897.

O temor dos latifundiários e a repressão

Conforme o arraial crescia, aumentava também entre os latifundiários da Bahia a convicção de que Canudos precisava ser destruído, pois muitos trabalhadores abandonavam as fazendas para ir viver no local. O clero da região também não via com bons olhos a popularidade de Antônio Conselheiro, pois considerava que ele ameaçava a autoridade da Igreja Católica.

As pressões desses setores levaram o governo baiano a organizar três expedições contra a comunidade de Canudos. A resistência do arraial despertou a atenção do restante do país, que, por meio da imprensa, acompanhava o desenrolar dos acontecimentos.

Em 1897, o governo federal interveio no conflito com o envio de 8 mil soldados e canhões ao local. Estima-se que, naquele ano, havia 25 mil habitantes no arraial de Canudos. As tropas executaram a maioria dos habitantes de Canudos, pondo fim ao arraial, ao conflito e às aspirações dos sertanejos. Para os que detinham o poder, Canudos, sua gente e suas lideranças representavam um Brasil **arcaico**, que, para o bem do progresso pretendido para o país, fora derrotado. Desconsideravam assim a legitimidade das demandas dos sertanejos por melhores condições de vida e de trabalho, vendo a gente do sertão como empecilho à modernidade.

Pereira Neto. "Antonio Conselheiro". Charge publicada na *Revista Illustrada*, 1897.

Ampliar

Guerra de Canudos
Brasil, 1997.
Direção: Sérgio
Rezende, 170 min.

O filme narra a história de uma família cujos membros têm opiniões opostas sobre o movimento de Canudos.

Um confronto no sertão brasileiro em pleno século XIX: 15 raras fotografias da Guerra de Canudos

www.
historiailustrada.
com.br/2014/06/
fotos-da-guerra-
de-canudos.html

Texto analítico com fotografias raras da Guerra de Canudos.

Glossário

Arcaico: antigo; antiquado.
Desvalido: desprotegido; miserável.

A Guerra do Contestado

Entre 1912 e 1916 ocorreu um movimento social semelhante ao de Canudos, a Guerra do Contestado. O conflito envolveu a disputa da posse de Taquaraçu, região de aproximadamente 48 mil km² na divisa dos estados de Santa Catarina e Paraná, no sul do país.

Ali também se formou uma comunidade igualitária, que produzia para a subsistência e era composta de posseiros, expulsos das terras por ocasião da construção de uma ferrovia, e desempregados, muitos dos quais haviam trabalhado na implantação da ferrovia. Eram liderados pelo monge José Maria, cujas pregações religiosas atraíam crescente número de camponeses pobres para o arraial.

 **Ampliar**

Guerra do Contestado

www.tourvirtual360.com.br/contestado/flash/index_MPR_contestado.html

Tour 360º do *site* é possível fazer uma visita virtual a esta exposição que esteve no Museu Paranaense em 2013.

Coleção particular/Foto: Claro Gustavo Jansson

Participantes da Guerra do Contestado, c. 1912-1916.

Esse grupo era composto de peões que trabalhavam nas grandes fazendas e foram recrutados pelos patrões para atuar ao lado do Exército.

A repressão e a resistência

Ameaçados de expulsão pelos governos de Santa Catarina e do Paraná, os sertanejos resistiam às tropas oficiais roubando armas e munições. Foram quatro anos de batalhas, durante as quais muitas pessoas morreram. O Exército levou à região mais de 6500 soldados, além de fuzis, canhões e metralhadoras.

 **Glossário**

Profecia: previsão do futuro.

O monge José Maria foi morto em combate, e isso motivou ainda mais os sertanejos a lutar pelas terras, estimulados pela religiosidade e pelas **profecias** que anunciavam a volta do líder ao povoado.

A resistência dos rebeldes só foi quebrada em 1916, quando o governo os derrotou por meio de ataques aéreos. Novamente, os governos locais e o federal, representantes das elites, demonstravam sua indiferença em relação às necessidades das camadas populares.

Cangaço

Entre o final do século XIX e o início do XX, o nordeste do Brasil foi abalado por constantes secas e sucessivas crises econômicas. Tais condições propiciaram aos coronéis da região ampliar suas redes de domínio e exploração sobre a população sertaneja.

Nesse contexto cresceu o cangaço, fenômeno complexo que há muito existia nos sertões nordestinos. O cangaço consistia em um movimento de bandos armados com motivações diversas, como o intuito de fugir das autoridades locais, o desejo de vingar a morte de parentes e a falta de trabalho e de condições de sustento.

Os chefes do cangaço andavam com armas de fogo e punhais, protegiam os que os obedecessem e castigavam os que ousassem contrariá-los. Os sertanejos se submetiam a eles como se submetiam aos coronéis. Eles também assaltavam povoados, fazendas e cidades, saqueando alimentos, matando pessoas e, principalmente, criando um poder paralelo ao do Estado no sertão.

zoom

❶ "Os cangaceiros criaram um poder paralelo ao Estado". Como você entende essa afirmativa?

❷ Atualmente, ainda se vê a atuação de grupos armados que agem à margem da lei e justificam suas ações como necessárias para reparar injustiças. Que riscos esse comportamento representa à sociedade?

Admirados e temidos

Em torno dos cangaceiros, criou-se um verdadeiro mito: alguns distribuíam alimentos, tornando-se heróis populares, enquanto outros faziam alianças com coronéis e passavam a ser tão temidos quanto eles.

A **literatura de cordel** desempenhou um papel decisivo na construção de uma visão heroica dos capitães do cangaço. Há muitos poemas de cordel dedicados ao líder cangaceiro Virgulino Ferreira da Silva, mais conhecido por Lampião, cujo bando teria se formado em 1918. A ele são atribuídos muitos atos de crueldade, além de lhe ser dado muito destaque por causa das bem-sucedidas estratégias contra as forças policiais que o perseguiam.

Em 1926, sua fama lhe valeu o recrutamento pelo Batalhão Patriótico para lutar contra a **Coluna Prestes**. Na ocasião, negociou a obtenção da patente militar de capitão, o que lhe conferiu a posição de "homem a serviço do Estado".

No entanto, pouco tempo depois, Lampião e o bando largaram a missão oficial e continuaram a atuar como cangaceiros nas caatingas nordestinas. Em 1938, o bando sofreu uma emboscada, organizada por forças policiais, onde estava acampado. O cerco resultou na morte de Lampião e de muitos de seus companheiros, incluindo Maria Bonita, com quem vivia desde 1931.

Glossário

Coluna Prestes: grupo de soldados rebelados que cruzavam o interior do país em busca de adeptos e cuja intenção era derrubar o governo federal.

Literatura de cordel: gênero literário de poesia popular, impressa em folhetos, que surgiu no nordeste na segunda metade do século XIX e, posteriormente, alcançou outras regiões do país.

Cangaceiros do bando de Pancada entregam-se à tropa de Alagoas, 1938.

Acervo da Sociedade do Cangaço, Aracaju

Mulheres no cangaço

Embora a presença masculina tenha sido predominante no cangaço, algumas mulheres também participaram do movimento. Além do ingresso voluntário nos bandos, havia aquelas que fugiam de uma vida infeliz e outras que eram raptadas nos ataques. A primeira mulher a entrar no cangaço foi Maria Bonita – ao que consta, por vontade própria – vindo a tornar-se companheira de Lampião.

De acordo com especialistas, a entrada de mulheres nos bandos facilitou a comunicação com a população local e estabeleceu limites à violência do cangaço. Há registros de que aprendiam a manejar armas, cuidavam dos feridos e chegaram a participar de saques e de confrontos com forças policiais.

À época, eram consideradas mulheres brutas e violentas por quem vivia longe do cangaço e tinha pouca familiaridade com aquele universo. Essa visão era ainda reforçada pelos jornais que, ao noticiar as ações de bandos integrados também por mulheres, referiam-se a elas com adjetivos como "cruéis" e "perigosas". Sobre elas recaía o olhar desaprovador da sociedade **patriarcal**, em que prevalecia a ideia de que cabia às mulheres apenas serem esposas, mães e donas de casa. A presença feminina no cangaço rompeu, assim, com essa expectativa.

Ampliar

Feminino Cangaço
Brasil, 2013.
Direção: Lucas Viana e Manoel Neto, 75 min.

Documentário sobre a entrada das mulheres no cangaço, suas motivações, os papéis que exerceram nos bandos e como transgrediram os valores sociais da época.

zoom
Esse retrato de Maria Bonita remete a uma mulher moderada ou a uma mulher ameaçadora, que provoca medo? Em sua opinião, qual teria sido a intenção dela e do fotógrafo ao escolher essa pose para o registro fotográfico?

Glossário

Patriarcal: referente ao patriarca, à liderança familiar masculina.

Coleção particular/Foto: Benjamin Abrahão

Maria Bonita com os cabelos arrumados, pernas cruzadas, chapéu sobre o joelho e a mão direita exibindo vários anéis, com a paisagem da caatinga ao fundo, 1936.

Revoltas urbanas na Primeira República

Assim como a população rural enfrentava muitas dificuldades, submetida ao poder dos coronéis e desprovida de atenção dos governos, os moradores pobres das cidades se viam em condições precárias. E, como no campo, muitas manifestações e revoltas ocorreram em centros urbanos durante a Primeira República.

A Revolta da Vacina

Entre o final do século XIX e o início do XX, havia no Rio de Janeiro graves problemas de habitação e saneamento básico. No centro da cidade, edifícios públicos dividiam espaço com cortiços, dando à cidade um aspecto de miséria e improvisação. Esse quadro favoreceu a propagação de doenças como febre amarela e varíola.

Em 1902, Rodrigues Alves assumiu a presidência do país e passou a investir no saneamento e na reforma urbana da capital federal. Os velhos edifícios foram derrubados para a abertura de largas e modernas avenidas, e as pessoas mais pobres foram colocadas à margem desse projeto. Despejadas de suas moradias para dar lugar às novas construções, foram levadas para locais distantes do centro, que se tornava mais luxuoso e caro. Iniciou-se assim a construção de habitações precárias nas encostas dos morros, originando as favelas, hoje parte do cenário do Rio de Janeiro.

zoom

Que sentimentos você imagina terem sido despertados na população pela vacinação forçada e pela falta de esclarecimento a respeito do risco das epidemias para a saúde pública?

Sob as ordens do prefeito Pereira Passos, o médico sanitarista Oswaldo Cruz foi encarregado de combater as epidemias. Na operação conhecida por "Bota Abaixo", suas equipes percorreram a cidade, inspecionando as condições sanitárias das habitações e vacinando as pessoas à força, sem nenhuma campanha prévia que conscientizasse a população sobre as doenças e suas formas de contágio.

Cortiço no Rio de Janeiro (RJ), 1904.

Avenida Central (atual Avenida Rio Branco). Rio de Janeiro (RJ), 1906.

A população se revoltou

Em novembro de 1904, eclodiu uma revolta popular contra a maneira autoritária com que o governo desalojava as pessoas e combatia as doenças. Por uma semana, o Rio de Janeiro viveu em clima de guerra civil. Aos gritos de "Abaixo a vacina!", edifícios foram depredados, bondes queimados e agentes de saúde agredidos, resultando em mortos e feridos nos confrontos.

O governo reprimiu o movimento com muita violência. Mais de mil pessoas foram presas e deportadas para a região amazônica, sem qualquer julgamento, para prestar trabalho forçado na extração de látex. As medidas sanitárias continuaram, apesar dos protestos.

A Revolta da Chibata

Coleção particular

João Cândido (à direita) lê o manifesto dos revoltosos, durante a Revolta da Chibata, 1910.

Em 1910, ocorreu a Revolta da Chibata, movimento que reivindicava o fim dos castigos físicos na Marinha. O fato de que grande parte dos marinheiros eram negros aumentou a indignação contra a violência, resquício da escravidão.

Liderados por João Cândido, também conhecido como Almirante Negro, os rebeldes amotinaram-se em alguns navios e ameaçaram bombardear a capital. As exigências do movimento foram entregues ao presidente da República, Hermes da Fonseca, que se comprometeu a atendê-las mediante a devolução dos navios.

No entanto, assim que os navios foram devolvidos, centenas de marinheiros foram presos e, depois, muitos morreram em decorrência de maus-tratos. Sobrevivente, o Almirante Negro foi absolvido em 1912 e morreu em 1969.

Essa revolta revelou a desigualdade e a ausência de cidadania que ainda caracterizavam a sociedade brasileira no início do século XX e tornou-se um marco no movimento negro do Brasil.

Ampliar

A Revolta da Chibata, de Maria Inês Roland (Saraiva).

O livro aborda a Revolta da Chibata, ocorrida em 1910.

O mestre-sala dos mares, de João Bosco e Aldir Blanc (CD *Caça à raposa*).

Música composta em homenagem a João Cândido.

De olho no legado

A Revolta da Chibata: reflexões sobre passado e presente

O que foi, afinal, a Revolta da Chibata? Qual o sentido de se lembrar tal movimento mais de um século depois? Certamente, antes de mais nada, a sua atualidade. A rebelião de marinheiros [...] toca em pelo menos quatro temas até hoje mal resolvidos na sociedade brasileira: a democratização das Forças Armadas, a violência cotidiana do Estado sobre as camadas pobres da população, o racismo e a noção de que existiria uma tradição pacífica e sem violência na História do Brasil. O tema ainda hoje incomoda, desperta tensões e paixões, atiça contradições.

Marco Morel. Abaixo a chibata. In: Luciano Figueiredo (Org.). *História do Brasil para ocupados*. Rio de Janeiro: Casa da Palavra, 2013. p. 359.

Fundação Biblioteca Nacional, Rio de Janeiro

João Cândido e marinheiros recebem jornalista a bordo. Fotografia publicada em *O Malho*, 1910.

Forme um grupo de trabalho e faça as atividades a seguir.

1 No texto, que importância o autor atribui à Revolta da Chibata para os dias atuais? Expliquem as razões dessa relação entre passado e presente.

2 Escolham um dos quatro temas apontados pelo autor como ainda "mal resolvidos na sociedade brasileira". Pesquisem o tema mais a fundo em fontes confiáveis e registrem as informações obtidas.

3 Discutam se os dados e as informações coletadas confirmam ou questionam o ponto de vista do autor. Registrem suas conclusões.

1 O texto abaixo e a charge ao lado foram publicados em 29 de outubro de 1904 na revista *O Malho*, um periódico da cidade do Rio de Janeiro que noticiava fatos da vida política nacional recorrendo ao humor para tecer críticas ao cenário do país à época.

> Espetáculo para breve nas ruas desta cidade: Oswaldo Cruz, o Napoleão da seringa e **lanceta**, à frente de suas forças obrigatórias, será recebido e *manifestado* com **denodo** pela população. [...] E veremos no fim da festa quem será o vacinador à força!

Leônidas. Guerra vaccino-obrigateza!... *O malho*, Rio de Janeiro, 29, out. 1904. nº 111, p. 14.

Leônidas Freire. "Campanha contra Oswaldo Cruz e a vacina obrigatória", 1904. Publicada em *O Malho*.

De acordo com eles, responda às questões.

a) Quais símbolos identificam os agentes públicos de saúde? E o povo?

b) Que elementos da imagem indicam as tensões provocadas pela vacinação obrigatória?

c) Qual é o ponto de vista do autor da charge e do texto sobre a vacinação obrigatória? Justifique sua resposta com base nos elementos da charge e do texto.

> **Glossário**
>
> **Denodo:** agilidade; coragem.
> **Lanceta:** instrumento de cirurgia utilizado para abrir uma veia.

2 No início da república, homens e mulheres que viviam em áreas rurais, apoiados no fervor religioso, empreenderam guerras contra as forças das oligarquias locais e do Estado brasileiro.

a) No contexto da chamada Primeira República, identifique os movimentos sociais que correspondem à descrição acima e seus respectivos líderes.

b) Em que medida esses movimentos se caracterizaram como lutas sociais pela terra?

3 Observe a fotografia abaixo e, com base nela, explique as principais características do cangaço.

Corisco, o primeiro à esquerda, e integrantes de seu grupo, 1936.

4 Em 1910 eclodiu no Rio de Janeiro a Revolta da Chibata, que, nas palavras do historiador Marco Morel, foi "um golpe de misericórdia nos resquícios da escravidão que ainda permaneciam arraigados na sociedade brasileira". Por que essa revolta se tornou um marco para o movimento negro do Brasil?

República mestiça

Passagem do Grêmio Recreativo Escola de Samba Acadêmicos do Salgueiro. Rio de Janeiro (RJ), 2010.

No desfile de Carnaval de 2010, no Rio de Janeiro, a escola de samba Acadêmicos do Salgueiro colocou na avenida o carro alegórico Brasil Mestiço, uma visão estilizada dos indígenas e portugueses do Período Colonial, descritos de forma idealizada no romance *O Guarani*, de José de Alencar.

Vivemos em um país multiétnico e multicultural. Aqui se encontram diversos povos que, ao longo do tempo, teceram nossa história nas tradições regionais, nos sotaques, nas crenças, nas muitas línguas de nosso idioma, nos sabores mais variados de nossa culinária.

O movimento de muitos povos em nosso território é bastante antigo. Ele passou por vários momentos, como a ocupação pelos ameríndios, a conquista portuguesa, a diáspora africana e as políticas de imigração dos séculos XIX e XX.

Teorias raciais

Nas primeiras décadas do século XX, o "código genético" mestiço da nação brasileira não era valorizado. Ao contrário, era entendido pelas elites como empecilho ao modelo de civilização que defendiam. Essa visão era pautada em teorias raciais surgidas na Europa, em evidência tanto lá como aqui.

Na época, campos da ciência classificavam pessoas de acordo com o tipo físico e padrões comportamentais. Dessa forma, sustentavam haver uma hierarquia entre as raças, na qual os brancos representavam o topo do desenvolvimento humano e os negros, junto com os chineses, sua base. Um dos principais teóricos desse conceito, o conde francês Arthur de Gobineau (1816-1882), reuniu essas ideias na obra *Ensaio sobre a desigualdade das raças humanas*.

Nação dividida

Com base nessas concepções racistas, acreditava-se que a mestiçagem tinha algum valor porque possibilitava o branqueamento da população brasileira, então predominantemente composta de ameríndios e afrodescendentes. Imbuídas desse objetivo, as elites apoiaram e estimularam políticas imigratórias, dando preferência a europeus em detrimento de imigrantes de outros continentes.

Na visão que imperava na época, as dificuldades de ascensão social de negros e mestiços estavam vinculadas à sua biologia. Assim, a herança da escravidão vivida por esses setores da sociedade era desconsiderada, deixando implícita a ideia de que sua situação de exclusão era imutável e não dependia da ação do poder público.

Museu Nacional de Belas Artes, Rio de Janeiro

Modesto Brocos. *A Redenção de Cam*, 1895. Óleo sobre tela, 1,99 m × 1,66 m.

A tela representa o ideal de branqueamento defendido pelas elites socioeconômicas do Brasil na época de sua criação. Notam-se as características da família e o gesto da avó, negra, que ergue as mãos em louvor pelo fato de a criança ter a pele clara.

Reformas urbanas

Nesse cenário de tensões raciais, foram realizadas reformas urbanas no Brasil cujo propósito era expressar uma arquitetura inspirada em cidades europeias, como Paris e Londres, então símbolos de "progresso" e "civilização". Iluminação pública, ruas com calçamento, largas avenidas, linhas de bonde, teatros, palacetes e jardins públicos compunham o cenário de modernidade e dinamismo nas regiões centrais das principais cidades brasileiras. À medida que os bairros centrais se modernizavam e expandiam, as populações de baixa renda eram obrigadas a se mudar para locais mais distantes e menos urbanizados, onde se estabeleciam diversos tipos de moradia popular. Pode-se dizer assim que a divisão espacial das cidades reproduzia as desigualdades sociais.

Biblioteca Municipal Mario de Andrade, São Paulo

O escritor Lima Barreto (1881-1922).

O escritor e jornalista nasceu e viveu no Rio de Janeiro e sustentava a família com sua profissão. Na condição de homem negro, conviveu com o preconceito racial e registrou em seu diário: "É triste não ser branco". Abordou as desigualdades sociais da capital republicana em suas obras, que obtiveram reconhecimento literário somente após sua morte. Em 2017, foi o autor brasileiro homenageado na 15ª Feira Literária Internacional de Paraty (Flip).

zoom

Que importância você atribui ao fato de a Feira Literária Internacional de Paraty (Flip) ter homenageado um escritor negro que viveu em um contexto sociopolítico marcado por teorias raciais?

Resistências antirracistas

Nesse período também ocorreram mobilizações que buscavam concretizar os direitos civis determinados pela Constituição de 1891. Destaca-se assim uma ativa imprensa negra, que atuava como porta-voz dos afro-brasileiros e combatia as teorias e as práticas racistas. Jornais e revistas divulgavam uma ampla defesa da educação da população negra, argumentando que a plena liberdade e a melhoria de vida de todos os afro-brasileiros dependiam do acesso à escolarização.

Além dos jornais, as causas dos negros ganharam o apoio de círculos intelectuais e políticos que condenavam o preconceito racial e social. Entre eles estavam, por exemplo, diversas entidades que, em 1909, organizaram uma campanha para assegurar que Monteiro Lopes, primeiro negro eleito deputado no Brasil, tomasse posse no Congresso Nacional.

Fundação Biblioteca Nacional, Rio de Janeiro

zoom

No contexto da época, qual teria sido a importância da atuação da imprensa negra?

Capa da revista *Senzala*, nº 01, janeiro de 1946.

A maior parte dos periódicos era publicada em São Paulo e no Rio de Janeiro, como o jornal *O Alfinete* e a revista *Senzala*. Seus leitores não se restringiam aos afro-brasileiros alfabetizados, uma vez que estes liam ou contavam as notícias àqueles que não sabiam ler.

Por todos os cantos, a diversidade

Entre 1870 e 1910 prosperou no norte do país a extração de látex para a produção de borracha para pneus, estimulada pela demanda da indústria automobilística.

A riqueza advinda da comercialização desse produto atraiu trabalhadores para a região amazônica, o que gerou transformações nas culturas tradicionais da região, até então de base ameríndia. A convivência nem sempre foi pacífica, especialmente com povos indígenas que já viviam lá, mas houve muitos casamentos entre imigrantes, afro-brasileiros e indígenas, levando a marca da mestiçagem também ao extremo norte do Brasil.

Nos seringais, os caboclos enfrentavam duras condições de trabalho, incluindo ataques de povos indígenas e o contágio de doenças tropicais. Os lucros ficavam concentrados nas mãos de grandes seringalistas e comerciantes.

O vigor econômico diminuiu drasticamente após a entrada da produção asiática no mercado internacional. A concorrência estrangeira, somada à eclosão da Primeira Guerra Mundial, em 1914, derrubou os preços da borracha e marcou o fim da prosperidade que o produto promoveu à região e ao país.

Quanto à condição dos povos indígenas nos primeiros tempos da república, a luta deles pelo direito às terras e pela manutenção de suas culturas se manteve. A Constituição de 1891 deu início à substituição da catequese dos indígenas pela política de proteção; nesse contexto, em 1910 o governo criou o Serviço de Proteção aos Índios (SPI). No entanto, os povos indígenas eram considerados incapazes de conduzir o próprio destino e a eles era negado o direito de manter seu modo de vida. A política oficial atuou pela assimilação deles como trabalhadores em áreas remotas. Do ponto de vista das leis, tal situação se modificou apenas na Constituição de 1988, que assegurou a esses povos o direito de ocupar territórios tradicionais e preservar a respectiva identidade étnica e cultural.

Manifestações culturais de raiz africana

Durante a Primeira República, muitas manifestações culturais afro-brasileiras foram reprimidas, especialmente nos centros urbanos. Embora a escravidão tivesse sido abolida formalmente em 1888 com a Lei Áurea, sobre as populações negras e mestiças ainda havia o **estigma** de quase quatro séculos de cativeiro, que se fazia sentir não só pelo acesso restrito à cidadania e pelas dificuldades de inserção no mercado de trabalho mas também pela proibição de práticas culturais de raiz africana.

Em Salvador, onde vivia expressiva população afrodescendente, tradições populares como batuques e **afoxé** foram criminalizadas. O **Código Penal** de 1890 colocou na ilegalidade cultos religiosos africanos e a capoeira. Nas ruas do Rio de Janeiro, os capoeiristas enfrentaram severa perseguição da polícia, que prendia os flagrados em roda de capoeira e também quem fosse suspeito de praticá-la. Na tentativa de confundir as forças legais e escapar à prisão, muitos capoeiristas adotaram codinomes, dificultando sua identificação por delatores.

Somente em 1935 a capoeira foi retirada da marginalidade. Para isso contribuiu a ação de Mestre Bimba, capoeirista de Salvador, que estabeleceu normas para sua prática, tais como: prática nas academias, não mais nas ruas; adoção de uniforme pelos praticantes e participação apenas de quem tinha ocupação como trabalhador ou estudante. Ele defendia que a capoeira fosse colocada na condição de arte marcial brasileira e, com esse intuito, fundou a capoeira regional, que se diferencia da capoeira tradicional (denominada Angola) por seu estilo menos ritualístico e sua identificação como luta regional baiana.

Jogo de capoeira em Salvador (BA), 1946.

Glossário

Afoxé: dança de matriz africana, semelhante a um cortejo real, que desfila durante o Carnaval e em cerimônias religiosas.

Código Penal: conjunto de leis usadas para punir e evitar delitos criminais cometidos no âmbito social e que infrinjam as normas estabelecidas pela Constituição vigente.

Estigma: marca; cicatriz; sinal.

💡 Ampliar

Roda de capoeira e ofício dos mestres de capoeira

http://portal.iphan.gov.br/uploads/publicacao/DossieCapoeiraWeb.pdf

Traz textos e imagens que resgatam a história da capoeira como manifestação cultural articulada aos contextos socioculturais e políticos do Brasil.

ZOOM

Qual é a importância da concessão do título de Patrimônio Cultural Imaterial da Humanidade à roda de capoeira diante da origem e da história dessa manifestação cultural e de seus praticantes?

Em novembro de 2014, a roda de capoeira recebeu o título de Patrimônio Cultural Imaterial da Humanidade, concedido pela Organização das Nações Unidas para a Educação, a Ciência e a Cultura (Unesco), fato que amplia a visibilidade da herança cultural africana e da diversidade da cultura brasileira.

Origens do samba

Domício Pinheiro/Estadão Conteúdo

As origens do samba e do futebol também remontam aos primeiros tempos da República, quando ambos se inseriram como práticas sociais urbanas. Nascido entre negros, mestiços e pobres do Rio de Janeiro, o samba animava os carnavais de rua da capital federal e, por muitos anos, foi menosprezado por sua articulação com as tradições africanas e com os grupos sociais excluídos.

Entre as décadas de 1920 e 1940, o samba ganhou adesão de brancos de classe média, sem abandonar sua ligação com a cultura negra. No mesmo período, com a popularização do rádio e o crescimento da **indústria fonográfica**, começou a circular também entre as elites, configurando-se como gênero musical "mestiço".

Sambista Clementina de Jesus. São Paulo (SP), 1975.

Futebol – nasce uma paixão nacional

Coleção particular

O futebol está entre os esportes preferidos pelos brasileiros. Sua trajetória no país teve início em 1894, quando Charles Miller, recém-chegado da Inglaterra, começou a difundi-lo na cidade de São Paulo.

Por mais de uma década, sua prática ficou restrita aos clubes frequentados pelas elites. Aos poucos, negros e mestiços interessaram-se pelo novo esporte e passaram a organizar jogos de maneira improvisada. O futebol de várzea atraiu ainda operários, muitos deles imigrantes. Viu-se, assim, o esporte que nasceu elitista assumir feições populares e ganhar adeptos em diferentes pontos do país.

Equipe do Bangu Atlético Clube. Rio de Janeiro (RJ), 1911.

Conforme cresciam o interesse e a paixão popular pelo futebol, sua prática se profissionalizou e organizaram-se ligas e campeonatos. Nesse contexto, o futebol constituiu-se em uma das poucas oportunidades de ascensão social para homens negros e pobres.

No Brasil, a passagem do século XIX para o XX representou um período de mudanças cujos símbolos maiores foram o fim da escravidão e da monarquia e a implantação do regime republicano. Criou-se um contexto de expectativa pela modernização do país e de crença no progresso da nação.

ZOOM

Em sua opinião, o futebol ainda representa uma oportunidade de ascensão social para os atletas? Por quê?

Atividades ■■■

1. No início do século XX difundiram-se no Brasil teorias raciais que estavam em evidência nas nações europeias e que hoje estão cientificamente desacreditadas. De que forma elas foram usadas para justificar o preconceito racial manifestado na sociedade brasileira da época?

2. Leia o texto abaixo, observe a fotografia ao lado e responda: De que forma a reforma urbana no Rio de Janeiro provocou exclusão social?

No início do século XX, o Rio de Janeiro era a principal e maior cidade do país. Os constantes fluxos migratórios e imigratórios favoreceram um intenso processo de urbanização, que demandava uma reestruturação espacial daquele que era considerado o cartão postal do país. Na base desse debate [...] esteve presente o conceito de política higienista, relacionada com as precárias condições sanitárias das habitações urbanas, especialmente as coletivas. [...]

Sanear, higienizar, ordenar, demolir, civilizar, foram também as palavras de ordem do prefeito Pereira Passos.

Marli Motta. O Bota-Abaixo. In: *Dicionário da política fluminense*. Disponível em: <http://atlas.fgv.br/verbetes/o-bota-abaixo >. Acesso em: jul. 2018.

Teatro Municipal, inaugurado em 1909, na Avenida Central (atual Avenida Rio Branco), Rio de Janeiro (RJ).

3. O Serviço de Proteção ao Índio (SPI), criado em 1910, tinha o objetivo de proteger os indígenas do extermínio e sua política substituiu as diretrizes da Igreja Católica, que, desde os tempos coloniais, impunha aos povos indígenas a catequese. No entanto, a proteção oferecida por essa política ameaçava a preservação das culturas indígenas. Por quê?

4. O futebol ocupa hoje lugar de destaque como um dos símbolos da identidade nacional, associado ao talento, à criatividade e à ginga, considerados próprios da alma de nosso povo. Sua origem no Brasil remonta ao início do regime republicano, quando houve o crescimento da vida urbana no país. O futebol sempre foi um esporte popular no Brasil? Justifique sua resposta.

5. Inicialmente, samba designava uma dança, em que também se cantava, de origem africana. Era uma expressão cultural própria de áreas rurais do Recôncavo Baiano. Contudo, ex-cativos dos bairros populares do Rio de Janeiro introduziram a batucada, transformando-o no ritmo negro que hoje é uma das marcas de nossa cultura.

a) Que relação podemos estabelecer entre as origens do gênero musical **samba** e as tensões raciais do Brasil no início do século XX?

b) Você sabe em que lugar do Rio de Janeiro o samba como o conhecemos hoje se originou? Conhece o samba de roda? E outras derivações desse gênero musical, como samba-enredo e samba-*rock*? Que sambas de sucesso marcaram época? Forme um grupo e pesquisem:
- a história do samba e sua importância para a cultura popular brasileira;
- algumas canções desse gênero musical que marcaram época.

Depois, criem um *podcast* para compartilhar a pesquisa com a turma. Para isso, elaborem um roteiro com as informações que serão abordadas, as músicas que serão gravadas e a sequência da apresentação.

Caleidoscópio

Teorias raciais do século XIX

As teorias raciais elaboradas no meio científico e acadêmico da Europa no decorrer do século XIX e absorvidas pelas elites socioeconômicas e intelectuais do Brasil a partir de fins do século XIX estão superadas. Os atuais conhecimentos em genética comprovam não haver qualquer embasamento científico para elas.

A SUPERAÇÃO DA IDEIA DE RAÇA

As variedades de aparência entre os homens fizeram que, a partir do século XVIII, e mesmo antes, eles fossem classificados [com base em] determinadas características físicas, como o formato dos olhos, a cor da pele e o tipo de cabelo, e de lugar de origem, como Ásia, Europa ou África. Se antes essas diferenças eram atribuídas a determinações biológicas que faziam que os diferentes tipos humanos fossem considerados mais ou menos desenvolvidos, hoje em dia, com o conhecimento produzido pela genética (que estuda os elementos mais fundamentais na formação dos organismos vivos), está provado que raças humanas não existem do ponto de vista biológico. Todos os homens são extremamente parecidos em termos genéticos, sendo as diferenças de aparência resultado das adaptações ao meio ambiente pelas quais as populações passaram. [...] A seleção natural, segundo a qual os mais adaptados a determinado ambiente estão mais aptos a nele sobreviver, foi, ao longo do tempo, estabelecendo as diferenças entre a espécie humana, que é uma só: *Homo sapiens sapiens*.

Fábio Nienow

A cor da pele, por exemplo, que é uma das variáveis a partir da qual se definia uma raça, é resultado da adaptação das populações aos diferentes níveis de radiação ultravioleta existentes nos diferentes continentes. Ela é determinada pelo tipo e pela quantidade de um pigmento chamado melanina, e sua variação é controlada por quatro ou seis genes, num universo de 35 mil que compõem os organismos humanos. Também as outras características da aparência física, como a textura do cabelo e o formato do nariz e dos lábios, que eram usadas na definição de tipos raciais, dependem de um número muito pequeno de genes. Assim, a genética, ao mostrar que a discussão envolve 0,0005% do genoma humano, provou que a noção de raça não está fundada em evidências biológicas e sim em distinções culturais, que serviram para o estabelecimento de relações de opressão, pois as insignificantes diferenças genéticas desmentem a ideia de que há raças superiores e raças inferiores.

A ideia de raça, que remete tanto à aparência física quanto à região de origem, está na base do preconceito, que pode tanto se referir a uma marca, como a cor, quanto a uma origem, como o continente africano. [...]

Marina de Mello e Souza. *África e Brasil africano.* São Paulo: Ática, 2006. p. 122.

Reúna-se com um colega para discutir as questões propostas a seguir.

1 Por que a Genética embasa cientificamente a contestação das teorias racistas que circulavam na Europa e no Brasil nas primeiras décadas do século XX?

2 Como a Genética explica a variação da cor da pele nas populações humanas?

3 Quais são as implicações dos conhecimentos da Genética para a superação do preconceito racial?

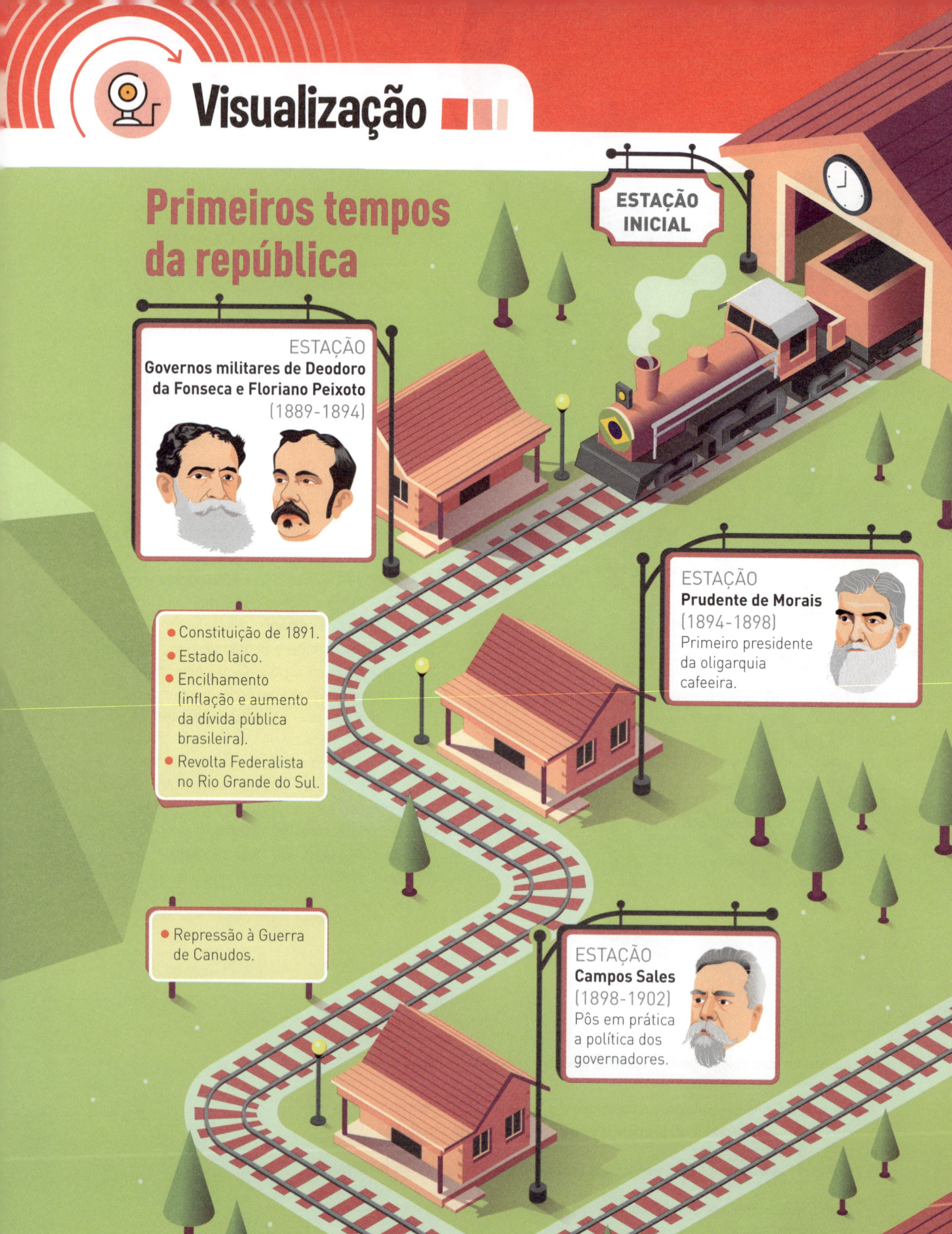

Primeiros tempos da república

ESTAÇÃO INICIAL

ESTAÇÃO
Governos militares de Deodoro da Fonseca e Floriano Peixoto
(1889-1894)

- Constituição de 1891.
- Estado laico.
- Encilhamento (inflação e aumento da dívida pública brasileira).
- Revolta Federalista no Rio Grande do Sul.

ESTAÇÃO
Prudente de Morais
(1894-1898)
Primeiro presidente da oligarquia cafeeira.

- Repressão à Guerra de Canudos.

ESTAÇÃO
Campos Sales
(1898-1902)
Pôs em prática a política dos governadores.

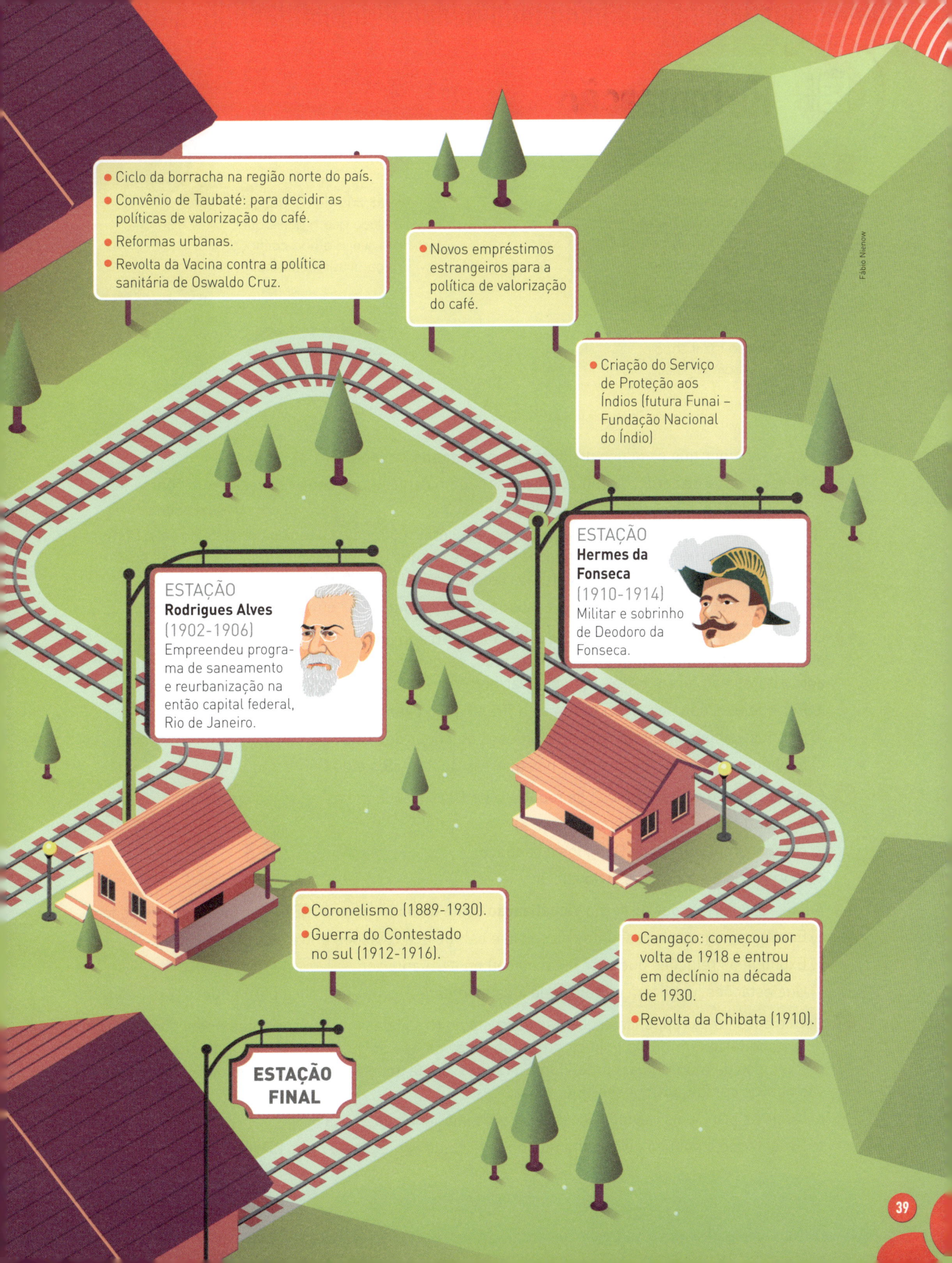

- Ciclo da borracha na região norte do país.
- Convênio de Taubaté: para decidir as políticas de valorização do café.
- Reformas urbanas.
- Revolta da Vacina contra a política sanitária de Oswaldo Cruz.

- Novos empréstimos estrangeiros para a política de valorização do café.

- Criação do Serviço de Proteção aos Índios (futura Funai – Fundação Nacional do Índio)

ESTAÇÃO
Rodrigues Alves
(1902-1906)
Empreendeu programa de saneamento e reurbanização na então capital federal, Rio de Janeiro.

ESTAÇÃO
Hermes da Fonseca
(1910-1914)
Militar e sobrinho de Deodoro da Fonseca.

- Coronelismo (1889-1930).
- Guerra do Contestado no sul (1912-1916).

- Cangaço: começou por volta de 1918 e entrou em declínio na década de 1930.
- Revolta da Chibata (1910).

ESTAÇÃO FINAL

Fábio Nienow

Retomar

1 Leia o poema a seguir.

Minha mãe me dê dinheiro
Prá comprar um cinturão
Que a vida melhor do mundo
É andar mais Lampião.

Querendo tanger comboio,
Até sou bom comboieiro,
Querendo fazer sapato,
Até sou bom sapateiro,
[...]

Nesta vida de cangaço
Tem tudo que a gente quer
Bom queijo e boa cachaça
Dança, música e mulher.

Se o cabra não tem coragem
Que mude de profissão
Vá para o cabo da enxada
Plantar fava e algodão.

Isabel Lustosa. *De olho em Lampião: violência e esperteza.* São Paulo: Claro Enigma, 2011. p. 96-97.

a) Você sabe por que esse tipo de literatura é chamado de literatura de cordel?

b) Nesse poema de cordel, Lampião é o personagem central. Use seus conhecimentos para identificar as principais características dele.

c) O cangaço foi um movimento social que aconteceu principalmente na região nordeste do país. Como era a produção econômica nessa região no período em que Lampião viveu? Todas as pessoas tinham terra para trabalhar? Quem se empregava recebia um salário suficiente para a sobrevivência?

d) Com base em seu conhecimento, explique por que o narrador quer seguir a vida de Lampião.

2 O período conhecido por Primeira República foi marcado pelos conflitos nas áreas rurais, dentre eles, as guerras de Canudos e do Contestado, as quais expuseram o fato de grande parte dos agricultores não terem terras para cultivar nem recursos para sobreviver.

a) Por que eles não possuíam terras se o Brasil é tão extenso?

b) Por que Canudos representou uma ameaça ao poder dos coronéis?

c) Explique o papel da religiosidade nas guerras de Canudos e do Contestado.

3 Considerando o contexto inicial da república no Brasil, explique as relações entre:

a) Constituição de 1891 e Estado laico;

b) coronelismo, Guerra de Canudos e cangaço;

c) teorias raciais e progresso da época.

4 Analise as informações da seção **Visualização** desta unidade, páginas 38 e 39, e faça o que se pede.

a) Escolha um grupo de assuntos da seção e estabeleça relações entre eles.

b) Explique as relações que você estabeleceu no item anterior.

c) Que estações justificam o título dado a esta unidade: "Uma República para poucos"?

5 Com o advento da república, a questão indígena no Brasil passou a ser orientada pela concepção de Estado laico, em que a política governamental de apoiar a catequese dos indígenas, vigente nos tempos da monarquia, perdeu força. Naquele contexto, entretanto, as reivindicações dos povos nativos continuaram a ser ignoradas.

a) Quais as principais reivindicações dos povos indígenas da época?

b) Caracterize a política governamental do Serviço de Proteção ao Índio (SPI), criado em 1910.

6 No começo do século XX, o Rio de Janeiro, devido às precárias condições de saúde pública, era uma cidade perigosa para seus habitantes e para os viajantes que por lá passavam. Febre amarela e varíola eram duas das muitas doenças que vitimavam a população. Nesse cenário, as ações do governo do prefeito Pereira Passos para combater as epidemias na cidade provocaram, em 1904, a Revolta da Vacina.

a) Em sua avaliação, como o governo deveria ter conduzido o combate às epidemias para obter o apoio da população?

b) O engajamento da população em ações de saúde pública é fundamental para que elas sejam bem-sucedidas. Isso vale, por exemplo, para a participação nas campanhas de vacinação ou para os cuidados que a população pode tomar no ambiente doméstico e nos locais de trabalho a fim de evitar a formação de criadouros do mosquito *Aedes aegypti*, transmissor da dengue, zika e *chikungunya*. Ao colaborar individual ou coletivamente para promover a saúde pública, estamos exercendo nossa cidadania.

Pensando nisso, forme um grupo e crie uma campanha de conscientização da comunidade escolar em relação ao tema. Na data combinada com o professor, divulgue a campanha no formato que o grupo escolher. Durante a vigência da campanha, procure conversar com pessoas da comunidade para saber os resultados da ação.

7 Em 23 de novembro de 1910, a capital federal foi surpreendida pela rebelião de marinheiros liderados por João Cândido, o Almirante Negro. Contra o que os marujos protestavam?

8 Em 1922, o escritor maranhense Coelho Neto, que vivia no Rio de Janeiro, publicou a crônica *O nosso jogo*, em que defendeu a transformação da capoeira em esporte nacional. Leia um fragmento da crônica:

> Em 1910, Germano Harlocher, Luiz Murat e quem escreve estas linhas pensavam em mandar um projeto à Câmara dos Deputados tornando obrigatório o ensino da capoeiragem nos institutos oficiais e nos quartéis. Desistiram, porém, da ideia, porque houve quem a achasse ridícula, simplesmente porque tal jogo era… brasileiro.
> Enfim, vamos aprender a dar murros – é esporte elegante, porque a gente o pratica de luvas, rende dólares e chama-se **box**, nome inglês.

Coelho Neto. O nosso jogo. *Dossiê Iphan 12 – Roda de capoeira e ofício dos mestres de capoeira*. Disponível em: <http://portal.iphan. gov.br/uploads/publicacao/DossieCapoeiraWeb.pdf>. Acesso em: abr. 2018.

a) Explique o pensamento das elites socioeconômicas brasileiras da época apresentado no trecho grifado no texto.

b) O Código Penal de 1890, em vigor à época, era um obstáculo à proposta de Coelho Neto em relação à capoeira. Por quê?

9 O que a sociedade brasileira do início do século XX entendia por **modernidade** e **progresso**? A modernidade e o progresso defendidos à época eram para todos? Por quê? Nos primeiros tempos de república, que situações representaram a modernidade e o progresso pretendidos? E quais situações os negavam? Que interesses prevaleceram na construção da modernidade e do progresso do país? Eles são compatíveis com a noção republicana de "coisa pública" (bem coletivo)?

Registre suas conclusões no caderno em formato de redação. Identifique o que você ainda não sabe do assunto e faça um roteiro de temas para pesquisar e adquirir novos conhecimentos.

UNIDADE 2

A tela *Operários* representa um Brasil que começou a emergir durante a década de 1930: o da industrialização. Embora o Brasil rural e agrário ainda se fizesse muito presente, nascia o cenário industrial e urbano, com especial força em São Paulo, trazendo à tona situações e contradições ainda inéditas em nosso país.

No primeiro plano do quadro, veem-se muitos rostos de homens e mulheres de diferentes etnias, representando os trabalhadores das fábricas. As fisionomias sérias expressam um cotidiano de dificuldades e, ainda que seja possível notar os traços do rosto das pessoas, a cena os identifica como uma massa de pessoas cujas características individuais se diluem. Ao fundo, destacam-se a construção de linhas retas, as chaminés cinzentas e a fumaça, conjunto que simboliza o local de trabalho deles: a fábrica.

Que novas situações foram vividas pelo país com a industrialização? Quais os impactos da industrialização na sociedade e na economia brasileiras?

Tarsila do Amaral foi uma mulher de grande destaque no Modernismo, movimento artístico-cultural que adotou novos padrões em diversos campos artísticos, rompendo com os valores tradicionais vigentes. Como o Modernismo pôde representar, ao mesmo tempo, o início de novos valores estéticos na produção artística e uma ruptura com a antiga ordem política e social do Brasil? Como você imagina que tenha ocorrido a industrialização do Brasil na primeira metade do século XX? Em quais aspectos a república brasileira que emergiu na década de 1930 se diferenciou da primeira fase de nossa história republicana? Teria havido semelhanças entre elas?

Tarsila do Amaral. *Operários*, 1933. Óleo sobre tela, 2,5 m × 1,5 m.

Acervo Artístico-Cultural dos Palácios do Governo do Estado de São Paulo, São Paulo, SP/Tarsila do Amaral Empreendimentos/Foto: Romulo Fialdini/Tempo Composto

Emergência de uma nova República

CAPÍTULO 5

Negações da velha República

Atualmente a população brasileira vive majoritariamente em áreas urbanas. Contudo, esse fenômeno é relativamente recente. Foi apenas nas primeiras décadas do século XX que o Brasil passou por significativo desenvolvimento urbano e industrial, contexto em que se formaram a classe média e a classe operária. Estes novos atores sociais começaram a defender seus interesses e a reivindicar direitos, opondo-se à organização política mantida pelas elites socioeconômicas da época.

Pessoas trabalhando em fábrica de caixas de papelão. Juiz de Fora (MG), 1930.

Pessoas trabalhando na fabricação de tratores. Canoas (RS), 2017.

Novo cenário: crescem as indústrias e as cidades

O crescimento urbano-industrial do país teve início na década de 1880, ainda no Império, acentuando-se nas primeiras décadas do século XX. Ele foi estimulado pelos cafeicultores que passaram a importar máquinas para beneficiar o café e a investir na implantação de ferrovias para escoar o produto até o porto como forma de complementar os investimentos na produção agrícola.

O censo industrial de 1907 apontou o Rio de Janeiro como o estado com maior número de indústrias, seguido por Minas Gerais, São Paulo e Rio Grande do Sul. Contudo, a política implantada pelo Convênio de Taubaté fez subir o preço do café no exterior, proporcionando aumento nos ganhos dos cafeicultores, favorecendo a economia de São Paulo, que ampliou os investimentos em sua capital.

A cidade de São Paulo foi se firmando como centro urbano dinâmico, com a expansão das fábricas, da rede de serviços e do comércio e com a disponibilidade de muitos ex-cativos e imigrantes europeus para o trabalho. Como a oferta de mão de obra era grande, os salários dos operários na região eram menores que os pagos nas fábricas cariocas e gaúchas, e em alguns ramos chegavam a ser inferiores à média salarial do país.

As indústrias têxteis, alimentícias e químicas estiveram entre as que mais se destacaram no período. Houve também a entrada de indústrias estrangeiras no país, entre as quais as farmacêuticas e automotivas.

Rua Primeiro de Março, no Rio de Janeiro (RJ), c. 1905.

Urbanização × exclusão social

Simultaneamente ao processo de instalação de fábricas, a paisagem urbana transformava-se. Além do trabalho nas fábricas, as cidades reuniam diversos ofícios: sapateiros, pedreiros, costureiras, comerciantes, professoras, jornalistas, advogados, entre outros. De maneira particular, o Rio de Janeiro concentrava expressiva parcela de funcionários públicos que exerciam funções administrativas na capital federal.

Novos negócios eram abertos para suprir as necessidades da população; ampliaram-se os serviços de energia elétrica, de transporte público com bondes elétricos e, posteriormente, com ônibus motorizados. Obras de modernização e formação de bairros luxuosos foram comuns em diferentes cidades, que cresciam junto com as indústrias. Como já visto nos capítulos anteriores, grande parte dos projetos urbanísticos da época acabaram por demolir habitações populares, desalojando a população pobre e afastando-a para bairros periféricos.

Nem mesmo a primeira cidade planejada do Brasil – Belo Horizonte, inaugurada em 1897 – escapou a esse modelo de urbanização excludente. A capital de Minas Gerais foi projetada seguindo os padrões adotados nas cidades de Paris, na França e Washington, nos Estados Unidos. As largas avenidas favoreceriam a circulação de pessoas, bondes e automóveis. De um lado da cidade ficavam serviços como hospital, estação de trem e área comercial; do outro, espaços de lazer e educação compostos de teatro e escolas. Os prédios administrativos foram construídos na parte mais alta da cidade. No entanto, para que Belo Horizonte fosse erguida, destruiu-se o povoado que havia no local e a população pobre foi expulsa da área. Com a valorização dos bairros mais centrais, apenas famílias abastadas tiveram condições de ali adquirir terrenos e moradias ou algum negócio.

ZOOM

Atualmente como se pode melhorar a qualidade de vida de quem habita e trabalha nos espaços urbanos? Você conhece exemplos de iniciativas que contribuam para a melhoria do cotidiano das cidades e de seus habitantes?

Praça da Liberdade. Belo Horizonte (MG), c. 1910.

Contexto internacional

A eclosão da Primeira Guerra Mundial, conflito internacional entre 1914 e 1918 que envolveu os principais países industrializados da época (Alemanha, Inglaterra, França e Estados Unidos), causou impacto na indústria nacional, pois houve retração na produção industrial deles.

Nesse contexto, o Brasil passou a produzir artigos antes importados e estabeleceu uma política de substituição das importações, ou seja, de incentivo à produção interna de produtos industrializados até então comprados do exterior. Em paralelo, o governo federal adotou ações para impulsionar a indústria de base, como a isenção de impostos de importação sobre equipamentos, **subsídios** ao transporte de matérias-primas e concessão de empréstimos.

O anarquismo e as greves operárias

Na época, o proletariado brasileiro – formado por negros, mestiços, brancos pobres e imigrantes europeus – enfrentava péssimas condições de trabalho, baixos salários, longas jornadas e falta de direitos. Muitos estrangeiros tinham experiência em greves e protestos na terra natal, o que os motivou a mobilizar a classe operária brasileira.

Em São Paulo, operários **anarquistas** italianos, espanhóis e portugueses destacaram-se nas reivindicações por melhores condições de vida e na formação de sindicatos, associações que representavam os trabalhadores nas negociações com os patrões. No Rio de Janeiro e em Minas Gerais, os operários também se organizaram em sindicatos e engrossaram a luta por direitos trabalhistas.

Nesse cenário, entre 1900 e 1920, foram contabilizadas cerca de 400 greves. Mas foi em 1917 que o movimento operário conheceu uma greve de maior proporção. Vivia-se a intensificação da produção industrial, o trabalho de mulheres e crianças era largamente utilizado para aumentar a produtividade fabril, mas o custo de vida subia e os salários não acompanhavam os preços das mercadorias.

zoom

Um século após a greve geral de 1917, em 2017, foi organizado, em escala nacional, um dia de greve que envolveu diversos setores em inúmeras cidades, com grande adesão nas capitais do país. O que teria levado tantos trabalhadores e trabalhadoras a paralisar o trabalho nessa ocasião?

A paralisação iniciou-se no Cotonifício Crespi, fábrica têxtil da cidade de São Paulo, quando cerca de 400 proletários, em sua maioria mulheres, protestaram contra a carestia, os baixos salários e as jornadas exaustivas.

Operários do Cotonifício Crespi. São Paulo (SP), 1906.

Coleção particular

Arquivo Público do Estado de São Paulo, São Paulo

Cortejo do operário Antônio Martinez. São Paulo (SP), 11 jul. 1917.

Os confrontos de rua entre populares e forças policiais na greve de 1917 culminaram na morte do grevista espanhol Antônio Martinez. O clima de revolta acirrou os ânimos, e o enterro do operário, que reuniu cerca de 10 mil pessoas, transformou-se em palco de guerra.

Novos rumos

Assustados com os rumos dos acontecimentos, os empresários industriais cederam em alguns pontos: houve reajuste nos salários e garantia aos grevistas de que não seriam presos nem demitidos. Nos anos seguintes, novas greves foram realizadas, o que forçou o governo federal a discutir a criação de leis trabalhistas, como a fiscalização de acidentes de trabalho e a regulamentação do trabalho de menores. No entanto, as lideranças anarquistas recusavam-se a aceitar a mediação do Estado nas negociações entre patrões e empregados. Em 1922, foi fundado o Partido Comunista do Brasil (PCB), inspirado nos ideais do **Socialismo** e na primeira experiência de revolução proletária que ocorrera na Rússia em 1917. As ideias anarquistas perderam vigor desse momento em diante, consolidando-se, entre os operários e os sindicatos, a defesa de um Estado controlado por trabalhadores, conforme o exemplo do socialismo russo.

Fundadores do PCB. Da esquerda para a direita, em pé: Manuel Cedón, Joaquim Barbosa, Astrojildo Pereira, João da Costa Pimenta, Luis Peres e José Elias da Silva. Sentados: Hermogêneo Silva, Abílio de Nequete e Cristiano Cordeiro. Rio de Janeiro (RJ), 1922.

A semana em que a arte agitou o país

As transformações sociais e políticas que ocorriam no Brasil repercutiram na produção artística da época. Inspirados em tendências culturais **vanguardistas** europeias que emergiram com o fim da Primeira Guerra Mundial, um grupo de artistas e intelectuais brasileiros lançou um movimento de renovação artística com base na afirmação dos valores nacionais e da cultura popular e na interpretação crítica da realidade do país.

Em fevereiro de 1922, artistas paulistas e cariocas realizaram, no Teatro Municipal de São Paulo, a Semana de Arte Moderna, que reuniu obras cujos temas se referiam ao cotidiano e às raízes indígenas e africanas de nosso povo. O evento marcou o início de uma reação aos padrões artísticos ditados pelas academias de Letras e de Belas-Artes do país, que impunham regras para a criação de uma cultura erudita, bastante apreciada e valorizada entre os que dominavam os círculos políticos e econômicos da época.

A Semana de 1922 causou forte impacto no público, constituído principalmente pela elite conservadora, que se chocou com as novas propostas estéticas apresentadas. Apesar das críticas, ela desencadeou reflexões sobre novas linguagens, mostrando o que havia de arcaico e de moderno no Brasil, seus problemas e contradições.

zoom Você conhece os movimentos artísticos **Expressionismo** e **Surrealismo**, que se desenvolveram na Europa no início do século XX? Se os conhece, quais são suas características?

Assim, entre 1922 e 1960, diferentes gerações de artistas brasileiros desenvolveram o Modernismo, cuja proposta era apresentar a identidade nacional por meio de uma estética inovadora e manifestada nos múltiplos campos da arte, incluindo a arquitetura.

Glossário

Socialismo: sistema político e econômico que propõe a incorporação dos meios de produção pelos trabalhadores, a entrega dos bens e propriedades à coletividade, e a repartição, entre todos, do trabalho comum e dos objetos de consumo. Critica a propriedade privada dos meios de produção e as desigualdades sociais decorrentes dela; defende a construção de uma sociedade sem classes.

Vanguardista: que está à frente; que apresenta conceitos modernos e inovadores.

Artistas mulheres nas origens do Modernismo

Em termos numéricos, a Semana de Arte Moderna contou apenas com três mulheres: as artistas plásticas Anita Malfatti e Zina Aita, e a musicista Guiomar Novais. No entanto, ainda que pequena, a presença feminina marcou o movimento modernista desde sua origem.

Em 1917, após um período de estudos fora do país, Anita Malfatti realizou uma exposição inspirada no expressionismo alemão. Essa mostra foi considerada arrojada e inovadora por artistas da época, que viram nela a renovação artística que levou à organização da Semana de 1922.

Tarsila do Amaral estava fora do país quando ocorreu a Semana de Arte Moderna, mas, ao retornar, tornou-se uma das protagonistas do movimento. Foi responsável pela introdução de uma nova linguagem na pintura brasileira, evidenciada na tela *Abaporu*, de 1928, que se tornou obra-símbolo do ideal modernista de valorizar e representar a cultura brasileira.

Outro destaque entre as primeiras modernistas é a escritora e jornalista Patrícia Galvão, conhecida como Pagu. Descrita como uma mulher à frente de seu tempo, Pagu era vanguardista não só em seus textos mas também por defender a inserção das mulheres nas atividades políticas. Filiada ao PCB, chegou a ser presa por sua militância.

Ressalte-se ainda que estas e outras representantes dos primeiros tempos do Modernismo construíram a carreira em um meio tradicionalmente ocupado por homens e socialmente visto como exclusivo deles.

 **Ampliar**

Guia do Estudante

https://guiadoestudante.abril.com.br/tudo-sobre/semana-de-arte-moderna-de-1922/

Apresenta textos e imagens da Semana de Arte Moderna e infográfico sobre o Modernismo.

Estadão

http://acervo.estadao.com.br/noticias/topicos,semana-de-arte-moderna,788,0.htm

Contém muitas informações sobre a Semana de Arte Moderna.

 **Conviver** ■■■

Modernismo

Passados aproximadamente 100 anos da realização da Semana de Arte Moderna, o que se sabe sobre esse evento e seu legado? Quais foram os impactos e as influências dele nas artes plásticas, na literatura, no cinema, no teatro e na arquitetura nacional?

1. Em grupo, entreviste o professor de Arte, Língua Portuguesa ou de História para conhecer o ponto de vista dele sobre o assunto. Siga o roteiro.

   - Escolham o professor e informem-no do objetivo da entrevista.
   - Busquem mais informações sobre o tema e utilizem-nas para elaborar as questões.

2. Com o mesmo grupo, pesquise: as principais ideias e repercussões do movimento modernista; em quais fases esse movimento costuma ser dividido; quem são seus principais representantes nas diversas manifestações artísticas.

   - Criem um painel sobre o movimento modernista e apresentem-no à turma junto com a entrevista feita anteriormente.
   - Ouçam os demais grupos e registrem os pontos principais de cada apresentação.

Instituto de Estudos Brasileiros - IEB/USP, São Paulo

Capa de Di Cavalcanti para o catálogo da Exposição da Semana de Arte Moderna de 1922.

Tenentismo

O Tenentismo, movimento organizado por jovens oficiais do exército, iniciou-se no final da década de 1910. Ele refletia a insatisfação das camadas médias urbanas com o predomínio das oligarquias do café na condução da política nacional.

A primeira manifestação tenentista ocorreu em julho de 1922, no Rio de Janeiro. Descontentes com o pouco prestígio político do exército na época e revoltados com a prisão do marechal Hermes da Fonseca, alguns oficiais tomaram o Forte de Copacabana. Diante da repressão do governo, a maioria se rendeu. Dezessete rebeldes e o civil Otávio Correia marcharam contra as tropas oficiais. Esse grupo tornou-se conhecido como os **18 do Forte**.

Os tenentes pretendiam derrubar o governo oligárquico. Eles acreditavam no ideal de salvação nacional, segundo o qual os oficiais militares salvariam o país, libertando-o de seus problemas.

Entre as principais reformas políticas defendidas estavam o voto secreto, em substituição ao voto aberto (em clara oposição ao controle dos eleitores pelos coronéis), o fortalecimento do Estado e a independência do Poder Judiciário.

Coluna Prestes

Em 1924 eclodiu em São Paulo um novo levante que reivindicava a renúncia do então presidente Artur Bernardes (1922-1926), a formação de uma Assembleia Constituinte e o voto secreto.

Diante do maciço ataque do governo, os rebeldes se retiraram para o interior, unindo-se aos gaúchos liderados pelo capitão Luiz Carlos Prestes, em Foz do Iguaçu (PR). A fusão das duas colunas militares deu origem à Coluna Prestes, que percorreu 25 mil quilômetros pelo país combatendo as tropas federais e as dos coronéis. Dela participaram militares e civis que criticavam o autoritarismo e a ausência de políticas sociais, e exigiam a reforma do ensino público e a moralização da política. As reivindicações do movimento atraíram o apoio dos setores médios urbanos, que passaram a designar Prestes de "Cavaleiro da Esperança". No entanto, em 1927, a marcha foi desmobilizada e seus líderes se refugiaram na Bolívia.

Com o fracasso do movimento tenentista, a sucessão de Artur Bernardes foi garantida pelo cafeicultor Washington Luís, que manteve os privilégios do setor cafeeiro e só fez aumentar os protestos contra a estrutura oligárquica, que estava no poder havia mais de 30 anos.

Brasil: percurso da Coluna Prestes – 1924 a 1927

© DAE/Alessandro Passos da Costa

Coluna Prestes
→ Do Paraná a Minas Gerais (dezembro de 1924 a abril de 1925)
→ De Minas Gerais à Bolívia (abril de 1926 a fevereiro de 1927)

Fonte: Flávio de Campos e Miriam Dolhnikoff. *Atlas história do Brasil.* 3. ed. São Paulo: Scipione, 2006. p. 47.

Crise mundial afetou o Brasil

Após o fim da Primeira Guerra Mundial, a economia dos Estados Unidos passou a crescer em ritmo acelerado, estimulada pelo aumento do consumo e das exportações. Entretanto, pouco a pouco, os países europeus recuperavam as respectivas economias e aumentavam a produção, o que provocou queda das exportações estadunidenses e desvalorização dos preços de seus produtos. Com a queda nos lucros, o desemprego cresceu e o consumo interno no país se retraiu, sinais visíveis de depressão econômica.

Em 1929 ocorreu o *crash* da Bolsa de Valores de Nova York. A queda no preço das ações foi tão brutal que muitos queriam vendê-las sem que houvesse compradores. Em decorrência da paralisação do mercado acionário, os prejuízos foram enormes e as falências se multiplicaram.

Rapidamente a crise atingiu outros países cujas economias dependiam dos Estados Unidos, tornando-se um fenômeno mundial. O Brasil não ficou imune a esse cenário. As exportações de café diminuíram drasticamente, provocando baixa do preço no mercado externo e agravando o problema da superprodução. Os cafeicultores tiveram muitos prejuízos e a nascente indústria foi atingida pela alta dos juros, queda nos investimentos e no consumo.

O golpe contra as oligarquias

Fundação Getúlio Vargas - CPDOC

Flores da Cunha e João Neves da Fontoura em meio a manifestação popular durante o início da campanha da Aliança Liberal, em frente ao Teatro Municipal, na Cinelândia. Rio de Janeiro (RJ), 1929.

O cenário de descontentamento político generalizado foi agravado pelos efeitos da crise mundial de 1929 no Brasil e culminou em um tumultuado processo de sucessão presidencial.

Contrariando a prática de alternar candidatos de São Paulo e de Minas Gerais na presidência, Washington Luís apoiou Júlio Prestes, paulista como ele. Em reação, o governador de Minas Gerais, Antônio Carlos Ribeiro de Andrada, articulou uma chapa de oposição composta pelo gaúcho Getúlio Vargas e o paraibano João Pessoa. Conhecida como Aliança Liberal, a chapa defendia pautas como o voto secreto, o voto feminino e a criação de leis trabalhistas, e ganhou o apoio das camadas médias urbanas, de setores operários e de militares.

Em março de 1930, Júlio Prestes foi eleito presidente em um processo considerado fraudulento. A Aliança Liberal reconheceu a derrota, mas, clandestinamente, passou a organizar-se para impedir a posse do candidato governista.

Getúlio Vargas toma o poder

João Pessoa foi assassinado em julho, deflagrando a revolução. Tropas da Aliança Liberal derrotaram o governo e, em outubro, Washington Luís foi preso. Em novembro, Getúlio Vargas oficializou-se na chefia do Governo Provisório instaurado no país. O descontentamento com o controle político e econômico exercido pelas oligarquias rurais, a pressão pela modernização do país nas áreas industrial, social e artística e o quadro de crise da economia cafeeira colaboraram para a ascensão de um novo grupo político ao poder.

O movimento de 1930, que alguns consideram uma revolução, enquanto outros, um golpe de Estado, pôs fim à Primeira República e deu início a um novo período da história do país.

1 Nas primeiras décadas do século XX acentuou-se o crescimento urbano-industrial no Brasil. Uma das razões que contribuíram para isso foi a Primeira Guerra Mundial. Por que esse conflito estimulou a abertura de indústrias no país?

2 Qual é a relação entre a modernização das cidades e a exclusão social no processo de urbanização e desenvolvimento de indústrias nas principais cidades brasileiras do início do século XX?

3 O começo do século XX foi marcado por greves promovidas pela classe operária para conquistar melhores condições de trabalho. Em geral, os movimentos grevistas eram reprimidos pelas forças públicas e resultavam em confrontos de rua.

a) Como a greve era entendida pelos operários da época? E pelos industriais e pelo governo?

b) Atualmente as greves são frequentes? Que razões podem explicar esse cenário?

c) A Constituição Federal de 1988 assegura o direito de greve. Pesquise quais são as regras válidas para o exercício desse direito.

d) Discuta com os colegas: Qual é a importância do direito à greve para os trabalhadores? Com base nos princípios legais e democráticos, além da greve, de que outras formas os trabalhadores dispõem para defender seus interesses coletivos atualmente?

4 Na década de 1920, o movimento tenentista foi uma ameaça ao controle das oligarquias sobre o poder político. Como o Tenentismo colocava em risco o modelo da república oligárquica em vigor?

5 Embora a Crise de 1929 tenha se iniciado nos Estados Unidos, seus reflexos tiveram alcance mundial e se fizeram sentir no Brasil. Explique de que forma essa crise afetou a economia brasileira.

6 Na eleição presidencial de 1930, concorreram: a chapa governista (de Júlio Prestes) e a oposicionista (de Getúlio Vargas). No decorrer da campanha eleitoral, ambas as chapas fizeram propaganda política de suas ideias e propostas. Observe a seguir dois exemplos.

Coleção particular

Propaganda política de Júlio Prestes, publicada na revista *O Cruzeiro*, em 1º de março de 1930.

Fundação Biblioteca Nacional, Rio de Janeiro

Propaganda política de Getúlio Vargas, publicada na *Revista da Semana*, em 16 de novembro de 1929.

a) Que símbolos da modernidade da época estão presentes na propaganda de Júlio Prestes?

b) Que mensagem a imagem e o texto da propaganda de Júlio Prestes pretendiam transmitir ao eleitor?

c) Em sua opinião, o que a figura feminina da propaganda de Vargas representa?

d) A propaganda de Vargas promete que, em seu governo, ele garantirá "a opinião do povo com a liberdade das urnas". Como essa promessa se associa ao voto secreto defendido pelos oposicionistas?

Ascensão de Vargas ao poder

Em 2017, o Congresso Nacional aprovou a Reforma Trabalhista, a qual alterou vários pontos da Consolidação das Leis Trabalhistas (CLT), legislação instituída por Vargas em 1943. Por mais de 70 anos, a CLT regeu as relações de trabalho definindo obrigações e direitos, como negociação salarial, licença-maternidade, jornada de trabalho e lei de férias.

Alguns setores defenderam a reforma pela necessidade de atualizar as leis e torná-las mais flexíveis. Outros a criticaram por verem nela um fim dos direitos conquistados e uma abertura à **precarização** do trabalho.

Glossário

Precarização: processo que torna algo precário.

1943 - 2017

CONSEGUIRAM, PAI!

CLT

CARTEIRA DE TRABALHO E PREVIDÊNCIA SOCIAL

@OLIVEIRA

Alexandre de Oliveira

Charge sobre reforma trabalhista, publicada no jornal *Diário Gaúcho*, Porto Alegre (RS), jul. 2017.

A charge satiriza o fim da CLT, remetendo à ideia de sua morte e sugerindo que tal acontecimento resultou da ação de segmentos contrários à legislação trabalhista de Vargas, seu criador. Sua representação no céu, lugar que, na tradição religiosa, é alcançado por quem pratica o bem, simboliza uma visão de que essas leis beneficiaram os trabalhadores do país.

O Governo Provisório (1930-1934)

À frente do governo por 15 anos ininterruptamente, Vargas tornou-se uma das figuras mais marcantes da república brasileira no século XX, em parte pelas reformas sociais e políticas que realizou, em parte pela implantação de um Estado forte e autoritário com o qual conduziu a economia do país, controlou os operários e as camadas médias urbanas e sufocou os opositores.

A primeira fase da Era Vargas foi a do Governo Provisório, iniciado logo após a deposição de Washington Luís, último presidente da oligarquia cafeeira. Uma das primeiras medidas de Vargas foi dissolver o Congresso Nacional, as assembleias legislativas estaduais e as câmaras municipais, além de substituir os presidentes dos estados (denominação dos governadores à época) por interventores nomeados pelo governo federal, alguns deles participantes do movimento tenentista. O país vivia assim um regime de exceção, em que o poder passou a ser exercido por civis e militares que não haviam sido eleitos.

Em paralelo, Getúlio Vargas implantou uma política intervencionista na economia, mantendo a valorização do café por meio da compra da produção e da queima de estoques para elevar os preços. Também proibiu novas áreas de cultivo e passou a incentivar o desenvolvimento do mercado interno e a produção de algodão, açúcar e cacau.

Em fevereiro de 1932, Vargas atendeu às demandas de diferentes segmentos sociais e criou o Código Eleitoral, que instituiu o voto secreto, o voto feminino e a **representação classista**. Além disso, marcou para o ano seguinte eleições legislativas para formar a Assembleia Nacional Constituinte, que redigiria a nova Constituição do país.

Revolução Constitucionalista de 1932

O Governo Provisório enfrentou acentuada oposição, sobretudo das elites de São Paulo, que se ressentiam da perda de poder político após a Revolução de 1930 e buscavam recuperar a antiga liderança política. Entre maio e outubro de 1932, lideranças paulistas protagonizaram um levante armado pela imediata constitucionalização do país, em que se cogitou separar São Paulo do restante do Brasil. A rebelião transformou-se em guerra civil e ganhou apoio do estado de Mato Grosso. Já Minas Gerais e Rio Grande do Sul, descontentes com o governo centralizador de Vargas, a princípio esboçaram unir-se aos paulistas, mas permaneceram fiéis ao líder que ajudaram a colocar no poder. As forças do Exército e da Marinha, que contaram com homens de diversos cantos do país, derrotaram os rebeldes, assegurando a vitória de Vargas e o exílio dos principais líderes do movimento.

Glossário

Representação classista: eleição de deputados por representantes dos sindicatos de trabalhadores e patronais.

Ampliar

1930 – Tempo de revolução

Brasil, 1990. Direção: Eduardo Escorel, 50 min.

Documentário que reúne imagens de arquivo e depoimentos de historiadores sobre o Brasil à época da Revolução de 1930.

Revolução de 30

Brasil, 1980. Direção: Sylvio Back, 95 min.

Documentário que trata do movimento tenentista e da Revolução de 1930 com comentários de historiadores.

zoom

Esse panfleto foi publicado em 1932 no contexto da luta dos paulistas contra as tropas do governo federal. Nele vê-se tanto o Brasil quanto São Paulo seguindo na via do progresso.

1. Como São Paulo foi representado na imagem? E o Brasil? Explique.

2. Qual solução é apontada no panfleto para os impasses entre São Paulo e o governo federal?

Coleção particular

Panfleto paulista convoca o estado a lutar contra o governo federal. Publicado no jornal *O Separatista*, nº 3, junho de 1932.

De olho no legado ■▮▯

A conquista do voto feminino no Brasil

Coleção particular

Deputada Carlota Pereira de Queirós em Sessão da Assembleia Constituinte. Rio de Janeiro (RJ), 1934.

A falta de representação feminina na política nacional fica evidente nessa fotografia, em que se vê uma única mulher, a deputada federal Carlota Pereira de Queirós.

O voto feminino no Brasil foi instituído em 24 de fevereiro de 1932, quando entrou em vigor o Código Eleitoral. Esse direito foi conquistado após intensa mobilização das mulheres brasileiras desde os tempos do Império.

Algumas delas ganharam destaque pela defesa do **movimento sufragista**, ocorrido durante as primeiras décadas do século XX.

A bióloga Bertha Lutz foi figura central nesse contexto. Ela articulou a criação da Federação Brasileira pelo Progresso Feminino, em 1922, além de ter sido uma das redatoras do Código Eleitoral. Em 1928, a estudante mineira de Direito Mietta Santiago conseguiu um mandato que lhe assegurava o direito de votar e se candidatar a deputada federal. Vale lembrar ainda da professora Deolinda Daltro – que, em 1910, fundou o Partido Republicano Feminino – e de muitas mulheres operárias anônimas que defendiam o voto feminino e também direitos trabalhistas.

No entanto, a vitória das sufragistas foi parcial, pois o Código Eleitoral estabelecia o direito ao voto apenas às mulheres casadas com permissão dos maridos, viúvas e solteiras com renda própria. O voto feminino tornou-se obrigatório em 1946 e, em 1985, foi estendido às mulheres não alfabetizadas.

Na Assembleia Constituinte de 1933, a advogada negra e líder sindical Almerinda Farias Gama foi a primeira mulher a votar para deputado classista. Em 1934, a médica Carlota Pereira de Queirós foi a primeira mulher eleita para a Câmara dos Deputados.

❶ Em sua cidade, qual é a porcentagem de mulheres que exercem a função de vereadora? Já houve mulheres que se elegeram prefeitas? Pesquise essas informações nos *sites* da Prefeitura e da Câmara Municipal e troque ideias com os colegas sobre se a representatividade feminina no Poder Legislativo e Executivo é equivalente à proporção de mulheres na população local.

❷ Faça um levantamento de quantas mulheres e homens compõem a Assembleia Legislativa de seu estado, a Câmara dos Deputados e o Senado Federal. Há equilíbrio entre a representação feminina e a masculina nessas esferas do Poder Legislativo? Justifique sua resposta com base nos números obtidos.

Discuta com os colegas o que esse cenário pode indicar sobre a inserção das mulheres no poder político institucionalizado e qual o papel da participação feminina nas esferas de poder para o fortalecimento da democracia.

❸ No primeiro pronunciamento feito na Câmara dos Deputados, em 13 de março de 1934, Carlota Pereira de Queirós disse: "Apesar do silêncio que tenho mantido desde o início dos trabalhos desta Casa, cabe-me a honra, com a minha simples presença aqui, de deixar escrito um capítulo novo para a história do Brasil: o da colaboração feminina para a história do país".

a) No contexto em que viveu Carlota Pereira de Queirós, qual é o sentido de seu pronunciamento?

b) Em grupo, crie um pronunciamento que valorize a igualdade de acesso das mulheres aos cargos políticos e a participação feminina nas esferas de poder nos tempos atuais. Compartilhe com a turma e com a comunidade escolar por meio de cartaz, carta aberta ou vídeo.

Constituição de 1934 e novos direitos sociais

Eleita em maio de 1933, a Assembleia Nacional Constituinte iniciou seus trabalhos no final do mesmo ano. Em julho de 1934 entrava em vigor a segunda Constituição do Brasil sob o regime republicano, em substituição à anterior, de 1891. O Estado passou a exercer mais controle sobre a economia e implantou-se a nacionalização de jazidas minerais, bancos, seguradoras etc., limitando assim a atuação de empresas estrangeiras no país; essa foi uma das marcas da Era Vargas.

O maior avanço promovido pela nova Constituição, contudo, foi contemplar questões sociais reivindicadas pelo movimento operário: o reconhecimento de alguns sindicatos de trabalhadores (embora outros passassem a atuar na clandestinidade); a criação da Justiça do Trabalho e do salário mínimo; a fixação da jornada de trabalho em 8 horas diárias; o estabelecimento de férias anuais remuneradas e do descanso semanal; a proibição do trabalho noturno para jovens de 14 a 16 anos; e, para menores de 18 anos e mulheres, a proibição de trabalho em indústrias **insalubres**.

Vargas projetava-se assim como um líder que valorizava o trabalho e o trabalhador, ganhando o apoio das camadas populares urbanas, grupo mais beneficiado pelo conjunto da legislação trabalhista criada ao longo do período em que governou o país.

Também ficou estabelecido o voto direto para a Presidência da República. Entretanto, com uma exceção: o chefe do governo provisório seria substituído por um presidente eleito pelo voto indireto. A vitória coube a Vargas, que, em julho de 1934, iniciou o Governo Constitucional.

ZOOM

Considerando o contexto socioeconômico do Brasil à época, qual é a importância de a Constituição de 1934 estabelecer leis que regulamentavam o trabalho?

Fundação Biblioteca Nacional, Rio de Janeiro

Cartum de Storni, publicado pela revista *Careta*, jun. 1934.

Pouco antes da eleição para presidente da República pela Constituinte de 1934, a vitória de Getúlio Vargas, chefe do Governo Provisório desde 1930, era dada como certa.

Vargas entre integralistas e aliancistas

Na década de 1930 cresceu, em alguns países europeus, a ideia de que governos autoritários com concentração de poderes e controle sobre a sociedade eram a solução para a crise econômica iniciada em 1929 nos Estados Unidos. Nesse contexto, surgiram na Itália, o fascismo, e na Alemanha, o nazismo, ideologias políticas totalitárias, de caráter **anticomunista** e que se contrapunham aos regimes democráticos.

No Brasil, temendo o avanço das lutas sociais dos operários e do socialismo, muitas pessoas das classes médias urbanas, as altas patentes militares, os latifundiários, banqueiros, industriais e membros do clero passaram a apoiar o fascismo e engajaram-se na **Ação Integralista Brasileira** (**AIB**), partido político fundado em 1932 pelo escritor Plínio Salgado, que, inspirado no nazifascismo, atacava a democracia e o comunismo e defendia um regime político totalitário. Sob o lema "Deus, Pátria e Família", os integralistas se diziam defensores dos valores tradicionais da sociedade brasileira e agiam com violência contra os opositores políticos. Suas tropas armadas, conhecidas como Camisas Verdes, perseguiam e espancavam trabalhadores grevistas e simpatizantes do comunismo. A AIB contava com a tolerância de Vargas, que, aos poucos, demonstrava afinidade com o nazifascismo.

Em 1935, as correntes políticas antifascistas e socialistas formaram a **Aliança Nacional Libertadora** (**ANL**), que recebeu apoio de parte das classes trabalhadoras por defender a reforma agrária, a garantia de liberdades individuais, a nacionalização de empresas estrangeiras instaladas no país e a criação de um governo popular. Seu presidente de honra era o comunista e ex-tenentista Luiz Carlos Prestes.

O rápido crescimento da ANL, apoiada por setores militares, assustou as elites conservadoras e o governo federal. Após poucos meses de sua criação, Vargas decretou a ilegalidade da Aliança Nacional Libertadora, o que provocou imediata reação de alguns de seus membros. Em novembro de 1935, eles organizaram a **Intentona** Comunista, movimento que eclodiu em Natal, onde chegaram a tomar o poder por três dias. O movimento alcançou ainda Recife e Rio de Janeiro; contudo, sem a adesão popular e militar esperada por seus líderes, a Intentona foi vencida pelo Exército.

Recuo da democracia

A Intentona de 1935 motivou o endurecimento do regime político. Com o **pretexto** de preservar a nação da "ameaça comunista", Vargas decretou sucessivos **estados de sítio** entre 1935 e 1937, suspendendo a normalidade democrática do país.

As eleições presidenciais, que deveriam ocorrer em 1938, foram canceladas e, em 10 de novembro de 1937, alegando razões de segurança nacional, Getúlio Vargas instaurou um regime ditatorial no país.

A razão apresentada pelo governo para sua atitude antidemocrática foi o combate a um suposto plano comunista para tomar o poder, o qual, veio a confirmar-se depois, fora forjado pelos próprios assessores de Vargas para justificar o golpe de Estado. Dessa forma, encerrou-se a fase democrática e constitucional da Era Vargas e iniciou-se a ditadura varguista, designada Estado Novo (1937-1945).

Capa da revista *Anauê!*, nº 2, 1935.

A saudação "Anauê!", de origem tupi-guarani, e o símbolo do integralismo, exibidos na imagem, eram amplamente utilizados na propaganda da AIB.

Glossário

Anticomunista: contrário à ideologia comunista assentada no fim da propriedade privada dos meios de produção e na crítica ao lucro capitalista e à desigualdade social.

Estado de sítio: suspensão temporária de direitos e garantias individuais estabelecidos por lei.

Intentona: plano de revolta; tentativa de motim.

Pretexto: justificativa usada para omitir os reais motivos de alguma ação.

Atividades ■■■

no caderno

1 Em 1928, a cidade de Mossoró, no interior do Rio Grande do Norte, registrou o primeiro voto feminino do Brasil. No mesmo ano, Mietta Santiago, estudante de Direito, assegurou seu direito ao voto por meio de mandato de segurança; o feito da jovem inspirou o poeta Carlos Drummond de Andrade a escrever o poema *Mulher eleitora*.

a) Comente a luta das mulheres brasileiras pelo voto feminino.

b) O Código Eleitoral de 1932 atendeu apenas em parte as reivindicações pelo sufrágio feminino. Explique essa afirmação.

c) Em sua opinião, qual é a importância das mulheres terem representatividade nos poderes Executivo, Legislativo e Judiciário?

2 Em 1932, São Paulo desafiou Vargas e deflagrou um movimento revolucionário que pretendia derrubar o novo governo. Leia o texto sobre o assunto:

> A revolução de 1932 uniu diferentes setores sociais, da cafeicultura à classe média, passando pelos industriais. A luta pela constitucionalização do país, os temas da autonomia, da superioridade de São Paulo – "essa locomotiva que carrega vinte vagões vazios" – eletrizaram a população. O rádio – utilizado pela primeira vez em larga escala no país –, a imprensa, os oradores inflamados contribuíram para avolumar o ódio contra Getúlio, o execrável "Gegê", ditador que pisoteara São Paulo com as botas militares e traíra os ideais democráticos.

Boris Fausto. *Getúlio Vargas*: o poder e o sorriso. São Paulo: Companhia das Letras, 2006. p. 63.

a) Explique a oposição das elites paulistas em relação a Vargas naquele contexto.

b) Atualmente, a internet tem papel relevante na circulação de propaganda favorável ou contrária a figuras do cenário político. Na época de Vargas, a rede mundial de computadores não existia, mas a propaganda anti-getulista motivada pela Revolução de 1932 foi grande. De acordo com o texto acima, como ela ocorreu?

c) Embora diferentes setores sociais tenham se unido contra Vargas na Revolução de 1932, o operariado paulista não aderiu ao movimento. Que razão poderia justificar isso?

3 A Constituição de 1934, elaborada durante o Governo Provisório de Vargas, foi a segunda constituição brasileira sob o regime republicano. Ela introduziu o voto obrigatório e secreto, além de estabelecer uma série de direitos trabalhistas.

a) Em que medida a adoção do voto secreto se opunha à prática do coronelismo?

b) Comente os avanços da Constituição de 1934 em relação aos direitos trabalhistas.

4 No cenário brasileiro pós-Revolução de 1930, duas forças políticas opostas emergiram: a Ação Integralista Brasileira (AIB) e a Aliança Nacional Libertadora (ANL).

a) Em que medida a formação da Ação Integralista Brasileira está relacionada ao contexto europeu da época?

b) Diferencie as ideias defendidas pela Ação Integralista Brasileira e as defendidas pela Aliança Nacional Libertadora.

c) Por que a Aliança Nacional Libertadora organizou a Intentona Comunista (1935)?

5 Na manhã de 10 de novembro de 1937, policiais da capital federal cercaram o prédio do Congresso Nacional. Sob protesto de alguns parlamentares, Vargas, acompanhado de seus ministros, assinou a Constituição de 1937, que estabeleceu a ditadura do Estado Novo. Ao povo, o anúncio foi feito à noite, pelo rádio.

No programa de rádio *Hora do Brasil*, Vargas anuncia a implantação do Estado Novo, 10 nov. 1937.

- Que acontecimentos foram usados como pretexto pelo governo Vargas para instaurar a ditadura no país?

Nos últimos anos têm ocorrido no Brasil e em outros países ocidentais manifestações de **xenofobia** e de inspiração fascista em resposta aos desafios trazidos pela globalização. Esses fenômenos são um alerta para a necessidade de fortalecer os princípios democráticos na construção de políticas que equacionem soluções e preservem os direitos dos cidadãos e a própria democracia.

Em 1937, Getúlio Vargas, com o pretexto de livrar o Brasil de um suposto plano comunista de tomada do poder, articulou um golpe de Estado que suspendeu as liberdades democráticas previstas na Constituição. Instaurava-se assim o **Estado Novo**, regime ditatorial que só terminaria em 1945.

Glossário

Xenofobia: termo de origem grega que significa aversão a pessoas ou coisas estrangeiras. Pode caracterizar-se por uma forma de preconceito que geralmente se manifesta por meio de ações de discriminação e de intolerância a pessoas que vêm de outros países e têm diferentes culturas.

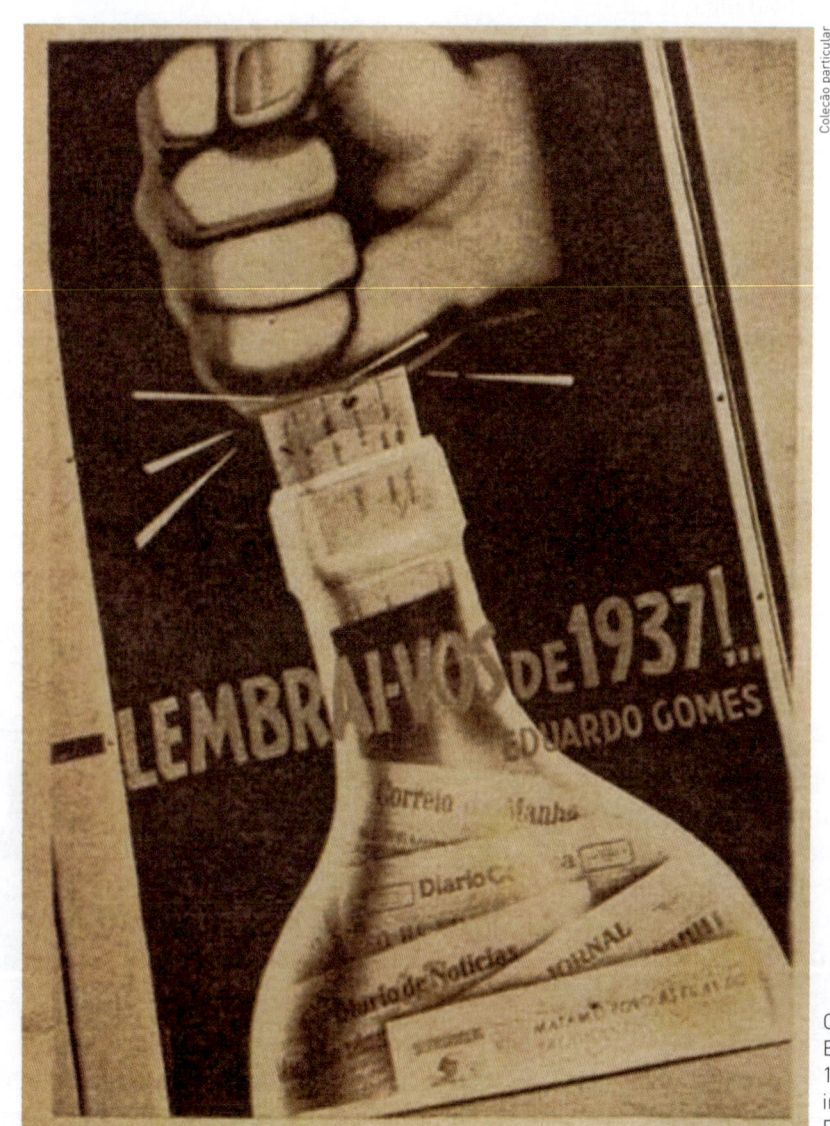

Coleção particular

Cartaz da campanha de Eduardo Gomes, feito em 1945, evoca a censura à imprensa imposta pelo Estado Novo.

A ditadura do Estado Novo

Em novembro de 1937, o presidente Vargas anunciou ao povo, pelo rádio, o fechamento do Congresso Nacional e a aprovação de uma nova Constituição em substituição à de 1934.

De tendência fascista, a nova Constituição ampliou o poder presidencial, permitiu a destituição dos governadores e prefeitos, possibilitou a nomeação de interventores, legalizou a censura aos órgãos de imprensa e garantiu o fechamento de todos os partidos políticos. O novo regime intensificou a perseguição a comunistas, democratas, sindicalistas que defendiam autonomia dos sindicatos em relação ao governo e qualquer um cujas ideias se chocavam com o autoritarismo vigente.

Gustavo Barroso, à esquerda, ao lado de Plínio Salgado durante passeata dos camisas verdes, da Ação Integralista Brasileira.

Os membros da oposição, muitos deles presos ou **exilados** desde a Intentona Comunista de 1935, tiveram dificuldade para reagir ao autoritarismo. A única tentativa nesse sentido veio da Ação Integralista Brasileira (AIB). Com o apoio dado ao golpe, os dirigentes da AIB – em especial, Plínio Salgado – imaginavam que seriam beneficiados pelo Estado Novo. No entanto, ao dissolver os partidos políticos, Vargas não poupou a AIB.

Em maio de 1938, os integralistas invadiram a residência oficial do presidente, o Palácio do Catete, enfrentando a resistência dos funcionários do palácio e dos assessores que lá trabalhavam, bem como a do próprio presidente. Os rebeldes foram presos e alguns, fuzilados; Plínio Salgado foi exilado.

Glossário

Exilado: aquele que, por razões políticas, foi obrigado a deixar sua pátria, seu país.

Direitos trabalhistas não beneficiavam a todos

Na área social, Vargas prosseguiu em sua política de aproximação com as classes trabalhadoras urbanas, o que resultou na criação do salário mínimo, em 1940, e na elaboração da Consolidação das Leis do Trabalho (CLT), em 1943. A CLT reuniu as leis trabalhistas que já existiam e tornou-se o principal regulamento das relações entre patrões e empregados.

À medida que os direitos trabalhistas eram instituídos, Getúlio Vargas transformava-se no "pai dos pobres" perante a nação. No entanto, não havia estrutura no governo federal para fiscalizar o cumprimento das leis trabalhistas e garantir que elas fossem cumpridas em todas as fábricas e empresas; assim, não era raro que fossem desrespeitadas, em prejuízo dos trabalhadores.

Além disso, grande parte dos benefícios era voltada aos funcionários públicos, o que deixava muitos brasileiros à margem da lei.

Ampliar

Estado Novo, de Luiz Galdino (Ática).

Com base em ampla pesquisa histórica, o autor apresenta a Era Vargas e suas características polêmicas.

A propaganda do regime

Na década de 1930, muitas famílias brasileiras tinham o hábito de se reunir para ouvir os programas de rádio.

Em 1939 foi criado o Departamento de Imprensa e Propaganda (DIP), encarregado da censura aos meios de comunicação e da divulgação dos valores defendidos pelo Estado Novo: patriotismo, disciplina, trabalho.

Coube ao DIP executar o controle das informações veiculadas na imprensa a fim de evitar a circulação de críticas ao regime. O rádio, principal meio de comunicação de massa da época, foi instrumento de propaganda política das ações do governo e de Vargas; as rádios transmitiam discursos do presidente ao povo, notícias governamentais e músicas do folclore brasileiro. A música popular foi alvo de censura, e as letras de algumas canções foram alteradas para que pudessem ser tocadas nas rádios e ouvidas pela população.

O governo passou a patrocinar, ainda, blocos populares que participavam do Carnaval de rua do Rio de Janeiro, desde que eles criassem enredos que exaltassem a nação e o governo. Nas datas comemorativas, os desfiles cívicos divulgavam a imagem de Vargas como líder e protetor da nação, além de enaltecer suas ações e incentivar o patriotismo.

A propaganda oficial procurava difundir a mensagem de que o Estado Novo protegia os interesses dos trabalhadores e lhes ofertava tudo de que precisavam. Construía-se assim, no imaginário popular, a visão de Vargas como governante conectado às classes trabalhadoras.

Por outro lado, a população identificava-se com o que era veiculado pela propaganda varguista; as camadas populares, especialmente as que viviam nos centros urbano-industriais, reconheciam os avanços sociais conquistados desde que Getúlio Vargas chegara ao poder, o que gerava uma situação ambígua para os que defendiam a legislação trabalhista criada por Vargas, mas criticavam seu regime ditatorial.

💡 Ampliar

Hoje é Dia de Música (episódio 4)

Brasil, 2014. Direção: Hugo Sukman, 54 min.

O filme mostra um dos aspectos da cultura popular da Era Vargas: a riqueza da música nordestina brasileira.

Zoom

Atualmente as redes sociais são monitoradas e manipuladas para identificar como o público reage a postagens que envolvam algum candidato. Qual o risco dessas ações para os eleitores? Que cuidados eles devem ter para evitar esse risco?

O Estado Novo instituiu diversas comemorações cívicas. Nessas datas, Vargas discursava ao povo em desfiles de centenas de jovens e crianças, cujo objetivo era demonstrar a grandiosidade da pátria.

Desfile dos operários da Fábrica Bangu no Dia do Trabalho. Rio de Janeiro (RJ), 1942.

Contexto internacional

Em 1939 eclodiu na Europa a Segunda Guerra Mundial, opondo duas alianças político-militares: o Eixo, liderado por Alemanha, Itália e Japão; e os Aliados, com França, Inglaterra, União Soviética e, posteriormente, os Estados Unidos à frente. Assim como na Primeira Guerra, verificou-se a necessidade de produzir no Brasil o que antes era importado. Além disso, o país recebeu do governo estadunidense uma linha de crédito para impulsionar as indústrias de base, o que garantiu autossuficiência na produção de aço.

O interesse dos Estados Unidos era selar uma aliança econômica para que o Brasil rompesse relações comerciais com os países do Eixo. Em troca do capital, Vargas permitiu que as bases militares do Nordeste fossem usadas pelos estadunidenses, facilitando assim o controle e a vigilância estadunidense no Atlântico Sul.

A "política da boa vizinhança" e o personagem Zé Carioca

A opulência cultural dos Estados Unidos fez-se presente em muitos países das Américas. O estilo de vida e o padrão de consumo estadunidense (o *american way of life*) influenciaram os hábitos e as ideias dos brasileiros.

Nas décadas de 1930 e 1940, os Estados Unidos procuraram expandir o mercado consumidor de seus produtos industrializados e o número de fornecedores de matéria-prima. Nesse contexto, Franklin Roosevelt, presidente dos Estados Unidos de 1933 a 1945, implementou a chamada "política da boa vizinhança" em relação aos demais países americanos. Caracterizada pela cooperação econômica e militar, ela se desenvolvia por meio de estratégias culturais e ideológicas de aproximação, mantendo a estabilidade no continente e consolidando a influência dos Estados Unidos.

Em 1936, o governo Roosevelt encomendou a Walt Disney a elaboração de um personagem que representasse a América Latina. Anos depois, durante viagem ao Rio de Janeiro, Disney criou Zé Carioca. Meio papagaio, meio homem, ele traja roupas elegantes, gosta de samba e é dotado de características associadas, na época, ao povo humilde: malandragem, malemolência e esperteza; em certa medida, o personagem é uma visão estereotipada do brasileiro. Sua primeira aparição foi na animação *Alô, amigos*, de 1942.

💡 Ampliar

Alô, amigos
EUA, 1942.
Direção: Walt Disney, 45 min.

O filme mescla animação e documentário para expressar uma missão de reconhecimento pela América do Sul, dentro da "política da boa vizinhança".

Guia dos quadrinhos
www. guiadosquadrinhos. com/personagem/ ze-carioca-(jose-carioca)/3191

Informações sobre o contexto de criação do personagem Zé Carioca e a evolução de sua representação em filmes e quadrinhos.

AP Photo/Glow Images

Encontro de Vargas e Roosevelt durante a visita oficial do presidente dos Estados Unidos ao Brasil, 27 nov. 1936.

O Brasil vai à guerra

População protesta devido ao afundamento de navios brasileiros pelos alemães. Rio de Janeiro (RJ), 1942.

O alinhamento econômico com os Estados Unidos converteu-se no apoio do Brasil aos Aliados. Em junho de 1942, após navios mercantes brasileiros terem sido alvo de submarinos alemães, o governo declarou guerra ao Eixo. Dois anos depois, enviou tropas para os campos de batalha da Europa. Elas lutaram de setembro de 1944 a maio de 1945 ao lado dos Aliados, que derrotaram os países do Eixo.

A participação brasileira na Segunda Guerra foi pequena se comparada à de outros países, mas obteve significativas vitórias contra a Itália. Criou-se uma situação ambígua: o Exército e a Marinha brasileiros representavam o país na luta contra o totalitarismo e, ao mesmo tempo, aqui se vivia uma ditadura de características semelhantes.

A sociedade exige abertura política

Em meados da década de 1940, aumentavam as pressões pela redemocratização, em especial entre intelectuais, estudantes, classe média e setores militares. A derrota do Eixo na guerra desgastou ainda mais o Estado Novo. Aparentemente cedendo aos apelos, Vargas marcou eleições presidenciais para dezembro de 1945, legalizou o Partido Comunista do Brasil (PCB) e permitiu a organização de outros partidos.

Nesse cenário de relativa abertura política, organizaram-se a União Democrática Nacional (UDN), que representava a burguesia industrial e financeira; o Partido Socialista Brasileiro (PSB), que reunia intelectuais de tendências socialistas; o Partido Social Democrático (PSD), formado pelas elites regionais ligadas a Vargas, e o Partido Trabalhista Brasileiro (PTB), que defendia o sindicalismo populista. Os dois últimos partidos foram criados com incentivo do próprio presidente para reunir os setores sociais que o apoiavam.

Sai Vargas, volta a democracia

Em fins de outubro de 1945, os militares, temendo manobras **continuístas**, depuseram Vargas. Venceu a eleição o general Eurico Gaspar Dutra, um dos articuladores da deposição. Poucos meses depois, entrou em vigor a Constituição de 1946, a quinta do país.

O governo Dutra foi marcado pela aproximação com os Estados Unidos no contexto da Guerra Fria, momento em que o mundo ficou dividido entre países capitalistas e socialistas. Nesse cenário, Dutra fechou o PCB.

No campo econômico, implantou o Plano Salte, com o objetivo de estimular o desenvolvimento nos setores de Saúde, Alimentação, Transporte e Energia, mas não obteve recursos para sua total concretização.

Entre 1946 e 1950, cresceram as importações, diminuindo as reservas monetárias acumuladas durante a Segunda Guerra; em paralelo, o aumento da inflação e do custo de vida, somado ao fracasso do Plano Salte, desgastou a imagem de Dutra para a maioria da população.

> **Glossário**
>
> **Continuísta:** o que perpetua no poder uma pessoa ou grupo.

Eleição de Vargas

Getúlio Vargas lançou sua candidatura à Presidência da República nas eleições de 1950, apoiado pela aliança entre PTB e PSP. Como naquela eleição era o único líder político de alcance nacional, venceu com folga os outros candidatos, obtendo quase 50% dos votos. Em sua campanha, Vargas defendeu a nacionalização da economia, embora soubesse não ser possível, à época, libertar definitivamente o Brasil do capital externo, principalmente o estadunidense.

Em seu novo governo, Vargas tentou conciliar o nacionalismo econômico com os investimentos estrangeiros, incentivando a instalação de indústrias no setor de transportes, siderurgia, energia e petroquímica, visando ao crescimento da economia nacional.

Em 1953, após ampla campanha a favor da nacionalização do petróleo, sintetizada no lema "O Petróleo É Nosso", e com apoio popular, criou a Petrobrás, empresa que passou a deter o monopólio da exploração e do refino do petróleo no Brasil, restringindo a atuação de empresas estrangeiras à distribuição do produto.

Cartaz de campanha para a criação da Petrobrás, c. 1953.

Tempos de crise política

A economia nacional sofria de um problema crônico que Getúlio Vargas não conseguia solucionar: o preço do café continuava a cair no mercado internacional e os lucros das empresas estrangeiras eram remetidos para o país de origem, resultando em falta de recursos para investimentos no Brasil.

Somente medidas como **arrocho** e redução de salários poderiam atenuar a crise, o que custaria à Getúlio a perda do apoio de grande parte dos trabalhadores urbanos e da classe média.

Em 1953, os Estados Unidos reduziram para menos da metade os recursos investidos no Brasil, como represália à decisão de Vargas de não apoiar a guerra contra a Coreia.

No mesmo ano, o presidente enfrentou um grande movimento social em São Paulo: cerca de 300 mil trabalhadores mantiveram-se em greve por cerca de um mês, desrespeitando as orientações dos sindicatos controlados pelo governo. Em 1954, no dia 1º de maio, Getúlio definiu o aumento de 100% do salário mínimo. Com essa medida, pretendia aumentar sua popularidade, reforçando a imagem de "pai dos pobres", embora contrariasse os interesses da burguesia industrial e financeira.

Atemorizadas com a reorganização dos movimentos operários e as reivindicações salariais, as classes dominantes e os militares passaram a criticar o governo. Progressivamente, a principal força política de oposição a Vargas, a União Democrática Nacional (UDN), passou a pedir a deposição do presidente, principalmente em violentos artigos escritos pelo jornalista Carlos Lacerda no jornal carioca *A Tribuna da Imprensa*.

A polícia reprimiu com violência a greve de trabalhadores no centro da cidade de São Paulo, abr. 1953.

Era Vargas chega ao fim

A "gota-d'água" para a queda de Vargas ocorreu em agosto de 1954: aparentemente sem sua permissão, seus assessores tramaram o assassinato de Carlos Lacerda, que foi malsucedido. O jornalista apenas foi baleado na perna.

A UDN e Lacerda exigiram rigorosas investigações, as quais confirmaram ser Gregório Fortunato, chefe da guarda presidencial, o mandante do crime. O episódio agravou o quadro de tensão política e, na noite de 23 de agosto, Vargas reconheceu que a renúncia era a alternativa esperada pelas Forças Armadas, pelas classes dominantes, pelos representantes do capital estrangeiro e até por membros de seu governo.

Mas, no dia seguinte, o país foi surpreendido pela notícia do suicídio do presidente. Ele deixou uma longa carta na qual acusou os inimigos da nação de "tramarem sua queda" e "sufocarem" sua voz. A população chorou a morte do líder e seus opositores enfrentaram a desconfiança popular: grande parte do povo acreditava que perdera o único presidente que governara em favor dos trabalhadores.

Ampliar

Getúlio

Brasil, 2014. Direção: João Jardim, 100 min.

O filme mostra os 16 últimos dias de vida do presidente Getúlio Vargas. Pressionado por uma crise política sem precedentes, ele avalia os riscos até tomar a decisão de se suicidar.

Acervo UH/Arquivo do Estado/Folhapress

Multidão acompanha o cortejo do corpo do presidente Vargas. Rio de Janeiro (RJ), 25 ago. 1954.

> Muitos historiadores interpretam o suicídio de Getúlio Vargas como um ato político que, pela dramaticidade, reforçou a imagem de um líder que deu a vida pela nação.

Documentos em foco

A carta-testamento que Getúlio Vargas escreveu antes de se suicidar é um dos documentos mais estudados do passado recente do Brasil. Leia a seguir um trecho dela.

> Precisam sufocar a minha voz e impedir a minha ação, para que eu não continue a defender, como sempre defendi, o povo e principalmente os humildes. [...] Depois de decênios de domínio e espoliação dos grupos econômicos e financeiros internacionais, fiz-me chefe de uma revolução e venci. Iniciei o trabalho de libertação e instaurei o regime de liberdade social. Tive de renunciar. Voltei ao governo nos braços do povo. [...]
>
> Lutei contra a espoliação do Brasil. Lutei contra a espoliação do povo. [...] Nada receio. Serenamente dou o primeiro passo no caminho da eternidade e saio da vida para entrar na História.
>
> Rio de Janeiro, 23 de agosto de 1954.

Francisco Doratioto; José Dantas Filho. *De Getúlio a Getúlio*: o Brasil de Dutra e Vargas, 1945 a 1954. São Paulo: Atual, 1991. p. 74-78.

1. A quem Vargas destina a carta-testamento?

2. Identifique passagens do texto que sejam referências aos seguintes fatos históricos:
   - Revolução de 1930;
   - deposição de Vargas em 1945;
   - eleição de Vargas como presidente em 1950.

3. De que forma a carta-testamento representa uma última propaganda política de Vargas?

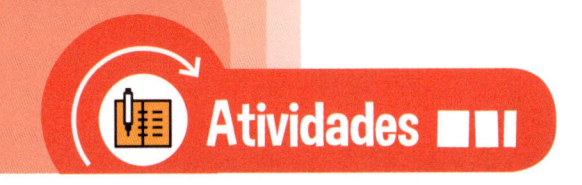

1 No período chamado de Estado Novo, alguns departamentos governamentais exerceram importante papel no Brasil. Explique a importância do Departamento de Imprensa e Propaganda (DIP) para o regime político vigente entre 1937 e 1945.

2 Na história política brasileira, a Era Vargas caracterizou-se por diversos acontecimentos marcantes. Identifique uma característica em cada fase da Era Vargas indicada a seguir:

a) 1930-1934

b) 1934-1937

c) 1937-1945

d) 1950-1954

3 Foi durante a Era Vargas que os trabalhadores brasileiros tiveram a maior parte de seus direitos reconhecidos e garantidos pela Constituição. Pesquise exemplos de garantias trabalhistas instituídas na Era Vargas que permanecem na atual legislação brasileira.

4 Em 1950, quando Getúlio Vargas retornou à cena política brasileira e foi eleito pelo voto direto, o mundo vivia uma onda de expansão econômica, otimismo, progresso e modernização após o fim da Segunda Guerra.

a) Pesquise na internet e identifique alguns acontecimentos marcantes (tanto no Brasil como no mundo) no campo das ciências, cultura, esportes, tecnologia etc. que contribuíram para criar essa onda de progresso e modernização.

b) Crie uma linha do tempo ilustrada com os acontecimentos pesquisados e selecionados por você. Faça o registro em seu caderno ou, se houver disponibilidade, utilize uma ferramenta *on-line* para criar sua linha do tempo.

c) Em dupla, reflitam sobre as principais transformações ocorridas nos costumes a partir dos acontecimentos mencionados na linha do tempo e registrem-nas.

5 Nas décadas de 1930 e 1940, o culto aos líderes políticos constituiu uma estratégia moderna para governar as sociedades de massa. No trecho a seguir, Ângela de Castro Gomes, doutora em Ciência Política e Sociologia, analisa a construção da figura de Vargas.

> [...] Ela certamente começou com a Revolução de 1930. Nesse momento, Vargas era apenas um de um conjunto [de] líderes, embora fosse aquele que iria assumir a chefia do Estado. Pode-se então verificar que a figura de Vargas começa a ser trabalhada como exemplo de presidente quando ele ainda é o chefe do Governo Provisório (1930-1934) e, a seguir, o presidente constitucional do país (1934-1937). A partir daí, a propaganda em torno de seu nome e das realizações de seu governo não param de aumentar. Entretanto, foi só após o golpe do Estado Novo que a preocupação com a construção do mito Vargas chegou a seu auge. Como o regime era autoritário, a intensa propaganda se beneficiou muito da censura, dirigida a todos e a tudo que pudesse ser considerado danoso ao regime e a Vargas.

CPDOC-FGV. *Vargas*: para além da vida – O mito Vargas. Disponível em: <http://cpdoc.fgv.br/producao/dossies/AEraVargas2/artigos/AlemDaVida/MitoVargas>. Acesso em: maio 2018.

- De acordo com a autora, quais foram os elementos essenciais para a construção do mito Vargas?

6 No Estado Novo, Vargas determinou que o retrato do Presidente da República fosse pendurado na parede das repartições públicas. Entretanto, ao ser deposto em 1945, as fotos dele foram retiradas. Em 1951, essa tradição inspirou a criação da marchinha de carnaval "Retrato do Velho". Pesquise a letra desta canção na internet e a interprete: Quem é o "velho" citado na canção? Que elementos da letra demonstram apoio à volta de Vargas ao poder em 1950?

JK e o novo Brasil

Vista do Eixo Monumental, via entre o Congresso Nacional e a Esplanada dos Ministérios. Brasília (DF), 2017

A atual capital federal, Brasília, foi construída no contexto da política desenvolvimentista implantada no país após a morte de Vargas. Inaugurada em 21 de abril de 1960, seu projeto arquitetônico futurista representava uma "nova era" para o país.

O Brasil passou a reconhecer-se como um país "moderno" entre as décadas de 1950 e 1960, em razão das intensas transformações no período. No entanto, "ser moderno" significava algo muito diferente do que significa atualmente... O projeto político que se impôs à nação naquela época foi o de rápida industrialização e urbanização, processo em que se acentuaram as desigualdades. O nacionalismo econômico da Era Vargas foi então substituído pela política econômica desenvolvimentista implantada para dinamizar e modernizar a economia nacional. Para isso, facilitou-se a entrada no país de capitais e empresas estrangeiras.

50 anos em 5

Após a morte de Vargas, Café Filho, o vice-presidente, assumiu o governo. Entretanto, por motivo de saúde, afastou-se do cargo, que foi assumido pelo presidente da Câmara dos Deputados, Carlos Luz. Uma nova eleição presidencial, realizada em 1955, foi vencida por Juscelino Kubitschek, o JK, ex-governador de Minas Gerais e candidato da aliança entre o Partido Social Democrata (PSD) e o Partido Trabalhista Brasileiro (PTB), ambos criados por Vargas no fim do Estado Novo.

No entanto, a posse de Kubitschek e de seu vice, João Goulart (considerados representantes do getulismo), foi ameaçada por um golpe de Estado articulado por lideranças da União Democrática Nacional (UDN), partido de oposição a Vargas. Carlos Luz, contrário ao getulismo e simpatizante da UDN, tentou evitar a posse dos eleitos. O general Henrique Lott, ministro da Guerra, resistiu, argumentando que o resultado das urnas deveria ser respeitado; sob seu comando, os militares depuseram Carlos Luz. Em seu lugar assumiu Nereu Ramos, presidente do Senado, que formalizou a posse de JK e Goulart em janeiro de 1956.

A administração JK notabilizou-se pelo lema "50 anos de progresso em 5 de governo", pelo qual expressou seu projeto de modernizar e industrializar o Brasil.

O Plano de Metas

Com o mercado interno em expansão e a exploração de expressivas reservas naturais de ferro e aço, o governo implementou o Plano de Metas, que continha diversas medidas visando à rápida industrialização do país, bem como a ampliação dos setores de energia, transportes, construção civil, educação e alimentação. Para isso, o governo atraiu multinacionais concedendo-lhes vantagens como isenção de impostos e facilidade na importação de equipamentos, abriu linhas de crédito a empresários brasileiros e recorreu a empréstimos externos e ao aumento da emissão de moeda.

No plano social, o governo JK seguiu a tendência populista de manter as conquistas do operariado urbano, controlar os sindicatos e conceder aumentos salariais periodicamente.

No Nordeste, a partir de 1954, as Ligas Camponesas, organizações de trabalhadores do campo formadas pelo Partido Comunista Brasileiro, passaram a denunciar a exploração dos trabalhadores rurais pelos latifundiários e a reivindicar reforma agrária e melhores condições de trabalho. Por meio da criação da Superintendência para o Desenvolvimento do Nordeste (Sudene), em 1959, JK tentou contornar essa questão e equilibrar as profundas desigualdades entre as regiões do país, o que acabou não ocorrendo. A estrutura latifundiária se manteve, e a concentração de indústrias e investimentos no centro-sul aprofundou os contrastes regionais.

No plano externo, o estreitamento das relações diplomáticas com os Estados Unidos acentuou o caráter dependente do capitalismo brasileiro.

Juscelino Kubitschek (em pé) em frente a John Foster Dulles, secretário de Estado dos Estados Unidos, 1958.

Na fotografia, Juscelino pede ao secretário de Estado dos Estados Unidos, John Foster Dulles, que se levante para lhe dar um aperto de mão. O *Jornal do Brasil* ironizou a pose de Juscelino, publicando-a com o título "Me dá um dinheiro aí", o que provocou protestos do presidente.

zoom

❶ "Me dá um dinheiro aí" é o refrão de uma popular música de Carnaval da década de 1960. Considerando a letra da música, responda: Por que o *Jornal do Brasil* usou essa referência? O que estava sendo criticado?

❷ Compare o refrão da música com a fotografia e o contexto histórico. Discuta com os colegas por que JK não gostou da brincadeira e escreva sua conclusão no caderno.

Limites do modelo econômico

A fragilidade do modelo econômico do governo JK logo se comprovou: a remessa do governo das multinacionais para o exterior não permitia a necessária acumulação de capitais no país; a dívida externa e o crescente processo inflacionário abalavam a economia; a falta de uma política eficaz para a agricultura gerava queda na produção; a alta no custo de vida provocava protestos generalizados.

A manutenção dos latifúndios favoreceu os grandes proprietários de terras e inviabilizou a reforma agrária, bem como a implementação de direitos trabalhistas aos trabalhadores rurais.

O governo JK foi marcado pela polêmica: ao mesmo tempo que dizia caminhar no sentido da construção de uma sociedade democrática e livre das desigualdades, suas realizações envolveram grande comprometimento com o capital estrangeiro e crescente distanciamento dos interesses populares. Nos últimos meses como presidente, enfrentou uma onda de greves, o que desgastou ainda mais sua imagem.

Capital federal no Planalto Central

Um dos principais símbolos da política desenvolvimentista de Juscelino foi Brasília, idealizada por ele e construída durante seu governo. Inteiramente planejada pelos arquitetos Lúcio Costa e Oscar Niemeyer, a cidade, encravada na região central do Brasil, representou uma tentativa de integração nacional. Com suas linhas modernas e arrojadas, a nova capital reafirmava a crença de que o destino do país era, inevitavelmente, o progresso.

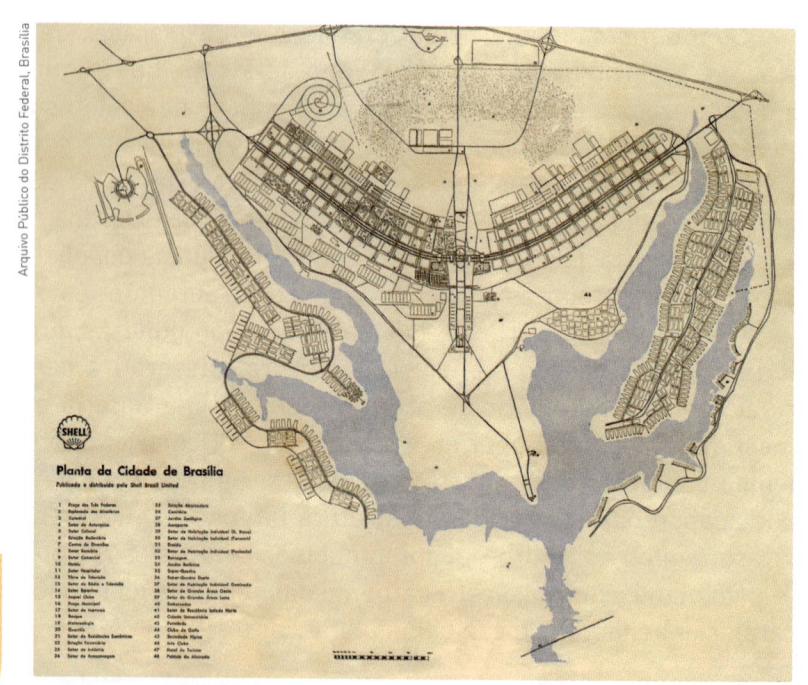

Arquivo Público do Distrito Federal, Brasília

Reprodução de desenho do plano-piloto de Brasília, do arquiteto Lúcio Costa, 1957.

zoom

Analise a planta de Brasília, chamada de plano-piloto. Associe o formato da cidade com a ideia de futuro e de desenvolvimento da época JK.

 De olho no legado ■■■

O Brasil de JK – Sociedade e cultura nos anos 1950

[...] A consolidação da chamada sociedade de massa no Brasil trouxe consigo a expansão dos meios de comunicação, tanto no que se refere ao lazer quanto à informação, muito embora seu raio de ação ainda fosse local. O rádio cresceu no início dos anos 50, quando houve um aumento da publicidade.

[...] a vontade do novo trazia embutido, em várias áreas da cultura, o desejo de transformar a realidade de um país subdesenvolvido.

[...] Guardando suas especificidades, e em graus diferenciados, tanto o cinema, quanto o teatro, a música, a poesia e a arte, movidos pela crença na construção de uma nova sociedade [...], abraçavam expressões artísticas e estéticas inovadoras que vinham sendo praticadas não só em outras partes do mundo, mas também no próprio país. Essa foi, em linhas gerais, a marca do processo de renovação estética em curso ao longo da década de 1950. [...]

A identificação dos chamados "anos dourados" com o espírito otimista que consagrou o governo Kubitschek acabou, assim, por englobar todo um conjunto de mudanças sociais e manifestações artísticas e culturais que ocorreram [...] desde o início dos anos 50 até os primeiros anos da década seguinte.

Mônica Almeida Kornis. *Sociedade e cultura nos anos 1950*. Disponível em: <http://cpdoc.fgv.br/producao/dossies/JK/artigos/Sociedade/Anos1950>. Acesso em: abr. 2018.

1 Explique como o governo JK repercutiu na sociedade e na cultura da década de 1950.

2 Você conhece algum movimento social ou cultural atual? Quais são os princípios defendidos pelos apoiadores desse movimento?

Notícias das mulheres na construção de Brasília

As escritoras e economistas brasilienses Tânia Fontenele Mourão e Mônica Ferreira Gaspar de Oliveira produziram um documento histórico primoroso sobre as mulheres que participaram da construção de Brasília.

O livro *Poeira e batom no Planalto Central – 50 mulheres na construção de Brasília* (Petrobras, 2010) resgata, por meio de depoimentos das mulheres pioneiras que chegaram às terras poeirentas da nova capital entre os anos de 1956 e 1960 e permaneceram no Distrito Federal por pelo menos 20 anos, o complexo emaranhado de novos desafios, novas experiências, novos costumes e novos comportamentos vivenciados por elas.

No dizer das próprias autoras, *Poeira e batom no Planalto Central*

[...] proporciona às futuras gerações fonte de pesquisa e referência histórica, além de experiências das mulheres em Brasília, no início dos anos 60, que contribuíram para a formação da cultura que permeia a cidade até os dias de hoje. [...]

Brasília representou, para muitas mulheres, a quebra de **paradigmas**. Aqui não havia os controles sociais e morais de outros centros urbanos. A seleção por concurso de professoras em todo o país criou oportunidades para muitas mulheres saírem de suas pequenas cidades e terem a grande chance de conquistar sua independência econômica e social. Os salários eram compensadores. E, vindo para uma cidade em construção como Brasília, elas poderiam romper com os antigos valores patriarcais. [...]

Os jovens casais que aqui chegavam tinham que encontrar meios de criar seus filhos sem os **aparatos** de avós, tias e outros familiares. A divisão sexual do trabalho tradicional encontrou barreiras para se estabelecer numa cidade em que todos precisavam se ajudar mutuamente para sobreviver num cenário de **precariedades**. As relações de amizade com pessoas vindas das mais diferentes partes do país favoreciam as trocas solidárias, e homens e mulheres percebiam que precisavam reinventar outras formas de boa convivência.

[...] As discussões sobre liberdade de expressão e direitos iguais entre homens e mulheres davam seus primeiros passos em manifestações nos Estados Unidos e na França. No Brasil, ainda vigoravam papéis bem marcados entre homens e mulheres. Em Brasília, porém, até os costumes estavam em construção, propiciando novas relações entre as pessoas.

Glossário

Aparato: arranjo; estrutura.
Paradigma: um exemplo que serve de modelo; padrão.
Precariedade: qualidade ou característica do que é instável, frágil, inseguro, passageiro.

Arquivo/CB/D.A Press

Inauguração do prédio do Correio Braziliense, primeiro jornal da cidade. Brasília (DF), 1960.

Zezé Weiss. Notícias das mulheres na construção de Brasília. *Xapuri Socioambiental*, 7 mar. 2015. Disponível em: <www.xapuri.info/cultura/literatura/poeira-e-batom-no-planalto-central/>. Acesso em: 10 set. 2017.

1 **Por que a construção de Brasília favoreceu a quebra de paradigmas e o protagonismo feminino?**

George Torok/O Cruzeiro/EM/D.A Press

Governo de Jânio Quadros

A queda da popularidade de JK foi confirmada pela vitória esmagadora do oposicionista Jânio Quadros (candidato da UDN) nas eleições de 1960. Para vice-presidente foi reeleito, pelo PTB, João Goulart (conhecido como Jango).

Jânio assumiu o governo prometendo "varrer" a corrupção do país. Imprimiu seu estilo à presidência tentando desviar a atenção da população dos graves problemas brasileiros com medidas de cunho moral, como a proibição do uso de biquínis. Sua figura carismática e aparentemente desprendida da política levava o eleitorado urbano a acreditar que ele conseguiria restabelecer o crescimento do país.

Jânio Quadros portando uma vassoura, marca registrada de sua campanha eleitoral. São Paulo (SP), 1960.

Desafios internos e externos

A dívida externa e a inflação constituíam os principais desafios do novo governo. Para enfrentá-los, Jânio congelou salários, limitou o crédito, cortou subsídios federais, desvalorizou a moeda e pretendia restringir as remessas de lucros para o exterior. Essa política econômica aumentou o custo de vida, abalando a popularidade do presidente. Enquanto isso, externamente, Jânio reatou relações diplomáticas com Cuba e China, países socialistas.

Renúncia inexplicada

Alvo de inúmeras críticas, Jânio Quadros viu-se isolado no meio político. Em agosto de 1961, surpreendeu a nação ao renunciar ao cargo, alegando que "forças ocultas" o obrigavam àquela decisão. Pesquisadores afirmam que ele pretendia causar uma comoção para que o povo exigisse seu retorno e, assim, fechar o Congresso Nacional e afastar seus opositores.

Apesar de perplexa, a população não se mobilizou. Como o vice, Jango, estava fora do país, foi empossado temporariamente Ranieri Mazzilli, presidente da Câmara dos Deputados.

Criou-se um impasse em torno da posse do vice: os setores conservadores identificavam-no como herdeiro do getulismo e de tendências comunistas. Diante da possibilidade de um golpe de Estado, greves operárias e estudantis exigiam o respeito à legalidade.

Nesse clima tenso, o Congresso Nacional aprovou emenda constitucional que implantou o parlamentarismo no Brasil. Caracterizado pela força do Legislativo Federal, o sistema parlamentarista retirava poderes do presidente da República.

O historiador Caio Navarro de Toledo assim analisa o parlamentarismo no Brasil:

> [...] transformava-se o presidente da República em autêntico chefe de Estado, perdendo a sua iniciativa de elaborar leis, orientar a política externa, elaborar propostas de orçamentos etc.

Caio Navarro de Toledo. *O governo Goulart e o golpe de 64*. 4. ed. São Paulo: Brasiliense, 1984. p. 20.

 **Ampliar**

Vozes brasileiras

http:// vozesbrasileiras. com/galeria-da-voz/Personalidades

Reprodução dos discursos de posse dos presidentes Juscelino Kubitschek e Jânio Quadros.

50 anos de Brasília

www2.camara. leg.br/atividade-legislativa/ plenario/discursos/ escrevendo historia/revista-50-anos-de-brasilia

Revista comemorativa dos 50 anos da fundação de Brasília.

Atividades ■■■

no caderno

1 Em carta escrita no final de 1961, o presidente Juscelino Kubitschek faz uma retrospectiva de seu governo. Que informação contida no documento se refere a seu principal lema?

> [...] Sinto-me satisfeito em poder proclamar que, na Presidência da República, não faltei a um só dos compromissos que assumi como candidato. Mercê de Deus, em muitos setores realizei além do que prometi, fazendo o Brasil avançar, pelo menos, cinquenta anos de progresso em cinco anos de governo. [...] E todo esse esforço culminou no cumprimento da meta democrática, quando o nosso País apresentou ao mundo um admirável espetáculo de educação política, que me permite encerrar o mandato num clima de paz, de ordem, de prosperidade e de respeito a todas as prerrogativas constitucionais.
>
> Sejam quais forem os rumos de minha vida pública, levarei comigo, ao deixar o honroso posto que me confiou a vontade popular, o firme propósito de continuar servindo ao Brasil com a mesma fé, o mesmo entusiasmo e a mesma confiança nos seus altos destinos.
>
> Juscelino Kubitschek.
> Brasília – 1961.

Juscelino Kubitschek. *Carta de despedida dirigida ao povo brasileiro no encerramento do seu governo.* Disponível em: <www.memorialjk.com.br/cartas/ct01.htm>. Acesso em: abr. 2018.

2 Leia trecho de um texto do historiador Thomas Skidmore sobre os aspectos econômicos do governo de JK e responda às questões.

A base para o progresso foi uma extraordinária expansão da produção industrial. Entre 1955 e 1961, a produção industrial cresceu 80% (em preços constantes), com as porcentagens mais altas registradas pelas indústrias de aço (100%), indústrias mecânicas (125%), indústrias elétricas e de comunicações (380%) e indústrias de equipamentos de transportes (600%). [...] Para a década de 1950, o crescimento ***per capita*** efetivo do Brasil foi aproximadamente três vezes maior que o resto da América Latina.

> **Glossário** 🔖
>
> ***Per capita:*** relativa a um indivíduo (*per capita*, em latim, significa "por cabeça").

Thomas Skidmore. *Brasil:* de Getúlio a Castelo. 7. ed. Rio de Janeiro: Paz e Terra, 1982. p. 204.

Oswaldo Palermo/Estadão Conteúdo

O presidente Juscelino Kubitschek na inauguração de instalações de uma fábrica de automóveis. São Bernardo do Campo (SP), 1958.

Grandes indústrias automobilísticas internacionais receberam incentivo dos respectivos governos e iniciaram a produção no Brasil.

a) Pela leitura do texto, o grande desenvolvimento industrial correspondia ao lema do governo JK? Explique.

b) Por meio do texto e da legenda da imagem é possível concluir que indústrias estrangeiras entraram no país? Justifique.

c) Qual setor industrial, identificado na imagem, foi destaque no governo JK?

3 Em seu curto mandato, Jânio Quadros destacou-se por diversas medidas de cunho moralista. As proibições decretadas por ele – como uso de biquíni em desfiles de moda, corridas de cavalos nos dias úteis, brigas de galo – nada tinham a ver com a situação econômica e política do país. Aparentemente, quais problemas nacionais ele estava mascarando com tais medidas?

Primeira República

Cidades e indústria

- Implantação de ferrovias
- Crescimento urbano-industrial
- Política de valorização do café
- Imigrantes
  - Anarquismo
  - Sindicatos
  - Greve de 1917

Novas perspectivas

- Diversificação do trabalho
- Eletricidade
- Transportes
- Semana de Arte de 1922
  - Cultura brasileira
  - Modernismo

Era Vargas

Governo Provisório

- Intervenção econômica
- Desenvolvimento interno
- Código Eleitoral
  - Voto feminino
- Revolta Constitu-cionalista de 1932

Constituição de 1934

- Eleições diretas
- Nacionalização da economia
- Sindicatos
- Direitos trabalhistas

Política

- Antidemocrática
- Aproximação com o fascismo
- AIB
- ANL
- Intentona Comunista
- Golpe de 1937

Democracia e populismo

Juscelino Kubitschek

- 50 Anos em 5
- Plano de Metas
- Multinacionais
- Construção de Brasília
- Aumento da dívida externa

Política e confrontos

- Tenentismo
  - Moralização política
- Coluna Prestes
- Guerra Civil
- Reformas políticas

Crise de 1929

- Queda da Bolsa de Nova York
- Queda nas exportações para os Estados Unidos
- Queima do café

Eleições e Vargas

- Voto de cabresto
- Crise da República Oligárquica
- Aliança Liberal
- Revolução de 1930

Fabio Nienow

Estado Novo

- Controle político
- Nomeação de interventores
- Perseguições políticas
- CLT
- DIP
- Era do Rádio
- Culto ao líder

Crise do Estado Novo

- 2ª Guerra Mundial
- Tropas brasileiras nos campos de batalha

- Crise do fascismo
- Deposição de Vargas

Redemocratização

- Guerra Fria
- Eleição de Dutra
- Eleição de Vargas
- Suicídio de Vargas

Jânio Quadros

- Moral conservadora
- Congelamento econômico
- Discurso anticorrupção
- Renúncia da Presidência

Retomar

no caderno

1 Recorra a seus conhecimentos para descrever quais foram as principais transformações nas paisagens urbanas brasileiras no período entreguerras.

2 Caracterize a industrialização brasileira das primeiras décadas do século XX e a situação da classe operária nesse contexto histórico.

3 Explique o significado da expressão "leis trabalhistas" e cite exemplos atuais.

4 Por que o período do governo de Getúlio Vargas é chamado de Era Vargas?

5 Como o governo JK assimilou a onda de renovação social e cultural que se difundiu pelo mundo nos anos 1950? Comente.

6 Tânia Fontenele, antes de escrever o livro *Poeira e batom no Planalto Central – 50 mulheres na construção de Brasília* (mencionado na p. 69), desenvolveu uma pesquisa de doutorado na Universidade de Brasília intitulada *Memórias femininas da construção de Brasília – O olhar das mulheres pioneiras e sua importância no processo de formação da nova capital (1956-1962)*. Sobre o tema dessa pesquisa, que daria origem ao livro, Tânia observa:

> Em geral, somente os homens são lembrados ou referidos na nossa recente história oficial. Eventualmente as poucas mulheres lembradas são D. Sarah e D. Júlia (esposa e mãe do presidente JK) ou alguma esposa de outro político importante.
>
> Lembrar-se de uma personagem feminina inscrita nos anais da historiografia oficial de Brasília não é tarefa fácil. A dificuldade não decorre de possível amnésia coletiva, mas, sim, em virtude de a história da cidade ter sido escrita sob a ótica masculina, que estranhamente omite a participação feminina (parteiras, cozinheiras, lavadeiras, engenheiras, professoras, prostitutas, donas de casa, dentre outras) na concretude da capital brasileira. Assim, coube, exclusivamente, aos homens o protagonismo e a glória do feito histórico. Pode-se, dessa maneira, inferir que a invisibilidade das mulheres na história de Brasília seja o reflexo social das relações de gênero marcadas pela sociedade patriarcal e que <u>o predomínio do masculino nos espaços públicos naturalizava ausências quanto ao reconhecimento da participação feminina nas atividades cotidianas ou no mundo do trabalho</u> durante a fase inicial da nova capital do Brasil? As mulheres estariam cobertas pelo manto da "invisibilidade social" a tal ponto de não serem lembradas nas narrativas historiográficas da cidade?"

Tânia Fontenele. *Mulheres na construção de Brasília*: invisibilidade feminina na história da nova capital do Brasil. Seminário Internacional Fazendo Gênero 11 & 13th Women's Worlds Congress (Anais Eletrônicos), Florianópolis, 2017.

a) Qual é a importância de trabalhos de pesquisa como esse?

b) No trecho sublinhado, o que a pesquisadora quis dizer sobre a presença feminina nos registros históricos?

7 A imagem mostra populares comemorando a vitória de Jânio Quadros nas eleições de 1960. Observe-a e responda às questões.

a) Descreva a imagem. Que elementos você poderia usar para identificar a época em que ela foi feita?

b) Como podemos associar a imagem à candidatura de Jânio Quadros?

c) Explique o significado da vassoura como símbolo dessa campanha.

Estadão Conteúdo

Eleitores de Jânio Quadros após resultado das eleições. Brasília (DF), 1960.

8 A fotografia ao lado, tirada em Brasília em 1961, mostra o presidente Jânio Quadros com Ernesto Che Guevara, ministro da Economia de Cuba. O encontro entre os líderes gerou muita polêmica no Brasil. Explique a principal razão dessa polêmica.

9 A propaganda, como vimos, tem sido amplamente utilizada por diversos governantes, mesmo quando a tecnologia era bastante diferente da atual. Agora, vamos pesquisar informações sobre a propaganda política no Brasil de hoje, também chamada de *marketing* político, e refletir sobre ela.

Jânio Quadros recebe o então ministro cubano Ernesto Che Guevara. Brasília (DF), 1961.

Leia a seguinte definição:

Marketing político designa as atividades focadas na promoção de parlamentares (vereadores, deputados, senadores), membros do poder executivo (presidentes da República, governadores, ministros) e partidos políticos, tendo em vista situá-los positivamente junto aos seus eleitores, comunidades, públicos especiais (como os jornalistas) e à própria opinião pública. O fim último do *marketing* político é garantir a eleição dos seus clientes ou a manutenção de sua imagem, quando eles estão no exercício de seu mandato.

Comunicação empresarial. Disponível em: <www.comunicacaoempresarial.com.br/comunicacaoempresarial/conceitos/marketingpolitico.php>. Acesso em: maio 2018.

Sua pesquisa pode ser guiada pelo roteiro a seguir.

- Quais são os principais partidos políticos brasileiros?
- Como a propaganda política é utilizada atualmente?
- Que recursos tecnológicos os políticos utilizam quando estão em campanha ou mesmo quando já foram eleitos?
- De onde vem o financiamento da propaganda política?

Após se informar sobre essas questões, organize com o professor e os colegas um debate sobre propaganda política e eleitoral. Vocês podem fundamentar o debate nas questões descritas a seguir.

- Por que um governo faz propaganda de suas realizações?
- A propaganda política é necessária?
- Propaganda política é o mesmo que propaganda eleitoral?
- Pelas características da propaganda política é possível identificar os setores da sociedade que cada partido representa?
- A propaganda política tem relação com as liberdades democráticas?

UNIDADE 3

Antever

Na fotografia vê-se o cemitério de Douaumont, na França, onde estão enterrados mais de 130 mil soldados que, em 1916, morreram na batalha de Verdun, uma das mais violentas e traumáticas da Primeira Guerra Mundial.

Travada entre o exército alemão e o francês, durou 300 dias, vitimando cerca de 700 mil pessoas. O vilarejo que havia no local foi destruído e sua população desapareceu. Hoje a região continua desabitada e é um lugar de memória do sofrimento e da destruição provocados pelos combates da guerra.

Que lições o mundo atual, seus líderes e cidadãos podem tirar da Primeira Guerra Mundial para não repetirem a tragédia que ela representou às sociedades que participaram direta ou indiretamente do conflito?

Entre 1900 e 1930 ocorreram, no cenário internacional, impasses que culminaram em conflitos armados e crises socioeconômicas dentre as mais graves da história do século XX. Que razões teriam deflagrado a Primeira Guerra Mundial? De que forma a Revolução Russa representou uma ameaça ao sistema capitalista? Como explicar que, em uma década, os Estados Unidos tenham ido da prosperidade à depressão econômica?

Annilein/Dreamstime.com

Cemitério e ossário de Douaumont, na França, 2013.

Impasses, conflitos e crises

9 Capitalismo financeiro e socialismo

Segundo alguns estudiosos, atualmente o mundo estaria iniciando a Quarta Revolução Industrial, pois vivemos mais uma etapa de avanços técnicos relacionados à produção causada pelo advento das tecnologias **disruptivas**, que rompem com modelos predominantes até o presente. A rápida incorporação de novas tecnologias trará desdobramentos econômicos, sociais, políticos e, consequentemente, afetará as manifestações culturais e o comportamento das pessoas.

Robô trabalha em conjunto com pessoas em uma fábrica. Tóquio, Japão, 2015.

> **Glossário**
>
> **Disruptivo:** que interrompe a continuação normal de um processo; que tem capacidade para romper ou alterar.
> **Título:** qualquer papel negociável, como ações, letras de câmbio etc.

Etapas do capitalismo

O sistema capitalista está em vigor em grande parte dos países do mundo desde aproximadamente o século XV, a partir da crise do sistema feudal. O nome desse sistema econômico se origina da palavra **capital**, que significa qualquer tipo de bem ou riqueza (como papel-moeda, **títulos**, ações etc.) cujo objetivo é o lucro. Desde seu início, o sistema capitalista passou por várias etapas:

Capitalismo comercial ou mercantilista (séculos XV – XVIII)	A principal e mais lucrativa forma de investimento de capitais era o comércio. Monopólio comercial e tráfico negreiro tiveram papel de destaque na acumulação de capitais das nações mercantilistas europeias da época.
Capitalismo industrial (século XVIII)	A principal e mais lucrativa forma de investimento de capitais era a indústria. A divisão de trabalho e mecanização da produção foram crescentes. Nas fábricas, adotou-se o regime de trabalho assalariado, que se tornou predominante.
Capitalismo financeiro-monopolista (séculos XIX – XX)	A principal e mais lucrativa forma de investimento de capitais eram os bancos e as empresas monopolistas. Os avanços tecnológicos permitiram ampliar a mecanização dos setores produtivos e aumentar o ritmo da produção. Nasciam a propaganda e a sociedade de consumo voltadas a aquecer o mercado, estimular a produção, incentivar a criação e a modernização dos produtos.
Capitalismo globalizado (século XX – atualmente)	A mais lucrativa forma de investimento de capitais têm sido as empresas transnacionais, com matriz no país de origem e filiais em diversos países. As modernas e sofisticadas tecnologias de comunicação e transmissão de dados em alta velocidade permitem que fluxos contínuos de capitais transitem de um mercado financeiro a outro em poucos minutos, impactando o valor das ações negociadas nas bolsas de valores em âmbito global.

O surgimento do capitalismo financeiro ou monopolista

O século XIX foi marcado pela reestruturação do sistema capitalista. A Revolução Industrial, iniciada na Inglaterra durante o século XVIII, estabelecera os modelos para a produção em larga escala também em outros países, em um processo conhecido como Segunda Revolução Industrial.

Principalmente em países como Inglaterra, Alemanha, França, Itália, Japão e Estados Unidos, os lucros obtidos com a industrialização impulsionaram outros investimentos (bancos, siderúrgicas, mineradoras, petroleiras etc.), em uma ciranda altamente lucrativa para aqueles que dispunham de capital para investir.

Grandes empresas passaram a abrir capital em forma de ações, que eram comercializadas na Bolsa de Valores.

Por essas razões, esse período do sistema capitalista foi chamado de financeiro ou monopolista. **Financeiro** porque os investimentos ocorreram em um cenário bem distante da fábrica – a Bolsa de Valores; **monopolista** porque os maiores lucros ficaram nas mãos das grandes empresas que concentravam (ou monopolizavam) a produção e restringiam progressivamente as oportunidades das pequenas empresas.

Do capitalismo industrial ao financeiro

Os princípios do liberalismo econômico (livre mercado, divisão do trabalho e não interferência do Estado na economia) foram amplamente praticados nos países industrializados.

No final do século XIX, a burguesia industrial necessitava enfrentar a concorrência, promover o aumento da produção e diminuir os preços, o que marcou a transição do capitalismo industrial para o capitalismo financeiro.

Nessa nova fase do sistema capitalista, o avanço tecnológico possibilitou o aumento da produção e gerou a necessidade de ampliar os mercados consumidores. A livre concorrência, que desde meados do século XVIII orientara a economia europeia, cedeu lugar aos monopólios.

Ampliar

Tempos Modernos
Estados Unidos, 1936.
Direção: Charles Chaplin.

O personagem Carlitos consegue trabalho como operário em uma fábrica e enlouquece com os movimentos mecânicos e repetitivos que precisa fazer. Por meio do humor, é uma séria crítica aos princípios do sistema capitalista.

Hirz/Archive Photos/Getty Images

Movimentação em frente ao edifício da Bolsa de Valores, em Nova York (EUA), década de 1910.

Cidades: o cenário das transformações

A partir da metade do século XIX, começaram a surgir concorrentes para os produtos industrializados ingleses na Alemanha, França, Itália, Rússia, Japão e Estados Unidos.

Esse processo caracterizou-se por inovações técnicas com base no uso do petróleo como combustível, nas aplicações da energia elétrica e na invenção do aço. Tais novidades aceleraram a produção e aperfeiçoaram a tecnologia, que foi progressivamente aplicada às indústrias, transportes, comunicações e construção civil.

Nas cidades industrializadas, a paisagem urbana foi bastante modificada. Criou-se uma infraestrutura de saneamento, iluminação, habitação, transporte e saúde. Em Londres, por exemplo, observou-se que a população havia dobrado de tamanho entre 1821 e 1851, e novamente até 1900. A agitação, típica da Segunda Revolução Industrial, compunha-se de pessoas em trânsito cotidiano de suas casas a seus empregos.

Cidades como Londres, Paris, Berlim e Chicago tornaram-se importantes centros industriais. Nas cidades industriais, a urbanização alcançou níveis inéditos até então. Na segunda metade do século XIX, as principais vias urbanas foram interligadas por bondes e contavam com iluminação pública; havia serviços públicos como bombeiros e policiamento; muitos edifícios foram construídos.

Vista do Central Park. Litografia de George Schloegel, 1873.

Old Images/Alamy/Fotoarena

Stan Honda/AFP

Vista aérea do Central Park, 2007.

Embora o Central Park tenha sido preservado, toda a área ao redor sofreu profundas modificações.

ZOOM

1 Qual é a modificação mais notável na região do Central Park, mostrada nas duas imagens de Nova York?

2 Ao observar as imagens e associá-las com o que conhece do processo de industrialização, o que você conclui a respeito da história de Nova York?

Invenções marcantes da Segunda Revolução Industrial

Algumas invenções marcaram a Segunda Revolução Industrial e tornaram-se símbolos desse período de desenvolvimento técnico e tecnológico. Algumas delas ainda estão presentes em nossa realidade, embora muito modernizadas. Mesmo com todas as transformações que ocorreram até hoje, é impossível imaginar nosso mundo atual sem aviões, automóveis, telefones e elevadores, por exemplo.

A Segunda Revolução Industrial e as mulheres

A seguir, leia o texto do historiador Eric Hobsbawm sobre como a Segunda Revolução Industrial afetou a vida das mulheres no século XIX.

> Pela natureza das coisas estes processos afetavam, mais que quaisquer outras, as mulheres das novas classes, as mais típicas do século XIX: as classes média e operária. As camponesas, as filhas e esposas dos pequenos artesãos, lojistas e equivalentes, continuaram a viver como haviam vivido, exceto na medida em que elas ou os homens da família eram absorvidos pela nova economia. Pela natureza das coisas, as diferenças entre as mulheres, na nova situação de dependência econômica e na antiga situação de inferioridade, não eram, na prática, muito grandes. Em ambas, os homens eram o sexo dominante, e as mulheres, seres humanos de segunda classe: posto que careciam totalmente de direitos de cidadania, não se podia chamá-las cidadãs de segunda classe. Em ambas, a maioria delas trabalhava, recebesse pagamento ou não.
>
> Tanto as mulheres da classe operária como as da classe média viram sua posição começar a mudar, substancialmente nessas décadas, por motivos econômicos. Em primeiro lugar, as transformações estruturais e a tecnologia agora alteravam e aumentavam consideravelmente a perspectiva feminina de emprego assalariado. A mudança mais notável, à parte o declínio do emprego doméstico, foi o aumento das ocupações que hoje são primordialmente femininas: empregos em lojas e escritórios. […]

Eric J. Hobsbawm. *A era dos impérios* (1875-1914). Rio de Janeiro: Paz e Terra, 1998. p. 282-283.

Coleção particular. Fotografia. Look and Learn/Bridgeman Images/Easypix Brasil

Mulheres trabalham na central dos correios em Londres, Inglaterra, na segunda metade do século XIX.

1. De acordo com o texto, como a vida das mulheres mudou a partir da Segunda Revolução Industrial?

2. Que tipo de emprego as mulheres da classe média podiam procurar nesse período?

3. O autor destaca que outros aspectos da vida das operárias e das mulheres de classe média pouco mudaram. Que aspectos foram esses?

4. Por que o autor afirma que não se podia considerá-las "cidadãs de segunda classe"?

5. Na atualidade, as mulheres permanecem nessa situação? Explique.

Práticas do capitalismo financeiro: *holdings*, trustes, cartéis

Na época do capitalismo financeiro, cresceu a tendência de as indústrias se unirem a bancos para obter mais capital e ampliar seus investimentos. Esse foi o período de formação das primeiras *holdings*, companhias que eram proprietárias de outras, sobretudo por meio da compra de ações na Bolsa de Valores.

Além disso, muitas indústrias do mesmo ramo se associaram e se fundiram, passando a controlar todas as etapas da produção e o comércio de suas mercadorias. Essa estratégia ficou conhecida como **truste** e foi amplamente praticada nos Estados Unidos. Embora seja considerado ilegal, o truste permanece até hoje como uma das características do sistema capitalista.

Outra estratégia para limitar a concorrência foi a formação de **cartéis**, sistema no qual diferentes empresas de um mesmo ramo faziam acordos para dividir o mercado e determinar os preços que seriam praticados. Como consequência, as pequenas indústrias foram à falência ou foram compradas pelas empresas maiores. A prática de cartel também é considerada ilegal quando comprovada, ainda assim permanece como uma das características do sistema capitalista.

Greves e sindicatos – estratégias de organização dos trabalhadores

Londres e as outras cidades industrializadas da Inglaterra concentravam o maior número de operários da Europa; consequentemente, foi onde se originaram os *trade unions*, primeiros sindicatos que lutavam por melhores condições de vida e trabalho para os operários.

Uma das formas utilizadas pelos sindicatos para pressionar os patrões a atender suas reivindicações eram as greves, que provocavam a diminuição dos lucros patronais por causa da interrupção da produção.

Quando não estavam dispostos a negociar com os operários em greve, muitas vezes os patrões fechavam as fábricas, impedindo, assim, uma eventual volta ao trabalho. Essa estratégia ficou conhecida como *lockout* ou locaute, expressão que em inglês significa "trancado para fora". O locaute, ainda utilizado atualmente, é equivalente a uma greve de patrões.

Manifestação de trabalhadores em Londres, Inglaterra, c. 1912.

Manifestação de trabalhadores em Caiena, Guiana Francesa, 2017.

A greve continua a ser uma estratégia amplamente utilizada pelos trabalhadores na atual fase do sistema capitalista. As fotografias mostram greves gerais na época dos *trade unions* e atualmente.

A origem das doutrinas socialistas

No século XIX, a industrialização não se restringiu somente à Inglaterra, como ocorrera na primeira Revolução Industrial. No entanto, nos demais países industrializados da época, persistiam condições de trabalho semelhantes às das primeiras fábricas inglesas.

Os proletários tinham longas jornadas de trabalho em ambientes sujos, perigosos e mal ventilados, e baixos salários. A exploração da mão de obra feminina e infantil era cada vez mais elevada e os direitos trabalhistas, além de praticamente inexistentes, não eram respeitados nas fábricas.

Além disso, as condições das moradias e os serviços públicos destinados aos proletários eram igualmente insuficientes.

Coleção particular

Gravura colorizada que mostra uma cena da Revolta de Haymarket, uma manifestação de trabalhadores por uma jornada de oito horas de trabalho, que ocorreu em 4 de maio de 1886, em Chicago, Illinois (EUA), e se tornou um conflito entre trabalhadores e policiais.

A gravura representa protestos ocorridos em maio de 1886, em Chicago, Estados Unidos. O episódio deu origem à celebração do Dia do Trabalho em diversos países do mundo.

No decorrer da segunda metade do século XIX e início do século XX, as divergências de interesse entre capitalistas e proletários acentuaram-se. Na Inglaterra, na França, na Alemanha, na Rússia e nos Estados Unidos, operários se mobilizaram por melhores condições de trabalho e de vida.

O socialismo científico

No contexto da Segunda Revolução Industrial, originaram-se algumas teorias socialistas, cujo objetivo era implantar uma sociedade mais justa e igualitária. Dentre elas, a mais expressiva foi o socialismo científico, cujas bases foram lançadas no fim da década de 1840, pelos filósofos Karl Marx (1818--1883) e Friedrich Engels (1820-1895).

Eles criticavam as desigualdades sociais entre capitalistas e proletários, considerando-as **inerentes** ao sistema capitalista, no qual os capitalistas são proprietários dos meios de produção e empregam o trabalho assalariado dos proletários que, por sua vez, vendem sua força de trabalho a fim de sobreviver.

Por isso, defendiam uma revolução socialista liderada pelos proletários, na qual o governo liberal (capitalista) seria derrubado. Então, um novo governo se formaria, sob controle dos proletários, que instaurariam o que Marx e Engels classificaram como "ditadura do proletariado". Assim, os meios de produção dos capitalistas seriam tomados, fazendo com que a propriedade privada fosse abolida e a exploração do trabalho, extinguida. Nessa nova sociedade, cada pessoa trabalharia conforme sua capacidade e seria remunerada de acordo com sua necessidade.

Quando a sociedade atingisse plena igualdade, em que predominassem os interesses coletivos sobre os individuais, o Estado não seria mais necessário e, por fim, desapareceria. Este último e mais avançado estágio de desenvolvimento corresponderia ao comunismo.

Glossário

Inerente: característica essencial, inseparável.

Conforme a teoria de Marx e Engels, nenhum país contemporâneo que se diz ou que é chamado de comunista poderia ser assim denominado, pois o comunismo pressupõe a extinção do Estado.

O socialismo utópico e o anarquismo

Ainda no século XIX, Saint Simon, Louis Blanc, Charles Fourier e Robert Owen elaboraram teorias que propunham uma sociedade igualitária. Para eles, a miséria dos operários vinha da forma de distribuir a riqueza produzida nas fábricas e do fato de os capitalistas ignorarem essa questão social.

Eles difundiram essas ideias entre os industriais, defendendo mudanças nas relações de trabalho. Owen proibiu o trabalho de menores de 10 anos em sua fábrica, na Escócia, e deu aos trabalhadores moradia, assistência social e educação. Marx e Engels chamaram tais teorias de **socialismo utópico**, pois sua concretização dependia de sensibilizar os industriais.

Outra corrente teórica foi o anarquismo, apresentado pelos russos Bakunin (1814-1876) e Kropotkin (1842-1921). Essa teoria pregava a extinção de qualquer forma de governo, visto por eles como a origem dos males sociais. A sociedade, portanto, deveria ser livre para regular a si própria, sem a presença do Estado a impor-lhe leis, justiça, controle.

Em nome da liberdade total dos seres humanos, os anarquistas defendiam ainda o fim da propriedade privada, propondo que a sociedade se auto-organizasse em torno de suas necessidades, sem se preocupar com o lucro.

Ampliar

Manifesto do Partido Comunista, de Karl Marx e Friedrich Engels (L&PM).

O clássico documento elaborado por Marx e Engels é apresentado em forma de mangá, bastante atual e acessível.

O jovem Karl Marx
Alemanha, França, Bélgica, 2017. Direção: Raoul Peck, 118 min.

Apresenta a trajetória do jovem Karl Marx e sua amizade com Friedrich Engels.

Entre o liberalismo e o socialismo

Paralelamente ao crescimento das ideias socialistas, surgiram propostas para evitar que os movimentos da classe trabalhadora se radicalizassem e pusessem em risco o sistema capitalista. Embora alguns setores da burguesia acreditassem que a melhor estratégia era reprimir com violência as manifestações operárias, outros propunham atenuar a exploração da classe trabalhadora sem abrir mão dos lucros e da propriedade privada.

Fototeca Gilardi/AKG-Images/Album/Fotoarena

A maioria das propostas conciliadoras entre os interesses da burguesia capitalista e os dos proletários baseava-se no **socialismo cristão**, também chamado de catolicismo social, que surgiu em decorrência das preocupações éticas da Igreja Católica com os abusos cometidos contra o proletariado.

Essa teoria, que constituiu uma corrente intermediária entre o liberalismo e o socialismo, pregava a aplicação dos valores cristãos nas relações entre patrões e empregados, criticava qualquer forma de violência e defendia a interferência do Estado nas questões sociais a fim de promover a justiça social.

Capa da primeira edição do *Manifesto do Partido Comunista*, 1848.

O *Manifesto do Partido Comunista*, escrito por Marx e Engels, é considerado o documento que deu origem ao socialismo no mundo. Ele foi comissionado pela Liga dos Comunistas, uma organização internacional que seguia a orientação ideológica do socialismo utópico e tinha entre seus membros socialistas cristãos.

A pluralidade de teorias políticas, sociais e econômicas e a efervescência cultural que marcaram o século XIX não devem ser analisadas isoladamente do contexto dos movimentos sociais da época, como as unificações da Itália e da Alemanha, as revoluções liberais etc. Em todos os casos, houve a participação de líderes de diversas correntes socialistas e liberais.

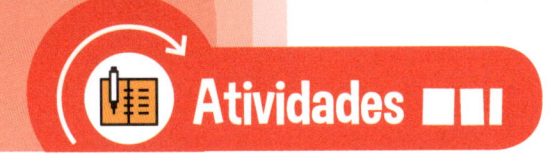 **Atividades** ■■■  no caderno

1 Sobre o processo de urbanização de Londres durante a Segunda Revolução Industrial, a historiadora Maria Stella Bresciani afirma que a cidade, na época, assemelhava-se a uma "colmeia popular", tamanha era a circulação de pessoas nas ruas. Quais são as principais transformações nas cidades que ocorreram no curso da Segunda Revolução Industrial?

2 Observe a imagem e a respectiva legenda para responder às questões a seguir.

Look and Learn/Illustrated Papers Collection/Bridgeman Images/Easypix Brasil

Gravura representando a greve dos funcionários da fábrica Le Creuzot, na França. *The Illustrated London News*, 5 fev. 1870.

a) A imagem identifica uma das formas de mobilização dos operários em fins do século XIX. Qual é essa mobilização e sua finalidade?

b) Você conhece a relação entre essa forma de mobilização e a instituição de 1º de maio como Dia do Trabalho? Pesquise o assunto, registre suas conclusões e compartilhe-as com a turma.

3 No decorrer da segunda metade do século XIX, foram criadas na Europa teorias socialistas que apresentaram novas propostas de organização socioeconômica.

a) Explique a situação social que levou à elaboração dessas teorias.

b) Que aspectos em comum podem ser observados entre socialismo científico, socialismo utópico, socialismo cristão e anarquismo? E quais são as diferenças entre essas teorias?

4 Leia a seguinte definição dos conceitos de **burguesia** e **proletariado** elaborada por Engels na edição de 1888 do *Manifesto do Partido Comunista*:

> Por burguesia compreende-se a classe dos capitalistas modernos, proprietários dos meios de produção social, que empregam o trabalho assalariado. Por proletários compreende-se a classe dos trabalhadores assalariados modernos que, privados dos meios de produção próprios, se veem obrigados a vender sua força de trabalho para poder existir.

Karl Marx e Friedrich Engels. *Manifesto Comunista*. São Paulo: Boitempo, 1998. p. 40.

- Observe que a definição contém dois outros conceitos fundamentais para a compreensão das relações sociais e de trabalho do sistema capitalista: meios de produção e força de trabalho. Forme dupla com um colega e, juntos, procurem explicar o que entendem por esses dois conceitos. Se necessário, façam uma pesquisa.

5 Desde o final do século XX, o sistema capitalista ultrapassou a fase financeira e chegou à da globalização. Atualmente, a concentração de capital nos grandes grupos econômicos é cada vez maior. Pensando nisso, realize as atividades a seguir.

a) Faça um levantamento dos produtos industrializados consumidos por sua família e organize-os em uma lista com quatro colunas: alimentos, bebidas, higiene e limpeza. Consulte as embalagens para obter informações.

b) Ao lado do nome de cada produto, anote o nome do fabricante.

c) Há muitos produtos cujo fabricante é o mesmo? Quais? Nesse caso vê-se a aplicação da estratégia econômica que surgiu durante o período do capitalismo financeiro. Identifique-a e explique por que ela se aplica aos produtos identificados por você.

d) Em sua opinião, a estratégia identificada acima pode ser prejudicial aos direitos do consumidor? Por quê?

CAPÍTULO 10

Primeira Guerra Mundial

Atila Kisbenedek/AFP

Refugiados seguram placa com pedido de ajuda. Budapeste, Hungria, 2015.

Atualmente, os casos de xenofobia têm ocupado as manchetes dos jornais do mundo e preocupado as organizações defensoras dos direitos humanos.

Milhões de refugiados expulsos pelas guerras civis da África e do Oriente Médio buscam abrigo em países da Europa e de outros continentes. No entanto, diversos setores desses países defendem um nacionalismo intolerante e se organizam para repelir os refugiados recém-chegados. Há pouco mais de 100 anos, situações semelhantes deflagraram a Primeira Guerra Mundial, que, proporcionalmente, matou mais pessoas do que qualquer outro conflito que tenha envolvido países europeus, e por isso ainda é lembrada como a Grande Guerra.

Tensões e impasses na Europa

Para entender as origens do conflito é preciso lembrar que o final do século XIX foi marcado pela crescente concorrência entre os países industrializados, sobretudo na Europa. Na disputa por mercados consumidores e fornecedores de matéria-prima, por locais para investir capitais excedentes e por mão de obra farta e barata, esses países acentuaram suas tendências imperialistas, concretizadas com a partilha da África e da Ásia.

Essa concorrência gerou rivalidade entre as nações imperialistas. Nos primeiros anos do século XX, era constante a ameaça à paz. O equilíbrio de forças entre as potências econômicas era frágil e, para assegurar vantagens e interesses, iniciou-se uma corrida armamentista e um sistema de alianças político-militares que culminaram com a Primeira Guerra Mundial, entre 1914 e 1918.

A Alemanha e suas rivalidades

A Alemanha, após sua unificação em 1870, tornou-se uma importante nação industrializada e ambicionava ampliar sua influência econômica e política sobre a Europa, rivalizando sobretudo com a Inglaterra e a França.

Governada de forma autoritária pelo *kaiser* (imperador) Guilherme II, aliou-se ao Império Austro-Húngaro para se fortalecer politicamente. No Oriente, estava interessada no acesso aos mercados asiáticos e no petróleo do Golfo Pérsico, promovendo então uma aliança com o Império Otomano, com o qual estabeleceu a construção da estrada de ferro Berlim-Bagdá. A aproximação da Alemanha com os otomanos preocupava Rússia e Inglaterra, que se sentiam ameaçadas pela futura concorrência alemã na Ásia.

A Alemanha e a França também tinham rivalidades cujas origens remontam à Guerra Franco-prussiana (1870-1871). Os franceses ressentiram-se pela perda dos territórios de Alsácia e Lorena, ricos em jazidas de carvão e minério, que afetou negativamente a economia nacional. Anos depois, entre 1904 e 1911, alemães e franceses disputaram o controle do Marrocos, no norte da África, território considerado estratégico aos interesses imperialistas de ambos os países, que foi assegurado à França.

A unificação política, seguida de grande desenvolvimento industrial, despertou o nacionalismo alemão. Ganhava força a ideia de unir todos os povos germânicos sob a liderança da Alemanha, o chamado pangermanismo, o que reforçava sua aliança com o Império Austro-Húngaro, que aglutinava povos germânicos e eslavos.

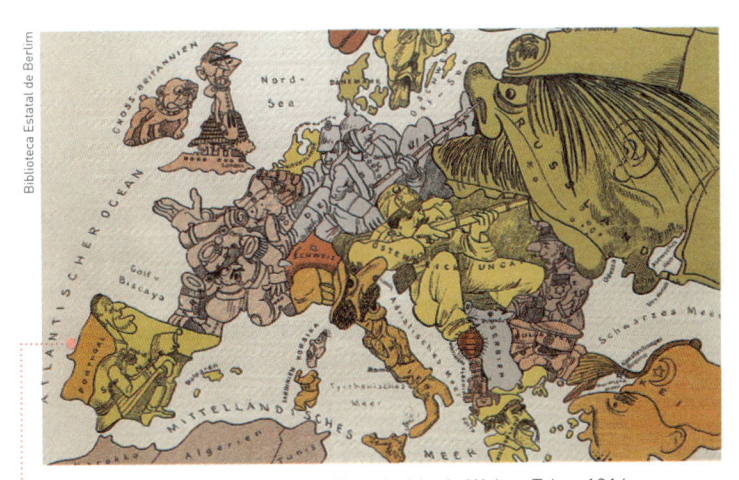

Mapa da Europa em 1914. Litografia colorida de Walter Trier, 1914.

Este mapa satiriza a situação política na Europa no início da Primeira Guerra Mundial.

Biblioteca Estatal de Berlim

zoom

❶ Que países da Europa você identifica no mapa? Descreva uma cena da imagem que represente o clima de hostilidade vivido no continente europeu na época em que a charge foi criada.

❷ Por que a Alemanha ameaçava o equilíbrio europeu no início do século XX?

Nacionalismo opõe Rússia a Império Austro-Húngaro

Formada por povos de origem eslava, a Rússia estava disposta a unir sob sua tutela todos os grupos daquela etnia para se estabelecer como potência hegemônica na Europa Oriental. Lançou, assim, a política nacionalista do pan-eslavismo, que se chocava com os interesses do Império Austro-Húngaro (também formado por povos de origem eslava).

No Oriente, o governo russo há muito desejava acesso aos mercados europeus pelo Mar Mediterrâneo; para isso pretendia dominar a cidade de Constantinopla, capital do Império Otomano, ambição que provocava a desconfiança otomana em relação à Rússia.

O Império Austro-Húngaro, por sua vez, enfrentava tensões internas nas quais os povos submetidos – croatas, eslovenos, eslovacos, búlgaros, tchecos – reivindicavam autonomia política. Além disso, rivalizava com a Sérvia, pequena nação independente na fronteira com a Áustria-Hungria e interessada em aplicar os princípios do pan-eslavismo a fim de se fortalecer no cenário geopolítico europeu.

As alianças políticas e o início da guerra

Nesse cenário, formaram-se alianças político-militares que dividiram a Europa em dois blocos:

*Os governos austro-húngaro e italiano romperam o pacto em 1915 porque disputavam territórios fronteiriços de Trieste, Ístria e Trentino.

Tríplice Aliança
Formação: 1882
Países: Alemanha, Império Austro-Húngaro e Itália*

Tríplice Entente
Formação: 1907
Países: Inglaterra, França e Rússia

Europa: Primeira Guerra Mundial

Tríplice Aliança e aliados
Tríplice Entente e aliados
Estados neutros
Países invadidos pelas tropas da Alemanha e Áustria-Hungria

© DAE/Alessandro Passos da Costa

A indústria **bélica** se expandiu em decorrência da corrida armamentista dos países que compunham as alianças e as nações europeias mergulharam no que se chamou de "Paz Armada", condição em que as tensões internacionais eram evidentes e ameaçavam o equilíbrio europeu, que poderia ser rompido a qualquer momento.

Fontes: Jeremy Black. *World history atlas*. Londres: Dorling Kindersley, 2008. p. 206; *Atlas geográfico escolar*. 7. ed. Rio de Janeiro: IBGE, 2016. p. 43.

O estopim e o confronto militar

O conflito armado começou em um episódio ocorrido na cidade de Sarajevo, no Império Austro-Húngaro, em 1914. Francisco Ferdinando, herdeiro do trono, foi assassinado a tiros quando fazia uma visita oficial à cidade. Naquele momento, os ânimos estavam exaltados em consequência da pressão de movimentos pela independência da Bósnia (cuja capital era Sarajevo) e da Herzegovina; essas regiões haviam sido desanexadas do Império Otomano em 1908, isto é, passaram de um império a outro.

O autor dos disparos foi um estudante sérvio de 19 anos que tinha conexão com a organização nacionalista sérvia Mão Negra, que usava métodos violentos na defesa de seu ideal. Como resposta, em 1º de agosto de 1914, o Império Austro-Húngaro declarou guerra à Sérvia, que obteve imediato apoio da Rússia.

zoom
Muitos historiadores consideram o assassinato de Francisco Ferdinando um pretexto para o início da guerra. Que razões podem justificar esse ponto de vista?

Desenvolvimento do conflito

Rapidamente se iniciaram as mobilizações da Tríplice Aliança e da Tríplice Entente para apoiar os respectivos países-membros. Visando atacar a França de surpresa, a Alemanha invadiu a Bélgica, país que se declarara neutro diante das tensões internacionais, e avançou sobre território francês. O ato do governo alemão foi condenado pelas demais nações neutras e acelerou a entrada da Inglaterra no conflito.

No Oriente, o exército austro-húngaro enfrentava os russos. Aos poucos, outras nações se envolveram na guerra. Em fins de 1914, o Império Otomano oficializou seu apoio à Tríplice Aliança e passou a combater os russos. Na mesma época, o Japão, interessado em afastar a presença alemã dos mercados asiáticos, aderiu à Entente. Em 1915, a Tríplice Aliança foi apoiada pela Bulgária, mas perdeu a Itália devido às disputas territoriais com o Império Austro-Húngaro. A Tríplice Entente também recebeu a adesão da Romênia em 1916 e da Grécia em 1917 – ambas as nações apoiavam a autonomia dos povos eslavos.

Pessoas deixando cidade belga devastada pela guerra, 1914.

Com a invasão das tropas alemãs, grande parte da população da Bélgica foi obrigada a abandonar as cidades.

As regiões da África e da Ásia sob domínio europeu também formaram grupamentos militares compostos das populações locais para defender os territórios contra avanços inimigos. Exemplo disso é a formação da Real Força de Fronteira da África Ocidental e dos Fuzileiros Africanos do Rei, ambas constituídas por homens recrutados em colônias britânicas na África, como Nigéria e Quênia.

1917: novos rumos para a guerra

O equilíbrio das forças militares entre os blocos rivais foi alterado em 1917, quando a Rússia passou por uma revolução socialista, e o novo governo, enfrentando dificuldades econômicas e manifestações populares contra o envolvimento do país na guerra, retirou-se do conflito, assinando o Tratado de Brest-Litovsk com a Alemanha, em 1918. Ainda em 1917, a Itália foi definitivamente derrotada pelos austro-húngaros.

A situação da guerra naquele momento favoreceu a Alemanha, que se concentrou no bloqueio marítimo à Inglaterra.

Em 1917, os Estados Unidos, que até então mantinham uma posição de neutralidade, declararam guerra à Alemanha após o ataque germânico a navios estadunidenses no Oceano Atlântico. Fornecedores de armamentos, munições e alimentos aos países da Entente, os Estados Unidos preocuparam-se com a possibilidade de uma derrota franco-inglesa e seus impactos na economia estadunidense.

Em julho de 1918, diante da ameaça alemã de tomar Paris, optou-se por reunir, sob um único comando, os exércitos francês, inglês e estadunidense. A estratégia foi bem-sucedida e impôs derrotas às tropas alemãs.

Em novembro de 1918, depois de sucessivas derrotas, o imperador alemão Guilherme II renunciou ao trono, exilando-se na Holanda. Formou-se então na Alemanha um governo republicano que se rendeu e assinou o **armistício**, marcando o fim da Grande Guerra.

Glossário

Armistício: acordo que põe fim ou suspende temporariamente as hostilidades entre os países em guerra.
Bélico: relativo à guerra.

A trégua de Natal em 1914

Na noite de Natal de 1914, em um dos campos de batalha na Bélgica, soldados alemães e ingleses protagonizaram uma trégua informal, descrita no relato do soldado britânico Graham Williams, transcrito a seguir.

De repente, luzes começaram a aparecer ao longo da **balaustrada** alemã, e estava claro que eram árvores de Natal improvisadas, adornadas com velas acesas, que ardiam constantes no ar silencioso e gélido. Outras **sentinelas** tinham, é claro, visto a mesma coisa, e rapidamente acordaram as que estavam de guarda, adormecidas nos abrigos [...]. Então nossos oponentes começaram a cantar "*Stille Nacht Heilige Nacht*" [Noite feliz] [...]. Eles terminaram sua cantiga e nós achamos que devíamos responder de alguma maneira, por isso cantamos "*The First Nowell*" [O primeiro Natal], e assim que terminamos todos eles começaram a aplaudir; e então eles iniciaram outra de suas favoritas, "*O Tannenbaum*". E assim foi. Primeiro os alemães cantavam um de seus hinos de Natal e depois nós cantávamos um dos nossos, até que começamos a entoar "*O Come All Ye Faithful*" [Oh, venham todos os fiéis] e os alemães imediatamente se juntaram a nós, cantando o mesmo hino, mas com a letra em latim "*Adeste Fidelis*". E eu pensei: isto é mesmo uma coisa extraordinária – duas nações cantando o mesmo hino no meio de uma guerra.

Lawrence Sondhaus. *A Primeira Guerra Mundial – História completa*. São Paulo: Contexto, 2013. p. 126.

Glossário

Balaustrada: qualquer parapeito, corrimão ou grade de apoio ou proteção.
Sentinela: soldado armado responsável por guardar um posto, prevenindo invasões-surpresa ou descobrindo antecipadamente inimigos.

Durante a trégua de Natal, soldados rivais também jogaram futebol na área entre as trincheiras de cada exército.

Soldados alemães e britânicos jogam futebol na "Terra de Ninguém", território que não era controlado por nenhum dos lados combatentes, durante trégua de Natal de 1914.

1 Reúna-se em dupla para fazer as atividades. Registre as conclusões da dupla e compartilhe-as com a turma.

a) No contexto da Primeira Guerra Mundial, qual sentido simbólico pode ser atribuído à trégua de Natal em 1914?

b) A trégua natalina de 1914 ocorreu quatro meses após o início da Primeira Guerra Mundial, que se estenderia por mais quatro anos, até novembro de 1918. Em que medida, nos dias atuais, o episódio pode ser entendido como um alerta pela paz?

A América Latina na Primeira Guerra

O posicionamento da América Latina em relação à guerra e às alianças rivais variou conforme o país. Argentina, Paraguai, Colômbia e El Salvador mantiveram-se neutros; Chile, Venezuela e México alinharam-se à Alemanha. Até 1917, o Brasil também permaneceu neutro; entretanto, após ataques de submarinos alemães a navios mercantes brasileiros, o país declarou guerra à Alemanha. A Marinha brasileira chegou a realizar algumas operações militares de patrulha marítima na costa africana em apoio à Entente, e o governo brasileiro enviou à França uma equipe médica para atender combatentes e a população atingida pela guerra.

Os demais países latino-americanos também declararam guerra à Alemanha, adotando a conduta dos Estados Unidos; contudo, não enviaram tropas ao conflito. Do ponto de vista econômico, os Estados Unidos ampliaram sua influência na região por meio do aumento de investimentos nos países latino-americanos e do comércio com eles; simultaneamente, ocorreu diminuição da entrada de capital europeu nesses países.

Capa da revista *A cigarra*, 11 dez. 1917.

zoom

1. Qual é o tema da charge que ilustra a capa da revista?

2. Há uma ironia no diálogo entre os personagens da charge. Identifique-a.

Tecnologia militar e estratégias da guerra

As necessidades da época impuseram aos países envolvidos na guerra o aperfeiçoamento da tecnologia bélica. O início dos combates contou com a cavalaria, em que cavalos e cavaleiros organizados em numerosas colunas assumiam a linha de frente dos ataques.

No decorrer da guerra, a cavalaria foi mantida apenas nos campos de batalha do Oriente. Ao mesmo tempo, tanto de um lado como de outro, novas armas foram criadas: metralhadoras, granadas, tanques, submarinos e canhões de longo alcance ampliaram o poder de destruição dos ataques. O alto número de combatentes mortos e feridos foi inevitável.

Os aviões também foram adaptados para uso militar; os pilotos atiravam contra os inimigos com pistolas e carabinas e, mais tarde, com metralhadoras fixas.

Difundiu-se o uso de gás de cloro e gás de mostarda, que feriram e mataram por asfixia milhares de soldados. Foi a primeira vez que armas químicas foram usadas em uma guerra.

Diferentemente dos conflitos anteriores, em que tropas de **infantaria** se enfrentavam nos campos de batalha, a partir de 1915 experimentou-se uma nova estratégia na Grande Guerra – as trincheiras, profundas valas ligadas por túneis que serviam de abrigo. Com o tempo, elas representaram um problema a mais, pois, com as chuvas frequentes da região, elas inundavam e tornavam-se insalubres para os soldados.

Glossário

Infantaria: tropa militar que luta a pé.

Tratado de Versalhes

Da esquerda para a direita: primeiro-ministro britânico, David Loyd George, primeiro--ministro francês, Georges Clemenceau, e presidente dos Estados Unidos, Woodrow Wilson. Versalhes, França, 1918.

Em janeiro de 1918, antes mesmo do fim da guerra, o então presidente dos Estados Unidos, Woodrow Wilson, tentou negociar a suspensão das hostilidades, lançando um programa com base na ideia da "paz sem vencedores". O documento era organizado em 14 pontos, dentre eles destacava-se a criação de um órgão internacional que atuaria para garantir a paz, ao qual chamou de Liga das Nações e do qual a Alemanha e a Rússia foram excluídas. Ao fim da guerra, apenas algumas de suas sugestões, incluindo a da Liga, foram acatadas. Nas rígidas condições impostas aos vencidos, prevaleceu o princípio da "paz com vencedores".

Em junho de 1919, os líderes dos países vencedores, reunidos no Palácio de Versalhes, na França, determinaram os pontos do Tratado de Versalhes evidenciando sobretudo o revanchismo contra a Alemanha, que foi obrigada a: pagar indenizações de guerra calculadas em mais de 30 bilhões de dólares; devolver as regiões de Alsácia e Lorena à França; reconhecer a independência da Polônia; permitir a exploração de carvão no território do Sarre durante 15 anos; desmilitarizar-se; entregar suas colônias à administração da Liga das Nações; abrir o porto de Dantzig (atual Gdansk, na Polônia) ao livre comércio internacional, possibilitando ao "corredor polonês" cortar seu território.

O ressentimento alemão provocado pelas duras condições do Tratado de Versalhes contribuiu para a eclosão da Segunda Guerra Mundial, em 1939, conforme veremos posteriormente.

Novos países e a origem da questão palestina

As fronteiras europeias estabelecidas após a Primeira Guerra Mundial eram artificiais. Novas tensões e disputas não demoraram a acontecer, motivadas pelas perdas territoriais alemãs, pelo descontentamento italiano diante das reduzidas vantagens nos tratados de paz e pelos conflitos entre as diferentes etnias que compunham as nações recém-criadas.

Entre 1919 e 1920, foram assinados tratados complementares, que, novamente, respeitavam apenas os interesses geopolíticos dos países vencedores.

A situação da Palestina, no Oriente Médio, ilustra isso. Ela se localiza em um território ocupado pelo povo árabe, adepto da religião muçulmana, desde o ano 637. Inicialmente o governo inglês havia firmado acordo com a Palestina, no qual ele apoiaria a formação de um grande Estado árabe na região em troca de ajuda militar contra o exército otomano. No entanto, em novembro de 1917, ele declarou apoio às pretensões do **movimento sionista** de fundar, naquele território, um país para a comunidade judaica. O interesse sionista na região era justificado pela ligação histórica e cultural dos judeus com ela, pois ali se deu a formação do povo e da religião judaica, já que seus antepassados nela viveram até o ano 70, quando fugiram do domínio do Império Romano.

A aliança inglesa com os sionistas e o fato de os diplomatas ingleses desconsiderarem os interesses árabes na região repercutem até hoje.

Glossário

Movimento sionista: movimento político e religioso cujo objetivo era promover o retorno dos judeus para a Terra Santa, na Palestina, lugar que acreditavam ser seu por direito e onde queriam fundar um Estado para o povo judeu.

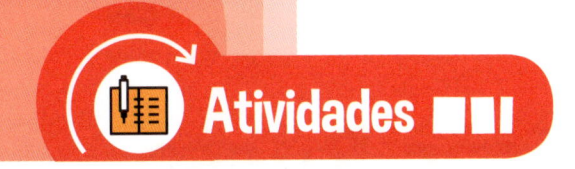 **Atividades** ■■■

 no caderno

1 As questões nacionalistas emergiram com força no cenário europeu do início do século XX, culminando com o assassinato do herdeiro ao trono austro-húngaro, fato que deu início à Primeira Guerra Mundial. Identifique os movimentos nacionalistas europeus da época e respectivos objetivos.

2 No contexto da Primeira Guerra Mundial, a invasão da Bélgica pelo exército alemão marcou o ingresso da Alemanha no conflito. Esse ato de guerra é apresentado sob diferentes pontos de vista nos documentos históricos a seguir: o primeiro, de autoria de um general alemão; o segundo, de um civil belga.

Documento I

A população de Andenne, após testemunhar as intenções pacíficas de nossas tropas, atacou-as traiçoeiramente. Com minha autorização, o general que comandava aquelas tropas incendiou a cidade e mandou fuzilar 110 pessoas. Levo este fato ao conhecimento da cidade de Liège para que seus habitantes saibam qual é a sorte que os espera se tomarem uma atitude semelhante.

Proclamação do general alemão Von Bülow, em 22 de agosto de 1914.

Maria de Lourdes Janotti. *A Primeira Guerra Mundial.* São Paulo: Atual, 1992. p. 19-21.

Documento II

Após o incêndio de minha casa em Nomény, fui aprisionado pelos alemães. Durante meu cativeiro, repetiram-me várias vezes que haviam incendiado a cidade para punir os habitantes que atiraram neles. Esforcei-me por lhes mostrar o absurdo deste pretexto, já que, antes da chegada dos soldados, a prefeitura da cidade havia recolhido as armas dos civis. Eles persistiram em suas alegações e mostraram-me mesmo cartuchos detonados de fuzis de caça. A prova não me pareceu convincente.

M. Müller, professor universitário belga.

Maria de Lourdes Janotti. *A Primeira Guerra Mundial.* São Paulo: Atual, 1992. p. 19-21.

a) Compare os pontos de vista do general e do civil sobre a invasão da Bélgica pela Alemanha expressos nos documentos.

b) No documento I, o general alemão faz uma ameaça. Qual é ela? Qual teria sido o objetivo da ameaça do militar?

3 Leia os seguintes artigos do Tratado de Versalhes (1919):

Artigo 80. A Alemanha reconhece e respeitará estritamente a independência da Áustria dentro das fronteiras que serão fixadas pelo Tratado passado entre este Estado e as Principais Potências aliadas e associadas. Ela reconhece que esta independência é inalienável, a menos que haja o consentimento do Conselho da Sociedade nas Nações. [...]

Artigo 171. Estão igualmente proibidas a fabricação e a importação na Alemanha de carros blindados, tanques ou qualquer outro instrumento similar podendo servir a objetivos de guerra [...]

Artigo 232. Os Governos aliados e associados exigem [...] e a Alemanha se compromete, que sejam reparados todos os danos causados à população civil das Potências aliadas e associadas e a seus bens [...]

Kátia M. Queirós Mattoso (Org.) *Textos e documentos para o estudo da História contemporânea (1789-1963).* São Paulo: Hucitec; Edusp, 1977. p. 192.

Por que esses artigos exemplificam que prevaleceu, no Tratado de Versalhes, o revanchismo dos países vencedores da guerra contra a Alemanha?

4 Com o fim da Primeira Guerra Mundial, diversos tratados foram assinados para definir a nova configuração territorial em substituição aos impérios Austro-Húngaro e Otomano, que foram desmembrados. No entanto, esses tratados deram origem a novos impasses. Por quê?

5 Qual foi o papel do Memorial de Verdun na preservação da memória da Primeira Guerra Mundial para as gerações atuais? Por que isso é importante?

6 Entre 1914 e 1918, tarefas tradicionalmente masculinas, como a limpeza de veículos de transporte urbano e o trabalho na indústria bélica e nas distribuidoras de carvão, foram exercidas por mulheres. Por que as mulheres desempenharam, durante a Primeira Guerra Mundial, trabalhos até então tipicamente masculinos?

CAPÍTULO 11

Revolução Russa

Atualmente, a Rússia tenta recuperar a influência econômica e a condição de liderança, que já desfrutou em outros momentos de sua história, favorecendo-se da proximidade geográfica com a Europa ocidental e oriental, a China e o Oriente Médio.

Há pouco mais de 100 anos, o país atraiu a atenção de grande parte do mundo ao ser a primeira nação a adotar o regime socialista. Em 1917, eclodiu uma revolução popular que exigia profundas transformações no sistema socioeconômico e rompia com o capitalismo, que, embora ainda fosse **incipiente** no país, tinha acentuado as desigualdades sociais na Rússia.

> Teria a Rússia, a partir da revolução socialista, conseguido promover a igualdade social no país? De acordo com as ideias do socialismo científico, como isso seria possível?

Soldados e civis em manifestação popular durante a Revolução Socialista. Petrogrado, Rússia, fev. 1917.

Antecedentes da revolução

Até meados do século XIX, a Rússia era um vasto império absolutista, cujo governo era exercido pelo czar (denominação dada ao monarca) da Dinastia Romanov, no poder desde 1613. A economia permanecia essencialmente feudal, e as grandes extensões de terras férteis continuavam propriedades dos nobres, que compunham uma poderosa aristocracia rural. A Igreja, de maioria católica ortodoxa, era controlada pelo Estado.

Glossário

Incipiente: inicial.

A partir dessa época, os czares que assumiram o poder empreenderam algumas mudanças na economia do país, procurando integrá-lo aos mercados internacionais. Em algumas cidades, a burguesia local, aliada ao capital estrangeiro, investiu na industrialização, o que fez surgir a camada social dos proletários urbanos. Contudo, os capitalistas impuseram aos trabalhadores russos jornadas mais longas e salários mais baixos do que os praticados no Ocidente. Cresceram, assim, as mobilizações contra o regime czarista e por melhores condições de trabalho. Enquanto isso, nas áreas rurais, os camponeses lutavam pelo fim das taxas feudais e pelo acesso às terras.

Nesse cenário de descontentamento popular, crescia entre os trabalhadores urbanos o apoio a diversas correntes do socialismo; lideranças do movimento operário divergiam com relação ao projeto de mudança a ser adotado. Havia também segmentos liberais que defendiam a instalação de uma monarquia constitucional, ideia que, no entanto, perderia força com a saída do czar em 1917.

Grupos políticos de oposição ao czarismo

Durante o reinado de Nicolau II (1894-1917), que viria a ser o último czar, ocorreram intensas transformações no país: desenvolvimento urbano e comercial; formação de novos partidos políticos; consolidação da alta burguesia, da classe média e do proletariado na sociedade russa; protestos e mobilizações contra o autoritarismo do regime czarista; difusão das ideias socialistas.

Em 1903, dois grupos políticos se formaram com a divisão do Partido Operário Social-Democrata Russo e se destacaram nos acontecimentos que se sucederam no país até a segunda década do século XX:

- **menchevique:** liderado por Martov, pretendia substituir o czarismo por uma república controlada pela burguesia para desenvolver o capitalismo na Rússia. Considerava que esse processo evidenciaria as desigualdades sociais e só então os proletários estariam prontos para fazer a revolução socialista;
- **bolchevique:** liderado por Lênin, pretendia fazer a revolução proletária imediata para derrubar o czarismo, acabar com o capitalismo e implantar o socialismo na Rússia. Em comparação ao menchevique, era o grupo político que reunia a maioria dos proletários.

A situação revolucionária de 1905

No início do século XX, Rússia e Japão entraram em guerra pela disputa de mercados asiáticos. Entre 1904 e 1905 ocorreram crises de abastecimento e de preços e a fome atingiu muitas pessoas, provocando a insatisfação da sociedade russa com o governo. Para reagir a essa situação, os bolcheviques incentivaram a formação dos **sovietes**: assembleias formadas por soldados, marinheiros e trabalhadores com o objetivo de organizar frequentes manifestações de protesto contra o governo. Embora os sovietes tenham sido duramente reprimidos pelo exército czarista, eles exerceram importante papel na divulgação do socialismo e na conscientização política do proletariado russo.

Ainda em 1905, os proletários russos entregaram ao czar Nicolau II uma **petição** na qual reivindicavam uma série de direitos ao governo. No entanto, a passeata de proletários rumo ao palácio real, na cidade de Petrogrado, gerou violenta reação das tropas, que eram leais ao czar e temiam o início de uma revolução popular no país. Esse episódio, que ficou conhecido como **Domingo Sangrento**, deixou um saldo de cerca de 500 mortos e aumentou o descontentamento popular com o regime czarista.

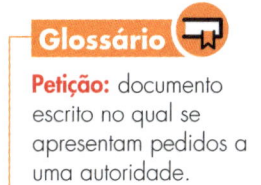

Glossário

Petição: documento escrito no qual se apresentam pedidos a uma autoridade.

Museu Lênin, Praga

Ivan Vladimirov (1870–1947). *A execução dos trabalhadores na praça do Palácio de Inverno, em 9 de janeiro de 1905*, s.d.. Óleo sobre tela.

Reformas políticas e o avanço dos protestos

Pressionado pelo Domingo Sangrento, bem como pelas greves, comícios, passeatas e depredações que voltaram a ocorrer, o governo de Nicolau II prometeu reformas políticas, que ficaram conhecidas como Manifesto de Outubro. Foram anunciados o fim do absolutismo e a realização de eleições para formar uma Assembleia Constituinte, indicando a adoção da monarquia constitucional.

No entanto, a única reforma que se concretizou foi a criação de um parlamento, a Duma, reunido pela primeira vez em 1906 sob a autoridade do czar.

Posteriormente, restabeleceu-se o autoritarismo e multiplicaram-se os protestos populares. Em 1914, com apoio de liberais e dos mencheviques, a Rússia entrou na Primeira Guerra Mundial, lutando contra as forças militares alemãs e austríacas. O envolvimento do país no conflito, contudo, expôs o despreparo de seu exército: mais de 3 milhões de russos morreram nos dois primeiros anos da guerra, o que só aumentou o descontentamento popular.

Nicolau II não conseguiu alterar os rumos da crise econômica, social e política que afetava o país, agravada pelos esforços de guerra impostos à sociedade. Essa situação propiciou o reaparecimento dos sovietes e das rebeliões populares. Nas cidades, a situação era incontrolável; no campo, trabalhadores passaram a invadir as terras dos nobres. O quadro de convulsão social provocou a abdicação do czar em março de 1917.

O czar Nicolau II ao lado de sua família. Rússia, c. 1913-14.

Após a abdicação de Nicolau II, a família real foi presa. Consta que a intenção dos bolcheviques era promover um julgamento público do czar, mas, em vez disso, em 1918, todos os membros da família real foram executados. Ainda hoje, a morte dos Romanov continua envolta em mistério. Não foi encontrado um documento sequer que indique quem deu a ordem para a execução, se Lênin ou um agente de seu governo.

O governo provisório de Lvov

Com a abdicação de Nicolau II, instalou-se a república e formou-se um governo provisório chefiado pelo príncipe Lvov como primeiro-ministro e composto de aristocratas e burgueses. O único socialista a integrar o governo era Alexander Kerenski, ministro da Justiça. Essa transição do czarismo para a república é conhecida por **Revolução de Fevereiro** (conforme o calendário russo da época).

Pressionado, Lvov anistiou os presos políticos, entre eles alguns líderes bolcheviques, como Lênin e Trotski. Em abril, os bolcheviques organizaram um congresso no qual foi elaborado um documento que exigia a implantação de um novo governo e propunha um programa cujo lema era "Paz, terra e pão". Ele se fundamentava na saída da Rússia da Grande Guerra, na entrega de terras aos camponeses e propunha algumas soluções para a crise de abastecimento.

Nesse contexto, a popularidade do governo diminuiu e a dos bolcheviques aumentou; crescia o apoio popular às ideias socialistas defendidas por esse grupo político. Os sovietes apoiaram as intenções revolucionárias dos bolcheviques, que articularam, em julho de 1917, um golpe de Estado para depor Lvov.

Pôster comunista que remete à Revolução de 1917, criado por Viktor Ivanov, em 1967.

Ao longo do século XX, a Rússia notabilizou-se pela utilização das artes gráficas como meio de veicular mensagens políticas. No cartaz, lê-se: "Lênin viveu, Lênin vive, Lênin viverá para sempre!", remetendo ao poder popular dos sovietes.

A Revolução Bolchevique

O novo governo foi chefiado pelo socialista Kerenski (antigo ministro de Lvov). De tendência moderada, ele buscou apoio de diferentes segmentos sociais, incluindo os mencheviques e a burguesia. Permitiu também que os bolcheviques organizassem a Guarda Vermelha, tropas militares formadas por soldados, operários e marinheiros, possibilitando-lhes ter uma representação armada no governo. A manutenção do país na guerra mundial, vista pela população em geral como um conflito imperialista, acirrou as críticas a seu governo.

Em novembro de 1917 (outubro, no calendário russo da época), os bolcheviques, com apoio dos sovietes, depuseram o governo e passaram a controlar a cidade de Petrogrado. Para governar o país, instituíram o Conselho de Comissários do Povo, chefiado por Lênin e integrado por Trotski e Stalin. Esses líderes, que divergiam sobre como consolidar a revolução, destacaram-se nos acontecimentos dos anos seguintes. Enquanto Trotski defendia a imediata internacionalização da revolução por meio da colaboração russa a fim de que proletários de outras nações tomassem o poder, os outros dois acreditavam que a internacionalização deveria ser feita após a consolidação do regime socialista na Rússia, ideia que prevaleceu na condução política do país.

Implantação do socialismo

Com a Grande Revolução de Outubro (designação russa para a Revolução Bolchevique), os camponeses permaneceram nas terras invadidas e as fábricas foram entregues à administração dos operários. O povo ansiava pela solução dos graves problemas internos e criticava a permanência da Rússia na Primeira Guerra Mundial.

Diante das pressões, o governo Lênin assinou o Tratado de Brest-Litovsk com a Alemanha, em 1918, retirando a Rússia do conflito mundial. Pelos termos do tratado, a Rússia cedeu ao governo alemão os territórios da Estônia, Letônia, Lituânia, Finlândia, Ucrânia e parte da Polônia.

Ainda em 1918, os bolcheviques oficializaram o **Partido Comunista Russo**. Com o tempo, ele foi controlando o poder político do país, e todos os cargos públicos passaram a ser exercidos por seus membros.

Fiel aos princípios socialistas, Lênin estabeleceu o controle estatal sobre as atividades econômicas, nacionalizou bancos e indústrias, confiscou a produção agrícola e igualou os salários.

Essas medidas representaram o fim da economia de mercado e geraram sérias crises de abastecimento. Provocaram também revoltas de camponeses e de trabalhadores, que não aceitavam o confisco e a igualdade salarial.

Guerra civil (1918-1921)

Coleção particular

Lênin discursa para tropas que partiam para a Polônia, em 5 de maio de 1920. Moscou, Rússia.

Trotski, que estava ao lado do palanque, foi apagado da fotografia ao se tornar desafeto político.

O governo bolchevique não era unanimidade nacional. Segmentos sociais, como burguesia e nobreza, mobilizavam-se para restabelecer o sistema capitalista no país.

A disputa entre os diferentes projetos políticos que serviram de base para a revolução conduziu o país à Guerra Civil (1918-1921). Nela, a Guarda Vermelha combateu o Exército Branco, formado por opositores, como burgueses, mencheviques e nacionalistas não russos que queriam um governo próprio.

Os contrarrevolucionários receberam apoio de países como Inglaterra, França, Japão e Estados Unidos, temerosos de que o socialismo se espalhasse pelo mundo. Após três anos de conflitos, a Guarda Vermelha derrotou os contrarrevolucionários, abrindo caminho para a consolidação do socialismo no país.

 **Ampliar**

Bandeira vermelha
Inglaterra, 1995.
Direção: Bill Treharne Jones, 53 min.

Episódio de documentário que mostra como ocorreu o processo revolucionário que conduziu os bolcheviques ao poder na Rússia, em 1917.

A consolidação da Revolução Bolchevique

Em 1921, a vitória dos russos vermelhos na guerra civil iniciou nova fase na implantação do socialismo. A Rússia precisava recuperar o crescimento econômico, o que, segundo Lênin, somente seria possível adotando alguns princípios capitalistas.

Assim, ele estabeleceu a Nova Política Econômica (NEP), que combinava ideais do socialismo com algumas práticas do capitalismo, como o funcionamento de pequenas fábricas privadas, a liberdade de comércio interno, concessões a empresas estrangeiras e suspensão do confisco de propriedades. A NEP foi responsável pela recuperação parcial do crescimento industrial, agrícola e comercial da Rússia naquele momento.

No plano político, Lênin concentrou-se na consolidação do socialismo, criando, em 1923, a União das Repúblicas Socialistas Soviéticas (URSS). Essa aliança abrangia antigas regiões do Império Russo, que passaram a ser repúblicas federadas submetidas ao governo soviético, sediado na Rússia.

A sucessão de Lênin

A morte de Lênin, em 1924, deflagrou a luta pelo poder na União Soviética. Liev Trotski e Josef Stalin, considerados seus sucessores desde a Revolução Bolchevique, divergiam quanto às medidas para o fortalecimento do socialismo e à expansão do sistema para outros países.

A disputa política foi vencida por Stalin, que assumiu o governo e afastou Trotski, ordenando seu exílio, em 1929, e, posteriormente, seu assassinato, em 1940, atitude que adotou rotineiramente contra os opositores.

Ele manteve a NEP até 1928, quando optou por fortalecer o Partido Comunista eliminando quaisquer vestígios da economia de mercado. Assim, transformou a **URSS** em potência socialista industrializada, capaz de concorrer com os países capitalistas. Instituiu os planos quinquenais, ou seja, um planejamento econômico do Estado válido por cinco anos, por meio do qual organizava a produção e definia as áreas que receberiam os principais investimentos do período.

Stalin manteve-se à frente do governo até 1953, liderando o país no cenário da Segunda Guerra Mundial. Seu governo, contudo, assumiu características antidemocráticas, configurando-se em um regime totalitarista marcado pelo exílio, prisão e execução de milhares de opositores políticos.

O socialismo vigorou no país até dezembro de 1991, quando a União Soviética foi extinta depois de um programa de abertura política e de reestruturação econômica, empreendido pelo então governo de Mikhail Gorbatchev, à revelia da ala mais conservadora do Partido Comunista Russo.

A experiência socialista de 74 anos na Rússia, posteriormente União Soviética, causou profundos impactos no cenário mundial do século XX, pois representou uma ameaça à hegemonia do sistema capitalista vigente em grande parte dos países ocidentais.

Embora a situação interna da sociedade soviética durante esse período tenha sido idealizada pela propaganda oficial e por seus admiradores, no plano simbólico, a Revolução de Outubro concretizou uma **utopia** até então inédita: a tomada de poder pelas classes populares para gerir um sistema econômico voltado aos interesses e às demandas dos trabalhadores.

Glossário

URSS: sigla para União das Repúblicas Socialistas Soviéticas.
Utopia: local ou situação ideais, nos quais tudo funciona em harmonia; refere-se especialmente a um tipo de sociedade com uma situação econômica e social ideal.

RIA Novosti/Sputnik/AFP

Comemoração dos 50 anos da Revolução de Outubro na Praça Vermelha, Moscou, 7 nov. de 1967.

Na época da URSS, no dia 7 de novembro (feriado nacional), eram realizados desfiles militares na Praça Vermelha para comemorar a Revolução Bolchevique de 1917. A partir de 2005, no entanto, após o fim da URSS, a Rússia aboliu a data de seu calendário comemorativo.

A Revolução Russa acabou?

Em 2017, ano do centenário da Revolução Bolchevique, o historiador e professor Stephen Lovell concedeu uma entrevista em que comentou como a revolução era vista pelos russos naquele momento. Leia, a seguir, alguns trechos dessa entrevista.

Comemoração do Centenário da Revolução Bolchevique, na Praça Vermelha, Moscou, Rússia, 2017.

Quão profundo é o desconhecimento na Rússia em relação à revolução?

Não é que as pessoas desconheçam, mas as gerações mais jovens têm um conhecimento menor. Os mais velhos, os que têm mais de 40 anos, não podem não ter consciência da revolução, uma vez que viveram durante um período em que era inevitável ouvir falar dela. Só que as pessoas escolhem não falar muito disto. [...]

Uma das questões mais controversas é qual o verdadeiro apoio popular em torno dos bolcheviques nas vésperas da revolução. Cem anos depois, ainda é importante continuar este debate?

Há muito tempo que a teoria de que isto foi uma conspiração que partiu de um grupo reduzido já não tem sustentação. Os bolcheviques conseguiram apoio muito rapidamente [...] Tinham uma resposta para a guerra — que era sair; tinham uma resposta para a terra; acima de tudo tinham uma resposta para a questão da justiça social. [...] Portanto os bolcheviques tinham certamente poder nos círculos que interessavam, pelo menos a curto prazo. Tinham o apoio dos operários e dos soldados de Petrogrado, onde a mensagem antiguerra era cada vez mais bem recebida. É também importante ver que a comunicação política num tempo como esse era muito dispersa, as pessoas eram pouco informadas, muitas vezes analfabetas [...]. Nessas condições, houve o potencial para os bolcheviques aproveitarem a onda popular. Eles arriscaram e foram bem-sucedidos.

Em que ponto está hoje o Governo russo perante eventuais comemorações do centenário?

[...] As principais comemorações foram os 50 anos da revolução, em 1967, e o centenário do nascimento de Lenine [Lênin], em 1970. [...] Não acho que a revolução seja uma fonte óbvia de orgulho para os russos. A moral não é necessariamente negativa, mas também não é automaticamente positiva. [...]

João Ruela Ribeiro. O Governo russo não sabe o que fazer com a herança da revolução de 1917. Disponível em: <www.publico.pt/2017/09/13/mundo/entrevista/nao-acho-que-a-revolucao-seja-uma-fonte-obvia-de-orgulho-para-os-russos-1785145>. Acesso em: 24 abr. 2018.

1. Que hipótese você considera válida para explicar o fato de os russos atualmente falarem pouco sobre a Revolução Bolchevique? Justifique.

 **Atividades** ■■■

1 Para alguns historiadores, o Domingo Sangrento demonstrou o autoritarismo do regime czarista e foi um dos fatores decisivos para sua queda, alguns anos mais tarde. Em sua opinião, que providências o governo russo deveria tomar ao conhecer o conteúdo da petição? Por quê?

2 Leia a seguir um fragmento da petição dos proletários russos ao governo de Nicolau II.

> Majestade! Nós [...] viemos a V. Majestade procurar justiça e proteção. [...] Chegamos ao fim de nossas forças, Majestade! [...] E então abandonamos o trabalho e declaramos aos nossos patrões que não começaremos a trabalhar antes que tenham satisfeito os nossos pedidos. [...]
> Liberdade e **inviolabilidade** individuais [...];
> Igualdade de todos perante a lei; [...]
> Proteção do trabalho pela lei; [...]
> Jornada de 8 horas e regulamentação dos trabalhos suplementares;
> Liberdade na luta do trabalho contra o capital;
> Participação dos representantes da classe operária na elaboração do projeto de lei sobre o seguro governamental dos operários;
> Salário normal.

Kátia M. de Queirós Mattoso (Org.). Textos e documentos para o estudo da História contemporânea (1789-1963).
São Paulo: Hucitec; Edusp, 1977. p. 140, 141 e 142.

Glossário

Inviolabilidade: proteção, direito de não sofrer violência.

a) Que passagem do documento indica a intenção dos proletários de fazer uma greve?

b) Na petição, os proletários apresentam uma lista de reivindicações ao czar. É possível perceber que algumas delas se relacionam aos direitos de cidadania (estendidos a qualquer cidadão russo), enquanto outras se referem a direitos trabalhistas (voltados aos anseios dos operários). Localize no documento esses dois tipos de reivindicação e transcreva-os.

c) De acordo com o documento, por que os proletários entregaram a petição ao czar Nicolau II?

3 Analisando as ações do governo do czar Nicolau II, por que ele pode ser considerado como impopular?

4 Qual grupo político formado na Rússia durante o governo do czar Nicolau II aderiu às ideias socialistas?

5 Explique o papel dos sovietes no processo que culminou na revolução socialista na Rússia.

6 Mobilize seus conhecimentos para identificar os principais desdobramentos do Domingo Sangrento.

7 Como repercutiu na Rússia o envolvimento do país na Primeira Guerra Mundial?

8 Após a abdicação do czar Nicolau II, instalou-se o governo provisório liderado pelo príncipe Lvov. Sobre esse contexto, responda:

a) Quais foram as principais medidas tomadas por Lvov?

b) As reformas propostas por Lvov conseguiram conter a insatisfação popular? Justifique.

9 O que representaram a Guarda Vermelha e O Conselho dos Comissários do Povo na Revolução Bolchevique?

10 Identifique as primeiras medidas tomadas pelo governo bolchevique.

CAPÍTULO 12

Crise de 1929

O século XXI emergiu na era da globalização, com as economias dos países profundamente interligadas. Por causa disso, frequentemente acompanhamos notícias sobre acontecimentos econômicos ou políticos em diferentes regiões do planeta e a interferência deles na economia global.

Embora o capitalismo na fase da globalização dos mercados tenha se consolidado nas últimas décadas do século XX, o ano de 1929 marcou o início de uma crise econômica que também atingiu dimensões mundiais, abalando profundamente as economias capitalistas da época.

Pessoas fazem fila para receber pão na cidade de Nova York, Estados Unidos, 1930.

Estados Unidos no Pós-guerra

Durante a Primeira Guerra Mundial, o governo dos Estados Unidos proveu material bélico e de primeira necessidade à Tríplice Entente, tornando-se seu principal fornecedor. Assim, com o fim da guerra, o eixo da economia mundial deslocou-se da Europa para os Estados Unidos.

Glossário

Corporação: associação de empresas com os mesmos objetivos.

Entre 1919 e 1929, o crescimento da economia estadunidense foi notável, sobretudo pela grande participação do país na reconstrução europeia. Tal crescimento projetou a nação à condição de potência econômica internacional, superando a influência do capital inglês, principal até então.

O ritmo da produção industrial e agrícola acelerou para atender ao aquecido mercado interno. Além disso, criavam-se novas frentes no mercado externo: exportações para os países da Europa em fase de recuperação e para aqueles que, até a guerra, eram tradicionais importadores dos produtos europeus.

A euforia provocada pelo desenvolvimento econômico dos Estados Unidos refletiu-se no mercado financeiro, com a Bolsa de Valores atraindo investimentos. As **corporações** e os bancos privados passaram a ter o controle das empresas; eles negociavam a compra e a venda das ações e manipulavam a elevação ou a queda dos preços, o que rendeu lucros até o final da década de 1920.

Costumes sociais nos "loucos anos 1920"

Banda de *jazz* toca em Chicago. Estados Unidos, 1923.

A prosperidade econômica dos Estados Unidos na década de 1920 repercutiu nos costumes e no comportamento social. A visão otimista do futuro e a valorização da alegria e da diversão contribuíram para a difusão de um novo estilo de vida, o chamado *american way of life*.

O *jazz* ganhou espaço, tornando-se a linguagem da música popular negra no país e representando a ascensão social de músicos afrodescendentes. Bandas se formaram, sobretudo entre os segmentos sociais mais pobres.

Ao mesmo tempo, o rádio e o cinema consolidaram-se como veículos de comunicação de massa, e os artistas dos filmes produzidos nos estúdios de Hollywood ditavam a moda. As mulheres conquistaram mais liberdade, expressa em roupas que deixavam à mostra os joelhos, até então escondidos sob longas saias.

Ampliar

O grande Gatsby

Estados Unidos, 1974.
Direção: Jack Clayton, 146 min.

O filme, adaptação do livro homônimo, trata da década de 1920 nos Estados Unidos, mostrando a glória e a decadência de um rico empresário.

A crise econômica e o *crash* da Bolsa de Valores

A partir de meados da década de 1920, lentamente os mercados consumidores externos se retraíram devido à retomada da produção agrícola e industrial europeia.

Ignorando essa tendência, os empreendimentos estadunidenses continuaram acelerados, provocando uma **crise de superprodução** em diversos setores da economia. Paralelamente, ocorria a queda do consumo interno, porque os salários não acompanhavam a alta dos preços das mercadorias.

A situação piorou com a falência de muitas indústrias, o que gerou, em uma reação em cadeia, desemprego e nova queda no consumo.

Nesse contexto de instabilidade, a maioria dos investidores perdeu a confiança na solidez financeira das empresas e colocou suas ações à venda. O enorme número de títulos disponíveis no mercado financeiro fez com que seus preços despencassem.

Em 1929, a crise atingiu o momento mais crítico.

O pânico dos investidores cresceu e, em 29 de outubro, a situação se agravou, quando mais de 15 milhões de ações foram postas à venda, provocando o *crash*, isto é, a quebra da Bolsa de Valores. O *crash* ocorreu porque o preço das ações despencou e as negociações ficaram praticamente paralisadas, causando sérios prejuízos aos acionistas.

Os efeitos da quebra da Bolsa de Valores logo se fizeram sentir, e a economia dos Estados Unidos entrou em colapso com mais falências de bancos, indústrias e empresas de outros setores produtivos, seguidas pelo aumento generalizado do desemprego.

A crise econômica desdobrou-se em grave crise social, causando forte queda no nível de renda e o empobrecimento de grande parte das famílias estadunidenses.

Glossário

Crise de superprodução: a produção é maior que o consumo, o que gera excedente de mercadorias e baixa nos preços.

A expansão da crise

A crise alastrou-se rapidamente por muitos países. Os credores estadunidenses (bancos, indústrias e empreendimentos agrícolas) começaram a pressionar seus devedores para quitarem integralmente as dívidas, afetando em especial os países europeus que ainda não tinham condições de fazê-lo.

Com a redução do poder aquisitivo da população, as importações estadunidenses diminuíram drasticamente, sobretudo a de produtos considerados supérfluos. Consequentemente, a economia dos países que exportavam para os Estados Unidos também foi prejudicada. O comércio mundial retraiu-se, e o desemprego em massa atingiu milhares de trabalhadores em inúmeros países.

Para o Brasil, a quebra da Bolsa de Valores de Nova York trouxe consequências desastrosas: as exportações de café, cujo maior comprador era o mercado estadunidense, foram imediatamente suspensas, acentuando a crise de superprodução que o governo brasileiro vinha enfrentando desde o início do século XX. Os cafeicultores tiveram elevados prejuízos, e os reflexos da crise internacional se fizeram sentir também em outros segmentos da economia brasileira.

Essa foi a primeira crise profunda do sistema capitalista. Na década de 1930, os países capitalistas, cada qual à sua maneira, buscaram meios de enfrentar e combater a depressão da economia mundial.

Biblioteca do Congresso, Washington/Fotografia: Dorothea Lange

Migrant mother, fotografia de Dorothea Lange, 1936.

Registro fotográfico considerado o mais representativo do período, no qual Florence Thompson, uma agricultora migrante de 32 anos, aparece junto a três de seus sete filhos.

Uma saída: a política do *New Deal*

Eleito presidente dos Estados Unidos em 1933, Franklin Roosevelt enfrentou, em seu governo, o desafio de superar a depressão econômica que se seguiu à Crise de 1929.

Visando estimular a geração de empregos e, consequentemente, aumentar a renda das famílias e a respectiva capacidade de consumo, o governo tomou a dianteira nos investimentos em infraestrutura do país. Foram construídos portos, hidrelétricas, rodovias, prédios públicos e casas populares. Ocorreu também o aumento da emissão de moeda e o financiamento facilitado, com a aplicação de juros baixos para os setores produtivos, além da criação de programas de assistência social.

O Estado assumia assim uma postura intervencionista, controlando setores da economia. Essa política, denominada *New Deal* ("Novo Acordo"), opunha-se ao liberalismo econômico praticado nos Estados Unidos até então. Apesar das críticas de alguns empresários, o *New Deal* tirou o país de sua crise mais profunda, promovendo a retomada do crescimento econômico já na segunda metade da década de 1930.

Ainda hoje a intervenção estatal nas economias capitalistas divide opiniões. O debate reacendeu a partir de 2008, quando o capitalismo globalizado conheceu sua primeira grande crise cujo início também foi nos Estados Unidos e alcançou escala mundial.

zoom

Por que a Crise de 1929 contestou o liberalismo econômico que norteava a economia dos Estados Unidos?

1 Nos Estados Unidos, as *flappers* constituíram uma das marcas registradas dos chamados "loucos anos 20"; no Brasil, ficaram conhecidas como melindrosas.

ClassicStock/Alamy/Fotoarena

Melindrosa posando com colar de pérolas, c. 1920.

a) Para compreender melhor a razão de terem sido chamadas de *flappers* ou melindrosas, procure os significados dessas duas palavras em inglês e em português.

b) Por que as melindrosas se transformaram num símbolo das mulheres na década de 1920?

2 A crise econômica deflagrada nos Estados Unidos em 1929 e seus efeitos no Brasil foram percebidos de diferentes maneiras pela imprensa da época, como se pode observar a seguir.

> O *Correio da Manhã* [...] ditava as regras da vida social e cultural [...]. Sua postura ante a quebra da Bolsa de Valores de Nova York não foi de total despreocupação. Noticiava diariamente a condição das praças internacionais, inclusive a de São Paulo. No entanto, a sua linguagem nos leva a crer que tratava a crise sob uma visão externa, isto é, como se o Rio de Janeiro estivesse imune aos abalos econômicos e apenas São Paulo fosse sensível a isso.
>
> [...] O jornal *A Classe Operária* de abril [de 1930] noticiava que trabalhadores haviam sido despedidos em massa [...]. A crise, segundo o periódico, atingira não só o trabalhador do campo mas também o da cidade [...].

Andréa Casa Nova Maia. Representações da crise de 1929 na imprensa brasileira: relações entre História, mídia e cultura. *Varia história*, v. 29, n. 49, jan./abr. 2013. p. 232, 233 e 242.

- Qual dos dois periódicos mencionados no texto expressava uma visão mais ampla da crise de 1929? Por quê?

3 As imagens a seguir são representativas do contexto do *New Deal* nos Estados Unidos.

A **primeira** refere-se à política de produção de alimentos do governo de Roosevelt: "América com muita comida", o que se confirma pela família saudável e pelos dizeres da faixa, que garante o abastecimento normal dos celeiros.

A **segunda** retrata uma das frentes de trabalho criadas no governo Roosevelt para enfrentar as altas taxas de desemprego: operários na construção de um parque em New Jersey.

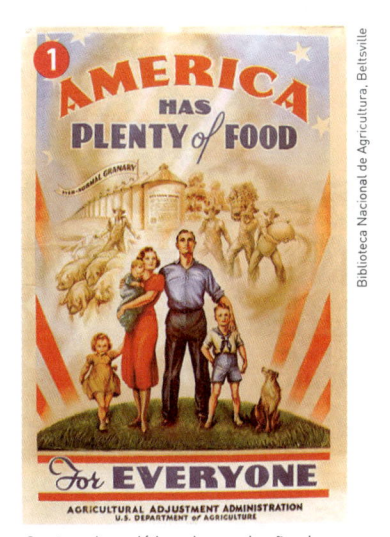

Biblioteca Nacional de Agricultura, Beltsville

Cartaz da política de produção de alimentos do governo de Roosevelt, c. 1936.

Bettmann/Getty Images

Operários trabalhando no alargamento de ruas em 1935.

a) As pessoas representadas na propaganda parecem corresponder às pessoas retratadas na fotografia? Por quê?

b) Podemos afirmar que o *New Deal* atingiu seu objetivo principal?

Visualização

Primeira Guerra Mundial

Antecedentes

- Segunda Revolução Industrial
- Imperialismo
- Paz Armada
- Unificação alemã
- Revanchismo
- Política de alianças
- Assassinato de Francisco Ferdinando

Era do capitalismo

Mercantilista
Industrial
Financeiro
Globalizado

Revolução Russa

Antecedentes

- Regime monarquista
- Economia feudal
- Baixa industrialização
- Guerra Russo-Japonesa
- Domingo Sangrento
- Duma: Parlamento
- Primeira Guerra Mundial
- Abdicação do czar

Doutrinas socialistas

Científico
Utópico
Cristão
Anarquismo

Crise de 1929

Antecedentes

- Empréstimos para Europa
- Oportunidades comerciais
- Crescimento econômico
- Lucros no mercado financeiro
- *American way of life*

Guerra

- Declaração de guerra
- Início das invasões
- Guerra de Trincheiras
- Entrada dos EUA
- Saída da Rússia
- A América Latina no conflito

Confronto

- Cavalaria
- Indústria bélica
- Armas químicas
- Armas aéreas

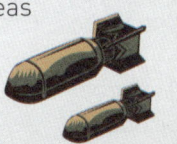

Paz

- 14 Pontos de Wilson
- Tratado de Versalhes
  - Culpabilização da Alemanha
  - Indenizações
  - Desmilitarização alemã
  - Perda de territórios
- Questão palestina

Revolução de Fevereiro

- Governo parlamentarista provisório
- Alexander Kerenski
- Guarda Vermelha
- Permanência na Primeira Guerra Mundial
- Paz, terra e pão
- Golpe de Estado

Revolução Bolchevique

- Ditadura do proletariado
- Tratado de Brest-Litovsk
- Partido Comunista Russo
- Nacionalização
- Guerra civil
- NEP
- URSS

Stalin

- Eliminação da economia de mercado
- Planos quinquenais
- Totalitarismo
- Exílio, prisão e execução de opositores
- Segunda Guerra Mundial

Crise interna

- Recuperação europeia
- Elevação de estoques
- Balancetes falsificados
- Falência de empresas
- Desemprego
- Crise da Bolsa de Valores

Crise externa

- Brasil
  - Crise nas importações
  - Queima do café
- Europa
  - Perda de investimentos
  - Fim dos empréstimos
  - Quitação de dívidas feitas com os EUA

New Deal

- Fim do liberalismo
- Intervenção na economia
- Empregos públicos
- Construção de obras públicas

Retomar

1 Leia os textos a seguir e responda o que se pede.

[...] um conjunto de ideias políticas e econômicas que visavam à transformação da sociedade através de um novo conceito de propriedade. O socialismo, também definido como reação ao liberalismo capitalista, critica a injustiça social inerente a este sistema, propondo-se substituí-lo por uma sociedade sem classes.

Antonio Carlos do Amaral Azevedo. *Dicionário de nomes, termos e conceitos históricos*. Rio de Janeiro: Nova Fronteira, 1990. p. 420.

Sistema econômico que propõe a incorporação dos meios de produção pelos trabalhadores, a entrega dos bens e propriedades à coletividade, e a repartição, entre todos, do trabalho comum e dos objetos de consumo.

Pérsio Santos de Oliveira. *Introdução à Sociologia*. 20. ed. São Paulo: Ática, 2000. p. 249.

- Com base nas definições acima, o que você entendeu por socialismo?

2 Leia o texto abaixo sobre o contexto que deu origem ao Dia Internacional da Mulher para responder às questões que o seguem.

Há mais de uma versão para a origem do Dia Internacional da Mulher, mas todas remetem às greves de trabalhadoras de fábricas têxteis desde a Revolução Industrial, no século XIX. Em 8 de março de 1857, operárias de fábricas têxteis de Nova York realizaram uma marcha por melhores condições de trabalho, diminuição da carga horária e igualdade de direitos. Na época, a jornada de trabalho feminino chegava a 16 horas diárias, com salários até 60% menores que os dos homens. [...]

Vários protestos se seguiram nos 8 de março seguintes. Um dos mais notáveis – também reprimido pela polícia – ocorreu em 1908, quando 15 mil operárias protestaram por seus direitos. Em 1910, na Segunda Conferência Internacional das Mulheres Socialistas, na Dinamarca, a alemã Clara Zetkin propôs que a data fosse usada para comemorar as greves americanas e homenagear mulheres de todo o mundo. A greve das trabalhadoras de Petrogrado (atual São Petersburgo), na Rússia, em 23 de fevereiro de 1917 (8 de março no calendário ocidental), também foi um marco da data. Hoje, ela é símbolo da luta pelos direitos da mulher, e foi oficializada pela Unesco em 1977.

Luciana Taddeo. Por que 8 de março é o Dia da Mulher? *Aventuras na História*. Disponível em: <https://aventurasnahistoria.uol.com.br/noticias/acervo/8-marco-dia-mulher-435900.phtml>. Acesso em: maio 2018.

a) Que informações do texto associam o Dia Internacional da Mulher às condições das mulheres operárias dos séculos XIX e XX?

b) O Dia Internacional da Mulher teve origem há pouco mais de 100 anos, relacionado ao contexto das mobilizações de operárias por melhores condições de trabalho. Em sua opinião, por que essa data é celebrada atualmente?

3 No contexto das tensões sociais e políticas enfrentadas pelo czar Nicolau II, em 1905, que relação pode ser estabelecida entre os seguintes fatos: Domingo Sangrento e criação da Duma?

4 O ano de 1917 marcou, na Rússia, uma série de transformações políticas que culminaram com a Revolução Bolchevique, também chamada de Revolução de Outubro.

a) Faça um levantamento das principais mudanças vividas naquele ano pelo país entre março e novembro (fevereiro e outubro, no calendário russo da época) e comente-as.

b) Após a Revolução de Outubro, quais foram os principais desafios enfrentados pelo governo bolchevique para implantar o socialismo no país?

5 O jornalista estadunidense John Reed participou dos acontecimentos revolucionários da Rússia. Ele fazia a cobertura da Primeira Guerra Mundial quando soube do processo revolucionário iniciado pelos bolcheviques. Viajou então para a Rússia, onde conviveu com o povo e com os líderes revolucionários. Posteriormente, escreveu o livro *Dez dias que abalaram o mundo*, relatando os fatos que acompanhou de perto. Sobre a abdicação de Nicolau II, processo chamado por alguns de Revolução de Fevereiro, Reed escreveu:

Durante os primeiros meses do novo regime, com efeito, não obstante a confusão que se segue a um grande movimento [...] a situação interior, bem como a força combativa dos exércitos, melhorou sensivelmente. Mas essa "lua de mel" teve curta duração. As classes dominantes pretendiam uma alteração unicamente política que, tirando o poder do czar, passasse para as suas mãos. Queriam fazer na Rússia uma revolução constitucional, segundo o modelo da França ou dos Estados Unidos, ou então uma Monarquia Parlamentar, como a da Inglaterra. Ora, as massas populares queriam, porém, uma verdadeira Democracia operária e camponesa.

John Reed. *Dez dias que abalaram o mundo.* São Paulo: Edições Zumbi, 1958. p. 22-23.

a) Segundo John Reed, por que as massas populares não aceitaram o novo regime estabelecido na Rússia em março de 1917?

b) Em sua opinião, o que seria uma "democracia operária e camponesa"? Responda com base no que você estudou sobre as teorias socialistas.

6 Em 1921, após derrotar os contrarrevolucionários, Lênin implantou na Rússia a Nova Política Econômica (NEP). Por que a NEP pode ser entendida como uma contradição do regime adotado com a Revolução Bolchevique?

7 Na visão do historiador Eric Hobsbawm (1917-2012) e de outros teóricos, a Revolução Bolchevique abalou o mundo e moldou o século XX. Discuta com os colegas que razões podem justificar essa importância atribuída à revolução russa de outubro de 1917.

8 Com o fim da Primeira Guerra (1914-1918), um clima de otimismo e alegria tomou conta dos Estados Unidos e se estendeu por grande parte da década de 1920, sendo visível nos costumes sociais. Nesse período, o país também desfrutou de grande prosperidade econômica. Explique as razões de tal prosperidade.

9 Sintetize a situação que provocou o colapso da Bolsa de Valores de Nova York em 1929.

10 A fotografia a seguir mostra uma situação compartilhada por inúmeras famílias estadunidenses durante a Grande Depressão.

Biblioteca do Congresso, Washington/ Fotografia: Dorothea Lange

Família em condições precárias de vida. Elm Grove, Oklahoma (EUA), 1936.

• Com base nela, explique os efeitos sociais da crise econômica deflagrada em 1929.

11 Observe no diagrama a seguir os desdobramentos da quebra da Bolsa de Valores de Nova York em 1929 no comércio internacional.

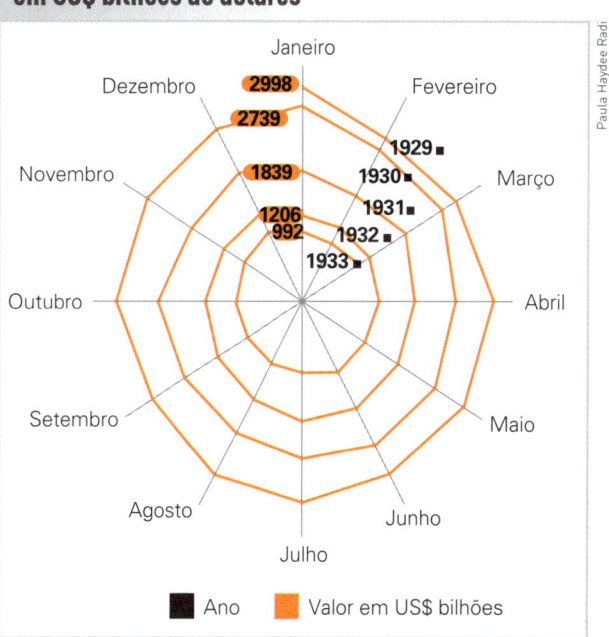

Espiral retração do comércio mundial em US$ bilhões de dólares

Paula Haydee Radi

Fonte: Bernard Gazier. *A crise de 1929.* Porto Alegre: L&PM Pocket, s.d. *E-book.*

a) Qual período está representado no diagrama?

b) Nesse período, houve expansão ou retração do comércio internacional dos países pesquisados?

UNIDADE 4

Antever

Durante as décadas de 1930 e 1940, a democracia perdeu força em muitos países e novamente o mundo se deparou com os horrores de uma guerra de proporções globais. Que situações teriam enfraquecido a democracia e possibilitado a emergência de regimes políticos totalitários? Que importância assumiu a Declaração Universal dos Direitos Humanos como salvaguarda da dignidade e do valor da pessoa humana, bem como dos direitos de homens e mulheres contra sistemas opressores e atos bárbaros? Nos tempos atuais, por que respeitar os Direitos Humanos permanece como marco civilizatório universal?

Em 6 de agosto de 1945, o avião de guerra Enola Gay, dos Estados Unidos, lançou sobre a cidade japonesa de Hiroshima uma bomba atômica, a primeira da História. Três dias depois, novo lançamento: dessa vez na cidade de Nagasaki, também no Japão. Cada artefato matou instantaneamente milhares de pessoas e deixou um rastro de destruição, mortes e sofrimento. Há justificativa aceitável para o uso de bombas atômicas contra a população civil de Hiroshima e Nagasaki?

Ruínas após ataque de bomba atômica em Hiroshima. Japão, 1945.

Totalitarismos e novos contornos mundiais

13

Ascensão do nazifascismo

Nos últimos anos, temos visto aflorar uma nova era de intolerância, visível em discursos ou ações de discriminação a determinados grupos sociais por causa da nacionalidade, religião, etnia, gênero ou qualquer outro traço de identidade.

A História já registrou muitas guerras e tragédias em decorrência do ódio e do medo insuflados contra determinados segmentos sociais. Tanto líderes quanto governos usaram aparatos de propaganda e de controle social para promover genocídios e vitimar milhões de pessoas. Os regimes fascista e nazista são dois exemplos significativos dos flagelos provocados pela adesão a ideias extremistas.

Wolfgang Rattay/Reuters/Fotoarena

Protesto contra partido anti--imigração em Berlim, Alemanha, 2017.

Autoritarismo em ascensão

Após pouco mais de uma década do término da Primeira Guerra Mundial (1914-1918), as dificuldades econômicas enfrentadas pelos países europeus e agravadas pela Crise de 1929 ocasionaram o surgimento de movimentos sociais de diferentes tendências.

Inspirado no exemplo da Rússia, o proletariado via na revolução a saída para a crise. Inúmeras greves e protestos de trabalhadores ocorreram em diversos países do mundo e foram combatidos pelos governos da época.

zoom

Por que o contexto de crise econômica da década de 1920 estimulou o apoio a regimes autoritários na Europa?

A burguesia, a classe média e os setores sociais compostos de mão de obra não qualificada e de desempregados não acreditavam mais que os governos democráticos pudessem retomar a produção e aumentar os índices de emprego. Assim, ganhava espaço a ideia de que governos fortes, autoritários e intervencionistas eram a melhor solução para superar a crise.

A Itália sob o fascismo

Entre 1918 e 1920, a Itália viveu um período conturbado. Greves operárias agitavam o país; na região norte, fábricas eram ocupadas por proletários na tentativa de fazer uma revolução socialista, enquanto na região sul as populações rurais reivindicavam reforma agrária.

Nesse quadro, o professor e jornalista Benito Mussolini, defensor de um Estado forte, antiliberal, militarista e anticomunista, fundou o Partido Fascista, cujo símbolo – um feixe amarrado a um machado – representava o poder que fora exercido pelo Império Romano. Formou também a **tropa paramilitar** Camisas Negras, que atacava, sobretudo, organizações socialistas e comunistas.

Com o apoio da classe média e da burguesia, o Partido Fascista elegeu um número cada vez mais expressivo de deputados no Parlamento. O monarca italiano à época, Vítor Emanuel III, simpatizava com Mussolini, e não tomou medidas efetivas para reprimir os constantes ataques cometidos pelos Camisas Negras.

Cartaz de propaganda fascista com os dizeres "Mussolini está sempre certo", 1930.

Benito Mussolini, líder fascista da Itália, exerceu o poder de 1922 a 1943.

Mussolini chega ao poder

Em outubro de 1922, Mussolini liderou a Marcha sobre Roma, grande manifestação do grupo paramilitar Camisas Negras, cujo objetivo era pressionar o monarca a nomear o líder fascista como primeiro-ministro, entregando-lhe assim a chefia do governo.

Sob ameaça de ver Roma sitiada e atacada, Vítor Emanuel III cedeu à exigência. O golpe de Estado foi apoiado por militares, pela elite econômica, por juízes e por segmentos da classe média, e justificado como necessário para conter o avanço das ideias comunistas no país.

A partir de 1925, Mussolini consolidou a ditadura. Implantou a censura à imprensa, fechou os partidos políticos de oposição, proibiu greves e manifestações contra o governo, **cassou** parlamentares comunistas, enfraqueceu o Poder Legislativo, estimulou o militarismo e passou a controlar as organizações trabalhistas, esvaziando a ação dos sindicatos.

Glossário

Cassar: tornar nulos os direitos políticos de um cidadão.

Tropa paramilitar: organização de cidadãos armados e fardados que não fazem parte do exército oficial.

O apoio popular

Em meio às medidas autoritárias, o regime fascista incentivou a produção agrícola e industrial e buscou aproximar-se da Igreja Católica, ações que lhe renderam apoio popular. Em 1929, Mussolini e o papa Pio XI assinaram o Tratado de Latrão, que estabeleceu a criação do Estado do Vaticano, o catolicismo como religião oficial, o pagamento de indenização do governo ao clero pela perda de territórios durante a unificação italiana e a instituição do ensino religioso obrigatório nas escolas.

Na década de 1930, a crise mundial deflagrada pela quebra da Bolsa de Valores estadunidense abalou a economia italiana. Houve queda na produção industrial, nas exportações e no nível de renda da população e aumento do desemprego. Para contornar a crise social e evitar contestação a seu regime, Mussolini passou a fazer propaganda política pela reconstrução nacional e a se autopromover.

Em 1935, o exército italiano ocupou o território da Etiópia, na África. Esse domínio mobilizou as elites negras da Europa e da América, que passaram a organizar protestos contra a Itália e a boicotar seus produtos. A Liga das Nações, no entanto, limitou-se a condenar a atitude imperialista de Mussolini.

Na Alemanha, o nazismo

Crianças brincam com dinheiro. Alemanha, 1923.

Na década de 1920, a Alemanha entrou em um período de hiperinflação, visível nessa fotografia, no qual a moeda foi tão desvalorizada que crianças brincam com o dinheiro.

Em 1918, com a abdicação do *kaiser* Guilherme II, a Alemanha adotou o regime republicano, apoiado pelo Partido Social-Democrata. No mesmo ano, outro grupo de social-democratas fundou o Partido Comunista, que, em 1919, articulou um golpe de Estado para implantar o socialismo no país.

A execução dos principais líderes revolucionários, aliada à permanência da crise econômica e social do pós-guerra, criou condições para que a maioria da população alemã temesse movimentos operários pelo país.

Nesse contexto, os extremistas anticomunistas ampliaram suas bases de apoio e adotaram o nome de Partido Nacional-Socialista dos Trabalhadores Alemães, conhecido como Partido Nazista. Fundamentado em ideias nacionalistas, **antissemitas** e anticomunistas, o partido defendia um Estado forte e centralizador.

Em 1923, diante da recusa alemã de pagar à França as dívidas determinadas pelo Tratado de Versalhes, os franceses ocuparam a região industrial do vale do Rio Ruhr. Com sua receita diminuída, o governo alemão passou a emitir papel-moeda, gerando alta de preços e desvalorização monetária.

Com a crise, o Partido Nazista chega ao poder

Em outubro de 1923, o Partido Nazista, liderado por Adolf Hitler, organizou um golpe de Estado. O governo resistiu e prendeu os principais envolvidos.

Entre 1924 e 1929, graças a financiamentos dos Estados Unidos, a economia alemã superou sua crise econômica mais aguda. No entanto, com a Crise de 1929, os problemas voltaram. Nesse contexto, os deputados nazistas receberam apoio dos setores conservadores, que temiam as propostas comunistas. O crescente prestígio do Partido Nazista levou o presidente da Alemanha, Hindenburg, a nomear Hitler seu chanceler, cargo que lhe dava o controle do governo.

No início de 1933, um incêndio premeditado pelos nazistas destruiu o Parlamento alemão. No entanto, a autoria do crime foi atribuída aos comunistas e, sob o pretexto de preservar a ordem, Hitler implantou uma ditadura: jornais foram censurados; greves, proibidas; partidos, fechados; criaram-se **campos de concentração**. Também foram organizadas as tropas da SA (força paramilitar denominada Seções de Assalto), da SS (**polícia política** denominada Seções de Segurança) e da Gestapo (**polícia secreta**).

Propaganda alemã de 1932, pedindo às mulheres que votem em Hitler para salvar suas famílias.

O Terceiro Reich

Com a morte do presidente Hindenburg, em agosto de 1934, Hitler instituiu na Alemanha o Terceiro Reich (Terceiro Império Germânico), assumindo plenos poderes sob o título de *Führer* (que significa "guia").

Suas pretensões expansionistas contrariavam as decisões do Tratado de Versalhes. Ele fez investimentos em tecnologia bélica e promoveu a valorização do exército.

O regime usou a propaganda oficial como forma de obter apoio popular e incentivar o culto a seu líder máximo.

Adolf Hitler e militares alemães fazendo saudação nazista. Munique (Alemanha), 1937.

Os pronunciamentos do *Führer* à nação eram transmitidos pelo rádio; suas fotografias, expostas em *outdoors*; sua vida pessoal, exaltada como exemplo de dedicação à pátria. A cruz suástica foi escolhida como símbolo do nazismo.

Características do nazismo

O Terceiro Reich incentivou o nacionalismo utilizando a falsa concepção científica de superioridade da etnia ariana, à qual pertencem os alemães. Essa teoria provocou crescente hostilidade contra as etnias não arianas e serviu como justificativa para subjugar outros povos e territórios. Assim, Hitler estimulou o racismo, tornando-o um componente evidente do nazismo.

Dentro da Alemanha, a teoria de superioridade dos arianos voltou-se contra os judeus alemães, cuja etnia foi considerada inferior. Além disso, os nazistas acusavam os judeus de ocupar vagas no mercado de trabalho, responsabilizando-os pelo desemprego que atingia os alemães "puros". O regime nazista confiscou bens e propriedades dos judeus, condenou-os à prisão e a trabalhos forçados. No decorrer da Segunda Guerra, milhões de judeus foram mortos em campos de concentração.

A ditadura nazista obteve apoio de variadas camadas sociais, que viam no Estado forte e centralizador a solução para os problemas socioeconômicos que assolavam o país desde a derrota na Grande Guerra. Nesse período, foram feitos investimentos na construção de obras públicas e na produção de armamentos, diminuindo o desemprego.

Glossário

Antissemita: ideia ou prática hostil de discriminação aos judeus.

Campo de concentração: local criado para confinar e, nesse caso, exterminar grupos de pessoas.

Polícia política: encarregada de punir pessoas que discordam do governo.

Polícia secreta: encarregada de espionar suspeitos de agir e pensar contra o governo.

A aliança nazifascista

Em 1936, formou-se o **Eixo Berlim-Roma**, aliança político-militar entre Alemanha e Itália.

O primeiro ato em conjunto dos dois regimes foi intervir na guerra civil que ocorria na Espanha enviando tropas e armamentos para a facção fascista liderada pelo general espanhol Francisco Franco, cujo objetivo era instituir um regime político autoritário, nacionalista, militarista e anticomunista em território espanhol. A vitória do franquismo no país, em 1939, fortaleceu o nazifascismo.

O que aconteceu aos negros alemães durante o nazismo

A história das perseguições nazistas contra minorias étnicas, linguísticas, religiosas e políticas, bem como outras partes da população alemã, é bem conhecida, documentada e relembrada nos livros de História do mundo inteiro. Entretanto, há uma categoria específica de vítimas cujo destino trágico foi pouco contado e muitas vezes não é incluído nos grupos perseguidos por Adolf Hitler.

É o caso dos alemães negros que viviam na Alemanha antes da tomada de poder do *Führer*. [...]

As leis raciais de Nuremberg de 1935, as chamadas "leis para a proteção do sangue e da honra alemãs" – que privaram os judeus alemães de sua nacionalidade e lhes proibiram de se casar ou de ter relações sexuais com pessoas do "sangue alemão" – também foram aplicadas à nascente comunidade negra na Alemanha.

Essas pessoas foram, de fato, consideradas de "sangue estrangeiro" e sujeitas às leis de Nuremberg.

A partir desse momento, apesar de os negros alemães terem nascido na Alemanha e serem filhos de cidadãos alemães, a concessão de cidadania a essas pessoas tornou-se impossível. [...]

Em 1941, as crianças negras foram oficialmente excluídas das escolas públicas de toda a Alemanha, mas a maioria sofreu abusos raciais em suas salas de aula muito antes disso. Alguns [negros] foram forçados a sair da escola e nenhum foi autorizado a cursar universidades ou escolas profissionais. [...]

O medo nazista do risco de "poluição racial" levou a um dos principais crimes cometidos por Hitler contra esta comunidade: a esterilização.

Os casais chamados "mistos" foram obrigados a se separar. Quando uma mulher alemã branca solicitava uma licença-maternidade ou ficava grávida de um alemão nascido na África, o parceiro era imediatamente forçado à esterilização.

Propaganda nazista mostra a amizade entre uma mulher "ariana" e uma negra. O título diz: "O resultado! A perda do orgulho racial."

Em 1937, uma operação secreta nazista foi além: cerca de 400 crianças negras da Renânia foram esterilizadas contra a vontade de seus pais. Por causa dessas perseguições, muitos negros fugiram da Alemanha.

Entretanto, poucos alemães de origem africana foram realmente internados em campos de concentração. [...]

A maioria dos alemães negros foi presa por razões políticas ou pelo chamado "comportamento antissocial", como a homossexualidade.

Carlo Gauti. O que aconteceu com os negros alemães durante o nazismo. *G1*, 15 ago. 2017. Disponível em: <https://g1.globo.com/mundo/noticia/o-que-aconteceu-com-os-negros-alemaes-durante-o-nazismo.ghtml>. Acesso em: abr. 2018.

1 A implacável perseguição do regime nazista aos judeus inspirou muitos livros e filmes que denunciaram os horrores praticados contra aquela comunidade. No entanto, a violência nazista vitimou outras comunidades. Por que, em sua opinião, é dada pouca visibilidade à violência nazista contra negros alemães ao se divulgar informações sobre o governo de Hitler? Justifique.

Franquismo, salazarismo e stalinismo

Desde 1974, o dia 25 de abril é especial para a história de Portugal. A data cívica celebra a re-democratização do país após longo período de regime fascista, conhecido por salazarismo, que se iniciou em 1926 e durou 48 anos, tornando-se a mais duradoura ditadura europeia do século XX.

Mas Portugal não esteve sozinho na lista de países cujos regimes ditatoriais duraram décadas. Na Espanha, o regime fascista denominado franquismo vigorou de 1936 a 1975, enquanto na União Soviética o stalinismo representou o totalitarismo de vertente socialista de 1924 a 1953.

O Brasil não ficou imune a esse processo de colapso dos regimes democráticos. Sob o pretexto de defender o país de um golpe comunista, em 1937 o então presidente Getúlio Vargas instaurou um regime ditatorial (o Estado Novo) que vigorou até 1945.

Em Portugal, o salazarismo

Em Portugal, no ano de 1926, um golpe militar depôs a República Parlamentarista. Durante o novo governo, destacou-se a atuação de Antônio de Oliveira Salazar, ministro da Fazenda. Sua política econômica de inspiração fascista foi bem-sucedida e aproximou-o da burguesia e das camadas populares, projetando-o ao cargo de primeiro-ministro em 1932. Um ano depois, Salazar consolidava o regime autoritário no país impondo o fechamento dos partidos de oposição, a proibição de greves e de manifestações populares, a prisão e a perseguição daqueles que criticassem o regime, a implantação da censura e a defesa do cristianismo como um dos pilares da sociedade portuguesa.

O regime ditatorial português foi denominado Estado Novo; nele, o papel dos sindicatos como representantes da classe trabalhadora foi enfraquecido. O Estado passou a mediar as negociações entre os trabalhadores e os empregadores.

Do ponto de vista da política externa, o país se declarou neutro na Segunda Guerra Mundial, sem se aliar ao nazifascismo. Nas décadas seguintes ao final do conflito, manteve-se radicalmente contra os movimentos de independência colonial que emergiram na África e na Ásia, atuando militarmente nas colônias portuguesas.

Em 1968, Salazar foi sucedido por Marcelo Caetano, que deu prosseguimento ao Estado Novo. O longo período de regime autoritário isolou Portugal do cenário europeu pós-guerra. Além disso, o alto custo financeiro das guerras contra a independência colonial desgastaram o governo de Caetano.

Ainda assim, somente em 1974 Portugal livrou-se da ditadura salazarista por meio da Revolução dos Cravos, movimento social liderado pelos setores jovens do exército que mobilizaram a sociedade portuguesa pelo fim do Estado Novo.

Henri Bureau/Corbis/VCG/Getty Images

O Movimento das Forças Armadas (MFA) liderou a Revolução dos Cravos e contou com o apoio maciço da população, que distribuiu cravos vermelhos aos soldados, transformando a flor em símbolo da revolução e da queda do salazarismo.

Soldados após a Revolução dos Cravos. Lisboa (Portugal), 1974.

Na Espanha, o franquismo

Entre 1936 e 1939, uma sangrenta guerra civil matou aproximadamente um milhão de pessoas na Espanha e implantou no país uma ditadura fascista.

As origens do conflito remontam ao processo de transformações provocadas pela industrialização espanhola nas primeiras décadas do século XX, quando se formou uma burguesia liberal que ansiava controlar o governo, até então de regime monárquico. Com a crescente pressão social pela modernização da estrutura política do país, o rei Alfonso XIII abdicou em 1931. Foi instalada a república, que se caracterizou por conceder autonomia às províncias industrializadas e por criticar o clero, visto como aliado da monarquia. Os conservadores, na oposição, criaram o partido político Falange, que defendia o nacionalismo e um governo autoritário.

Inicialmente, o crescimento da Falange foi contido pela aliança política Frente Popular, formada por setores de esquerda (socialistas, anarquistas e comunistas) e por liberais. Essa Frente venceu as eleições de 1936 com base em um programa de reformas sociais que incluía a reforma agrária, contrariando interesses dos donos de terras.

No entanto, em meados de 1936, tropas ligadas à Falange, lideradas pelo general Francisco Franco, tentaram tomar o poder, dando início à guerra civil. Dividida, a população das principais cidades industriais manteve-se fiel ao governo republicano e democrata, enquanto a oposição, organizada em torno da Falange, reunia militares, latifundiários, grande parte do clero e setores da classe média que temiam a adesão do país a propostas socialistas e comunistas. As tropas governistas receberam ajuda internacional da União Soviética. Já as da Falange contaram com o apoio dos países do Eixo e de Portugal.

Em 1939, o general Franco ocupou Madri, conseguindo derrubar o governo e assumir o poder. Era o fim da guerra civil e o início do regime fascista na Espanha. O franquismo, como ficou conhecido, vigorou até a morte de Franco, em 1975.

O governo autoritário estimulou o anticomunismo e o patriotismo espanhol. Ao mesmo tempo, limitou a liberdade de expressão, perseguiu, prendeu e fuzilou opositores; e estimulou o culto popular ao general Franco, com acentuado apoio da Igreja Católica.

Regine Relang/Ullstein Bild/Getty Images

No plano externo, o regime declarou-se neutro na Segunda Guerra Mundial em razão das dificuldades econômicas que o país atravessava desde a guerra civil, mas se mostrava ideologicamente alinhado aos países do Eixo; em 1941, enviou soldados para apoiar a ocupação da URSS pelo exército alemão.

Com a derrota do nazifascismo na Segunda Guerra, a Espanha franquista viveu um período de isolamento, rompido em meados da década de 1950 com a reaproximação dos Estados Unidos e a respectiva ajuda financeira em troca do apoio espanhol ao anticomunismo, prática que orientava a política externa estadunidense da época.

A transição democrática na Espanha ocorreu após a morte de Franco, quando o rei Juan Carlos, da antiga família real espanhola, assumiu o poder e o país adotou a monarquia parlamentarista como regime político.

Mulheres da Falange marcham com bandeiras. Madrid (Espanha), 1940.

Guernica, uma obra de arte contra o fascismo

A *Guernica* é um painel de grandes dimensões, pintado pelo espanhol Pablo Picasso, considerado uma obra-prima da arte moderna.

A obra foi criada logo após o bombardeio aéreo à aldeia espanhola Guernica, em 1937, durante a guerra civil que assolou o país. O ataque foi feito pela aviação alemã, aliada ao governo do general Franco, como teste de novos armamentos nazistas.

Ela é uma das mais significativas representações artísticas da dor e destruição causadas pela guerra e se tornou símbolo da luta pela liberdade contra regimes autoritários.

Observe-a com atenção:

Ruínas da aldeia de Guernica (Espanha), após bombardeio, 1937.

Pablo Picasso. *Guernica*, 1937. Óleo sobre tela, 3,49 m × 7,76 m.

Em 1939, a obra seguiu para os Estados Unidos e lá permaneceu até 1981. Atualmente, encontra-se em uma sala exclusiva do Museu Nacional Centro de Arte Rainha Sofia, em Madri, Espanha, a pedido de Picasso, que exigiu que ela retornasse a seu país.

Leia, a seguir, uma interpretação da obra.

[...] O painel encontra-se dominado no alto pela luz de um olho-lâmpada – símbolo da mortífera tecnologia – seguida de duas figuras de animais. No centro um cavalo apavorado, em disparada, representa as forças irracionais da destruição. À direita dele, impassível, um perfil picassiano de um touro imóvel. Talvez seja símbolo da Espanha em guerra civil, impotente perante a destruição que a envolvia. Logo abaixo do touro, encontramos uma mãe com o filho morto no colo. Ela clama aos céus por uma intervenção. Trata-se da moderna *pietá* de Picasso. [...]

Voltaire Schilling. *Guernica*: a arte e o terror. Disponível em: <http://educaterra.terra.com.br/voltaire/mundo/guernica_eta.htm>. Acesso em: abr. 2018.

1. Que elementos representados na obra chamaram mais sua atenção? Por quê?

2. Com base nas informações sobre o que *Guernica* representa, qual teria sido a intenção de Picasso ao compor a obra somente em tons de preto, cinza e branco?

3. Conta-se que, durante a Segunda Guerra, Picasso foi indagado por um oficial do exército alemão se era ele o autor de *Guernica*. Ele teria respondido: "Não, foram vocês". Muitos acreditam que essa passagem seja apenas uma entre tantas lendas que surgiram em torno do artista. No entanto, a ironia da resposta de Picasso refere-se a um fato, a uma situação real. Que situação foi essa?

Na URSS, o stalinismo

Até o final da Segunda Guerra Mundial em 1945, a União Soviética era a única nação a adotar o socialismo.

Josef Stalin exerceu o mais longo governo socialista até então, de 1924 a 1953, ano de sua morte. Durante os 29 anos em que esteve no poder, tomou medidas para fortalecer o Estado, garantir sua intervenção na economia soviética e consolidar o regime socialista.

O governo stalinista logo se mostrou totalitário. Ele exerceu acentuado controle sobre o Partido Comunista, ao qual pequena parte da população soviética era filiada, criando assim uma elite governante que decidia os destinos do país sem considerar as reivindicações da maioria da sociedade.

Stalin implantou os planos quinquenais (diretrizes econômicas para o país a cada cinco anos) e promoveu investimentos na indústria de base. Determinou a coletivização das propriedades agrícolas e confiscou as pequenas e médias propriedades rurais de seus donos, que resistiram. O governo reagiu condenando-os a trabalhos forçados, o que levou muitos à morte em condições desumanas.

No início da década de 1930, para administrar a distribuição da produção agrícola, o governo obrigou os camponeses soviéticos a entregar cereais ao Estado. A medida sofreu forte oposição, especialmente na Ucrânia, uma das repúblicas soviéticas. Em retaliação, Stalin aumentou a cota de cereais exigida dos ucranianos, o que causou a morte de milhões deles entre 1932 e 1933.

O stalinismo reprimiu os adversários com violência, ordenando prisões, exílios, torturas e execuções de pessoas dos meios políticos, militares e artísticos. Calcula-se que, entre 1936 e 1938, um milhão de pessoas tenham sido atingidas pelo **expurgo** de Stalin.

Foi adotada também uma severa política de discriminação e perseguição aos homossexuais e de anulação de direitos conquistados pelas mulheres na revolução bolchevique.

De maneira semelhante a outros regimes totalitários da época, o stalinismo estimulou o culto a Stalin por meio da propaganda oficial, da construção de grandes monumentos e do uso da arte com fins políticos.

Na Segunda Guerra Mundial (1939-1945), o governo combateu o nazifascismo. A atuação do exército soviético contra as forças militares nazistas foi decisiva para derrotar a Alemanha. O Exército Vermelho da URSS venceu os soldados nazistas que ocuparam seu território e, em abril de 1945, forçou a rendição alemã em Berlim.

Glossário

Expurgo: afastamento ou eliminação de uma coletividade por razões políticas ou doutrinárias.

Ampliar

A revolução dos bichos, de George Orwell (Companhia das Letras).

Nesse romance, que remete ao stalinismo e faz uma crítica aos regimes ditatoriais, os protagonistas são os animais da fazenda de um homem injusto. Um dia, os bichos tomam o poder e implantam novas normas sociais.

O "muro da dor", inaugurado em 2017 na cidade de Moscou, é um memorial em homenagem às vítimas da repressão stalinista.

Japaridze Mikhail/TASS/ZUMA Press/Fotoarena

1 Com relação ao militarismo, que decisões do Tratado de Versalhes foram desrespeitadas por Hitler?

2 No século XX, o Período Entreguerras foi marcado pela ascensão de regimes autoritários em diferentes países: na Itália, o fascismo; na Alemanha, o nazismo; em Portugal, o salazarismo; na Espanha, o franquismo; na União Soviética, o stalinismo.

a) Que semelhanças e diferenças você observa entre esses regimes políticos?

b) Qual desses regimes empreendeu uma forte política antissemita? Descreva-a.

c) Explique as condições que favoreceram o surgimento do fascismo na Itália e do nazismo na Alemanha na década de 1920.

3 Assim se referiu um jornal brasileiro à celebração de uma importante festa cívica em Portugal:

> Na manhã de 25 de abril [de 1974], Lisboa acordou com o barulho dos blindados que entravam na cidade. Os jovens militares, recebidos com entusiasmo pelos lisboetas, colocaram cravos vermelhos nos orifícios de tiros dos fuzis, uma flor de temporada que imediatamente virou símbolo da revolução pacífica.

> Portugal celebra o 40º aniversário do fim da ditadura salazarista. *Correio Braziliense*, 25 abr. 2014. Disponível em: <www.correiobrazilien se.com.br/app/noticia/mundo/2014/04/25/interna_mundo,424665/portugal-celebra-o-40-aniversario-do-fim-da-ditadura-salazarista.shtml>. Acesso em: abr. 2018.

- Identifique o fato histórico citado acima e comente sua importância para Portugal.

4 Observe a imagem ao lado, leia a legenda e responda:

a) A qual contexto político da Espanha os dizeres da faixa que aparece na fotografia se relacionam? Explique.

b) Eles se tornaram realidade? Justifique sua resposta.

Faixa em rua com os dizeres "Não passarão – o fascismo quer conquistar Madri. Madri será a tumba do fascismo". Madri, Espanha, 1937.

5 Em 1924, Stalin chegou ao poder na União Soviética após a morte de Lênin, importante líder da revolução bolchevique de 1917. A principal tarefa assumida por seu governo foi consolidar o socialismo, experiência inédita na história do mundo daquela época. No entanto, para alcançar esse objetivo, Stalin optou pelo uso da força.

a) Destaque duas políticas stalinistas adotadas para consolidar o socialismo na URSS. Analise como elas exemplificam o uso da força por Stalin à frente do Estado.

b) Stalin governou a URSS durante a Segunda Guerra Mundial. Comente o papel soviético no desfecho desse conflito.

6 Por que a crise econômica de 1929 colocou em xeque os princípios do liberalismo econômico e favoreceu a proliferação de ideologias totalitárias?

7 A propaganda de massa desempenhou papel importante na divulgação da ideologia nazifascista à população. Atualmente, as redes sociais têm um grande potencial de conectar pessoas e difundir informações por meio de múltiplas linguagens.

Em sua opinião, como as redes sociais podem ser usadas para disseminar valores democráticos que contestam o autoritarismo? Discuta o assunto com os colegas.

14

Segunda Guerra Mundial

Desde 2011, a Europa vem recebendo um crescente número de imigrantes fugidos de guerras civis na África e na Ásia. Embora envolva uma questão humanitária, em cada país que recebe esses refugiados há uma parcela da população que se diz prejudicada, alegando que a prioridade dos gastos públicos deveria ser para o bem-estar dos cidadãos nativos e que, num mercado de trabalho já estagnado, as vagas ficarão ainda mais escassas. Tal crise migratória coloca o mundo diante de um preocupante aumento da intolerância, da xenofobia e dos movimentos de inspiração nazista e fascista.

Há quase um século, a Europa enfrentava uma situação que, em muitos aspectos, assemelhava-se à atual. O crescimento do nacionalismo extremado e da intolerância contra os estrangeiros haviam aflorado, sobretudo na Alemanha, que se considerava prejudicada pelo Tratado de Versalhes.

Europa: invasão alemã na Áustria e nos Sudetos (1938)

Fonte: Georges Duby. *Atlas histórico mundial.* Barcelona: Larousse, 2011. p. 286.

Alemanha × URSS: confronto adiado

O domínio alemão sobre a Tchecoslováquia ameaçava a União Soviética, que temia ser invadida pelos nazistas. Em 1939, Hitler e Stalin assinaram um pacto de não agressão entre seus países. No entanto, Stalin apenas pretendia ganhar tempo para militarizar a URSS. A indústria bélica soviética se preparou para um possível confronto com o exército nazista, concretizado em 1941.

O autoritarismo se fortalece

Em 1936, formou-se o Eixo Roma-Berlim-Tóquio, que participou da Guerra Civil Espanhola (1936-1939) e consolidou a aliança entre os regimes autoritários e militaristas que se manteria no decorrer da Segunda Guerra Mundial (1939-1945).

Na Europa, o expansionismo alemão iniciara-se em 1938, pressionando a Áustria a se declarar aliada da Alemanha e anexando o território dos Sudetos (na Tchecoslováquia), onde viviam quase três milhões de pessoas de etnia germânica. O objetivo era reunir as nações arianas sob o governo de Hitler, com o pretexto de "libertá-las" da opressão dos governos austríaco e tcheco.

Em setembro de 1938, Alemanha, Itália, Inglaterra e França realizaram a Conferência de Munique, que ratificou a invasão dos Sudetos "para manter a paz".

Os Aliados declaram guerra ao Terceiro Reich

Pelo Tratado de Versalhes, a Polônia obtivera uma saída para o Mar Báltico, em território que até então pertencia à Alemanha, o **corredor polonês**. Em 1939, Hitler invadiu a Polônia sob o pretexto de libertar os alemães que viviam naquele país.

A reação não demorou. O governo polonês pediu auxílio à França e à Inglaterra, que declararam guerra ao Terceiro Reich. Diante disso, a Alemanha bloqueou os acessos que as tropas franco-britânicas poderiam utilizar para socorrer a Polônia.

Dias depois, a União Soviética invadiu a Estônia, a Letônia, a Lituânia, a Romênia e partes da Polônia e da Finlândia na tentativa de evitar a aproximação nazista.

De olho no legado ■■■

Qual é a origem da expressão "corredor polonês"?

Europa: corredor polonês (1919)

DINAMARCA — SUÉCIA — MAR BÁLTICO — LITUÂNIA — CORREDOR POLONÊS — ALEMANHA — POLÔNIA — TCHECOSLOVÁQUIA — ÁUSTRIA — HUNGRIA — ITÁLIA — IUGOSLÁVIA

50° N — 16° L

Alemanha em 1935
Territórios anexados pela Alemanha
Limites da Alemanha em 1939

0 — 119 — 238 km
1 : 11 900 000

© DAE/Alessandro Passos da Costa

Fonte: Georges Duby. *Atlas histórico mundial*. Barcelona: Larousse, 2011. p. 286.

Há expressões usadas atualmente cuja origem está relacionada a fatos históricos. Uma delas é **corredor polonês**.

Você sabe o que significa? É uma prática violenta e eticamente condenável em que pessoas que se julgam mais fortes formam duas fileiras paralelas e obrigam os que consideram mais fracos a passar entre elas sob chutes, empurrões e socos, como demonstração de uma pretensa superioridade física. Evidentemente, o "corredor polonês" é uma forma de agressão física e psicológica cuja prática é inaceitável em qualquer contexto.

Mas de onde vem essa designação? Sua gênese se relaciona com a Primeira Guerra Mundial. Ao fim daquele conflito, o Tratado de Versalhes obrigou a Alemanha a ceder à Polônia uma estreita faixa de terras com acesso ao mar. Formou-se assim um "corredor polonês" que cortava o território alemão, criando uma situação singular para a população dos dois países. O cenário desagradou especialmente os alemães, que se sentiram afrontados com aquele corredor estrangeiro a cortar

o território de seu país. Em 1939, Hitler invadiu a Polônia para retomar o corredor polonês, deflagrando a Segunda Guerra Mundial. Ao fim dela, em 1945, a Polônia recuperou a soberania sobre a área e garantiu seu acesso ao litoral do Mar Báltico.

① Explique por que o "corredor polonês" é uma questão mal resolvida desde a Primeira Guerra Mundial.

Avanço das hostilidades

Hitler e oficiais nazistas posam para fotografia, com a Torre Eiffel ao fundo. Paris, França, 1940.

A partir de 1940, a Força Aérea Alemã (*Luftwaffe*) iniciou bombardeios contra civis atacando progressivamente a Dinamarca, a Noruega, a Holanda e a Bélgica, com o objetivo de atingir a França.

Tropas inglesas e francesas uniram-se para contra-atacar os alemães em território francês. No entanto, foram acuadas às margens do Canal da Mancha e obrigadas a retroceder. Esse episódio ficou conhecido como a Retirada de Dunquerque, quando cerca de 350 mil soldados cruzaram o canal com o auxílio de todos os tipos de embarcações militares e civis.

No mesmo mês, as tropas alemãs ocuparam Paris; a rendição foi assinada em Vichy pelo primeiro-ministro, marechal Pétain, simpatizante de Hitler. A região do sul da França ficou conhecida como a parte "colaboracionista" do nazismo. O restante do país organizou um movimento armado de resistência, liderado pelo general Charles de Gaulle.

Após ocupar a França, Hitler pretendia tomar a Inglaterra. A atuação da Força Aérea Britânica (RAF – *Royal Air Force*) foi fundamental para impedir o avanço hitlerista. Como represália aos ataques alemães a Londres, os ingleses bombardearam Berlim.

💡 **Ampliar**

A lista de Schindler

Estados Unidos, 1993.
Direção: Steven Spielberg, 195 min.

O filme conta a história real de Oskar Schindler, um rico negociante alemão, membro do Partido Nazista, que salvou mais de mil judeus dos campos de concentração.

A Itália apoia a Alemanha

Ao entrar na guerra, a Itália ajudou a derrotar os franceses e tentou impedir o acesso inglês às colônias deles. Para isso, atacou o norte da África, escolhendo o Canal de Suez, no Egito. A Inglaterra reagiu atacando a Líbia e a Etiópia, possessões italianas que precisaram de socorro alemão.

Em outubro de 1940, a Itália invadiu a Grécia. Derrotada, precisou esperar até abril do ano seguinte pelo auxílio alemão, quando a Grécia e a Iugoslávia foram anexadas pela Alemanha.

Alemanha invade a URSS

O próximo passo dos nazistas foi atacar a URSS, o que ocorreu em 22 de junho de 1941. A Alemanha rompeu o pacto de não agressão, cedendo ao impulso imperialista e anticomunista. As tropas soviéticas (conhecidas como Exército Vermelho) não estavam preparadas para enfrentar os alemães.

Incentivados por Stalin, que se recusou a abandonar Moscou, os russos resistiram, o que frustrou os planos de Hitler.

Cartaz de propaganda soviética, c. 1940.

Avanço do Japão e entrada dos Estados Unidos na guerra

Entre 1941 e 1942, o Japão ganhou posições no Oriente, tomando a Indochina dos franceses, a Birmânia dos ingleses e ocupando parte da China. Sua investida mais significativa foi em dezembro de 1941, quando atacou a base norte-americana de Pearl Harbor, no Havaí.

Sentindo-se ameaçados pelas conquistas japonesas no Pacífico, os Estados Unidos entraram na guerra. Essa adesão era esperada: em março do mesmo ano, o presidente estadunidense Roosevelt e o primeiro-ministro inglês Winston Churchill haviam assinado a Carta do Atlântico, um acordo de ajuda mútua.

Os países que formavam o bloco dos Aliados (Estados Unidos, Inglaterra, França e URSS) ajudaram a ampliar ainda mais o **espectro** do conflito, unindo capitalismo e socialismo na luta contra o nazifascismo, representado pelos países do Eixo (Alemanha, Itália e Japão). Prosseguindo na tentativa de conquista da URSS, Hitler atacou a cidade de Stalingrado em 1942, onde seu exército encontrou surpreendente resistência soviética, sofrendo séria derrota.

Glossário

Espectro: ameaça, sombra.
Holocausto: entre os antigos hebreus, sacrifício de determinados animais em que as vítimas eram totalmente queimadas; a expressão também é usada para nomear o massacre dos judeus pelos nazistas na Segunda Guerra Mundial.

O antissemitismo e o Holocausto

Ao mesmo tempo que se impunham militarmente, os nazistas aprofundavam o antissemitismo na Alemanha e nos territórios ocupados. Durante a guerra, o **Holocausto** vitimou milhões de judeus, que foram presos em campos de concentração e exterminados de diferentes formas: passando fome, contraindo doenças, sendo asfixiados em câmaras de gás ou executados por pelotões de fuzilamento. Alguns estudos indicam que o número de mortos no Holocausto pode ter ultrapassado 6 milhões.

A violência praticada contra o povo judeu levou inúmeras famílias de origem judaica a fugir da Europa, migrando para países distantes das zonas de conflito, particularmente Estados Unidos, Argentina e Brasil.

Nos campos de concentração, os judeus eram submetidos a torturas e humilhações. Os mortos eram cremados em imensos fornos construídos com essa finalidade, o que eliminava as evidências do genocídio e dificultava o cálculo do número de vítimas.

Keystone-France/Gamma-Rapho/Getty Images

O extermínio dos judeus foi uma das características mais marcantes da política nazista. Entretanto, outras pessoas consideradas "inferiores", como os negros, os ciganos e os comunistas, também foram perseguidas, presas ou mortas.

Sobreviventes durante liberação do campo de concentração de Auschwitz II - Birkenau. Polônia, 1945.

Declínio do Eixo

O exército inglês desempenhou papel decisivo no controle aliado sobre o norte da África, abrindo caminho para tomar a ilha da Sicília e alcançar a Itália. Enfraquecido e com a popularidade abalada, Mussolini foi deposto em julho de 1943, e a Itália se rendeu em setembro do mesmo ano. Após uma tentativa fracassada de recuperar o poder, o *Duce*, como Mussolini era conhecido, foi julgado sumariamente e executado.

O desafio seguinte dos Aliados era retomar a França ocupada. Para isso, foi elaborado um audacioso plano que previa o desembarque de tropas aliadas na Normandia (norte da França), para surpreender o exército alemão. Cerca de dois meses e meio após esse dia (chamado de "Dia D"), os Aliados conseguiram libertar Paris e avançaram até Berlim, onde o *Führer* havia se refugiado. Em 21 de abril de 1945, o Exército Vermelho iniciou o cerco a Berlim; no final daquele mês, percebendo que a derrota era inevitável, Hitler se suicidou, pondo fim ao Terceiro Reich. As tropas alemãs se renderam no início de maio de 1945.

zoom

A Batalha de Berlim foi decisiva para a derrota nazista. Identifique e comente outra significativa derrota da Alemanha que também contribuiu para sua rendição.

Cerco ao Japão

Consolidada a vitória na Europa, faltava aos Aliados vencer o Japão. Em meados de 1942, a frota naval japonesa foi praticamente destruída na Batalha de Midway. Em 1944, os Estados Unidos ocuparam diversas ilhas do Pacífico e novamente derrotaram a Marinha inimiga na Batalha de Leyte, reafirmando sua superioridade militar.

Diante da derrota, o Japão passou a atacar navios estadunidenses com aviões cheios de explosivos dirigidos por pilotos suicidas, conhecidos como *kamikazes*. Embora tenham causado grande prejuízo, não conseguiram evitar a ocupação das ilhas de Iwo Jima e Okinawa no início de 1945, o que prenunciava o cerco definitivo a Tóquio.

No mesmo ano, a recusa japonesa em aceitar a rendição foi usada como justificativa pelo governo estadunidense para lançar a bomba atômica nas cidades de Hiroshima (6 de agosto) e Nagasaki (9 de agosto). O resultado, como definido pelo presidente Truman, foi brutal: quase 200 mil pessoas morreram instantaneamente e milhares de sobreviventes sofreram graves **sequelas** como mutilações, queimaduras, mutações genéticas e diversos tipos de câncer.

Glossário

Sequela: resultado, consequência, continuação.

Muitos analistas políticos consideram que o ataque atômico norte-americano foi desnecessário, visto que a rendição japonesa era dada como certa. Para eles, os Estados Unidos teriam optado por lançar as bombas sobre o Japão para demonstrar seu poderio militar, político e econômico. Além disso, desejavam vingar o ataque japonês à base estadunidense de Pearl Harbor.

A União Soviética aproveitou-se da vulnerabilidade japonesa após o bombardeio e invadiu a Manchúria, a Coreia e algumas ilhas do Pacífico, aumentando sua influência na região.

Derrotado moralmente, diante das imensas perdas humanas, e economicamente, por causa da perda de territórios, o Japão assinou a rendição em 2 de setembro de 1945, pondo fim à Segunda Guerra Mundial.

Arquivos Nacionais e Administração de Documentos, Washington

Explosão da bomba atômica de Nagasaki. Japão, 1945.

A nuvem de poeira levantada pela explosão da bomba atômica em Nagasaki. O formato de cogumelo pôde ser visto a muitos quilômetros de distância.

1 Durante os combates da Segunda Guerra Mundial, duas alianças político-militares se enfrentaram: os países do Eixo, organizados em torno do nazifascismo, e os Aliados, que reuniram nações democráticas associadas ao regime autoritário stalinista. Até 1942, o Eixo parecia estar ganhando a guerra. O que alterou o rumo dos acontecimentos a partir desse momento?

2 A Segunda Guerra Mundial foi tema de muitos filmes, com narrativas de tendências variadas. Diferentes diretores criaram épicos e dramas sobre o conflito, difundindo as respectivas interpretações dos acontecimentos. Sob orientação do professor, reúna-se com os colegas e, juntos, façam um levantamento de filmes sobre o tema e suas respectivas sinopses. Escolham um para assistir. Em seguida, analisem o filme focando nas relações entre a obra e a história da Segunda Guerra e discutam: Que aspectos do conflito foram abordados? Qual é a visão do diretor do filme a respeito do assunto? Vocês concordam com essa perspectiva? Por quê?

3 Leia, a seguir, o documento *Carta do Atlântico*, acordo assinado pelos representantes dos Estados Unidos e do Reino Unido em 1941.

> Declaração Conjunta do Presidente dos Estados Unidos da América e do Primeiro-Ministro de Sua Majestade do Reino Unido.
>
> Tendo-se reunido, acordam ser necessário dar a conhecer certos princípios comuns na política nacional de seus respectivos países, princípios esses nos quais eles firmam suas esperanças de um melhor futuro para o mundo:
>
> 1. Seus países não procurarão nenhum aumento territorial ou outro qualquer.
>
> 2. Esperam não assistir a nenhuma modificação territorial que não esteja de acordo com a livre e expressa vontade dos povos interessados.
>
> 3. Respeitam o direito que assiste a todos os povos de escolherem a forma de governo sob a qual queiram viver; e querem ver os supremos direitos e autonomia restituídos àqueles povos que deles foram violentamente despojados.

> 4. Procurarão, com devido respeito às suas atuais obrigações, favorecer, em iguais condições, a todas as nações, grandes e pequenas, vencedoras ou vencidas, o acesso ao comércio e às matérias-primas necessárias à prosperidade econômica das referidas nações.
>
> 5. Desejam promover a máxima colaboração entre todas as nações no campo econômico, com objetivo de segurança para todos, melhoria das condições de trabalho, prosperidade econômica e segurança social.
>
> 6. Depois da destruição total da tirania nazista, esperam ver estabelecida uma paz que dará a todas as nações meios de permanecerem em segurança dentro das próprias fronteiras e, a todos os homens, em todos os países, a garantia de poderem viver suas próprias vidas, livres do temor e da privação.
>
> 7. Tal passo permitirá a todos os homens atravessarem os altos mares e os oceanos, sem entraves.
>
> 8. Creem que todas as nações do mundo, tanto por motivos materiais como espirituais, devem chegar à supressão do uso da força. Já que nenhuma paz futura poderá ser mantida se os armamentos de terra, mar e ar continuarem a ser empregados pelas nações que ameaçam ou passam a ameaçar de agressão fora de suas fronteiras, creem que, para o estabelecimento de um mais amplo e permanente sistema de segurança geral, o desarmamento de tais nações é essencial. Eles também ajudarão e estimularão quaisquer outras medidas práticas visando a mitigar, nos povos amantes da paz, o esmagador encargo dos armamentos.

W. S. Churchill. The Second World War. Londres: Casel and Co., 1959. p. 477-478. In: Kátia M. Queirós Mattoso (Org.). *Textos e documentos para o estudo da História Contemporânea (1789-1963)*. São Paulo: Hucitec; Edusp, 1977. p.180-181.

a) Após a leitura, mobilize conhecimentos para identificar em que momento da Segunda Guerra Mundial esse acordo foi assinado.

b) Releia o início deste capítulo e responda: Que princípio da *Carta do Atlântico* seria válido nos dias atuais? Por quê?

c) O texto do documento é bastante amplo na enumeração dos 8 princípios e é fundamentado em argumentos universais e inquestionáveis de respeito aos direitos humanos, à paz e à soberania nacional. No entanto, sem mencionar o nome de nenhuma nação, o texto do documento deixa claro qual era o principal inimigo naquele momento. Que inimigo era esse? Explique sua resposta.

15 Novas fronteiras do Pós-guerra

Protesto pela independência da Catalunha, Espanha, 2017.

Atualmente, diversos países da União Europeia enfrentam movimentos separatistas, nos quais determinadas comunidades étnicas reivindicam emancipação política. Alguns já conquistaram diferentes graus de autonomia, mas reivindicam maior controle de seus recursos econômicos.

Como exemplos, temos os referendos sobre a independência da Escócia em relação ao Reino Unido, ocorrido em 2014, em que venceu o "não" com cerca de 55% dos votos, e sobre a saída britânica da União Europeia (*Brexit*), aprovado em 2016. A população da Catalunha também tem protestado por sua independência, possibilidade que o governo espanhol não aceita.

A reconstrução da Europa

Assim como atualmente, o fim da Segunda Guerra trouxe à tona, na Europa, muitas questões nacionalistas, em razão das novas configurações territoriais. Além disso, o Pós-guerra foi o período de contabilizar as imensas perdas humanas e materiais ocorridas entre 1939 e 1945.

Os governos dos países europeus, arrasados social e economicamente, enfrentavam grandes dificuldades de reconstrução e temiam o avanço do socialismo. O governo dos Estados Unidos saiu fortalecido, principalmente sob os aspectos econômico e militar. A União Soviética, apesar dos prejuízos, garantiu posições no Pacífico e consolidou sua liderança na Europa Oriental, livrando muitos países da dominação nazista.

A paz foi articulada numa sucessão de negociações. Quando já anteviam a derrota alemã, entre 4 e 11 de fevereiro de 1945, os representantes da Inglaterra (Churchill), União Soviética (Stalin) e Estados Unidos (Roosevelt) reuniram-se na Conferência de Yalta, cidade no sul da Rússia. Nessa oportunidade, foram definidas as condições de rendição da Alemanha e as respectivas zonas de influência da União Soviética e dos países capitalistas.

Outro encontro significativo foi a Conferência de São Francisco, quando representantes de 50 países criaram a Organização das Nações Unidas (ONU), instituição que contempla órgãos como a Organização das Nações Unidas para a Educação, a Ciência e a Cultura (Unesco), o Fundo das Nações Unidas para a Infância (Unicef), a Organização Mundial da Saúde (OMS), a Organização Internacional do Trabalho (OIT) e o Fundo Monetário Internacional (FMI), e outros organismos internacionais destinados a diversos tipos de auxílio mútuo.

O Tribunal de Nuremberg, cidade em que ocorreram muitas paradas militares do *Führer*, foi criado para julgar os crimes de guerra cometidos pelos nazistas. Muitos deles fugiram para outros países, principalmente os da América do Sul, assumindo falsa identidade e recebendo proteção de autoridades simpatizantes do nazifascismo.

Conviver ■■■

Para superar o fascismo

O fascismo recebeu seu nome na Itália, mas Mussolini não estava sozinho. Diversos movimentos semelhantes surgiram no pós-guerra com a mesma receita que unia **voluntarismo**, pouca reflexão e violência contra seus inimigos. Hoje, parece que há consenso de que existe(m) fascismo(s) para além do fenômeno italiano [...].

Hoje, os neofascistas se contentam em disseminar o ódio contra o que existe para conquistar o poder e/ou impor suas concepções de mundo [...].

O fascismo possui inegavelmente uma ideologia: uma ideologia de negação. Nega-se tudo (as diferenças, as qualidades dos opositores, as conquistas históricas, as lutas de classes etc.), principalmente o conhecimento e, em consequência, o diálogo capaz de superar a ausência de saber. [...]

O fascismo e as práticas fascistas aparecem para os seus adeptos como consequências necessárias do Estado ou da vida em sociedade, dessa relação entre homens que dominam outros homens através do recurso à violência. [...]

O recurso a crenças irracionais ou antirracionais, a criação de inimigos imaginários (a transformação do "diferente" em inimigo), a confusão entre acusação e julgamento [...] são sintomas do fascismo que poderiam ser superados se o sujeito estivesse aberto ao saber, ao diálogo que revela diversos saberes. [...]

Diante dos riscos do fascismo, o desafio é confrontar o fascista com aquilo que para ele é insuportável: o outro. O instrumento? O diálogo, na melhor tradição filosófica atribuída a Sócrates.

> Marcia Tiburi. *Como conversar com um fascista.* Rio de Janeiro: Record, 2016. p. 12-14.

> **Glossário**
>
> **Voluntarismo:** doutrina filosófica que privilegia a vontade em relação ao entendimento.

Manifestantes pedindo a intervenção militar. Rio de Janeiro (RJ), 2016.

Celso Pupo/Fotoarena

Reúna-se em grupo para realizar as atividades a seguir.

1. Com base na leitura e no entendimento do texto, discuta: Quais riscos a reedição do fascismo representa à vida em coletividade atualmente?

2. Que proposta o texto apresenta para combater o fascismo? Qual sua importância para evitar a violência e a desagregação da sociedade?

3. Um dos recursos do fascismo é transformar o "diferente" em inimigo. Por que isso pode gerar situações de violência?

4. Partindo do princípio de que a vida em sociedade pressupõe o respeito a todos para a construção da convivência pautada na cultura de paz, criem um vídeo cuja mensagem seja a de valorização e respeito à diversidade nas relações cotidianas. Na data combinada com o professor, apresentem o vídeo à turma.

Duas Alemanhas

Ainda no ano de 1945, realizou-se na Alemanha a Conferência de Potsdam, cujo objetivo era traçar planos para acabar com o nazismo. Naquela oportunidade, Truman (EUA), Churchill (Inglaterra) e Stalin (URSS) definiram as imposições dos Aliados à Alemanha:

- perda de territórios e desmilitarização;
- pagamento de indenizações de guerra (entrega de máquinas, equipamentos e navios mercantes);
- divisão do território alemão – e da cidade de Berlim – em quatro zonas de influência, cada uma administrada por EUA, Inglaterra, França e URSS.

A cidade de Berlim, que até então tinha sido a capital do país, também foi dividida entre os vencedores da guerra, o que provocou uma situação inusitada. Embora geograficamente se localizasse no território pertencente à União Soviética (Alemanha Oriental), parte da cidade ficava sob os domínios administrativos norte-americano, inglês e francês, ou seja, estava vinculada à Alemanha Ocidental.

Berlim: divisão após 1945

Fonte: Geoffrey Barraclough. *Atlas da história do mundo*. São Paulo: Folha de S.Paulo, 1995. p. 271.

Entre 1948 e 1949, os países capitalistas decidiram reunir suas zonas de influência na Alemanha em uma única administração, fortalecendo-se perante os soviéticos. Em resposta, o governo socialista decretou o bloqueio das estradas de ferro e de rodagem que ligavam Berlim Oriental à zona de influência capitalista. O envio de alimentos dos países capitalistas para Berlim Ocidental foi interrompido, bem como o fornecimento de energia elétrica. O objetivo soviético era forçar o fim da zona de influência capitalista sobre a Alemanha, sob risco de os berlinenses ocidentais padecerem de fome e frio. Os Aliados quebraram o bloqueio terrestre abastecendo a cidade durante 11 meses por ponte aérea.

O jogo de forças protagonizado pelos Aliados e pela URSS consolidou a divisão da Alemanha e de Berlim. Em 1949, essa divisão ocasionou a formação de duas Alemanhas: a República Democrática Alemã (RDA ou Alemanha Oriental, de regime socialista, com capital em Berlim) e a República Federal Alemã (RFA ou Alemanha Ocidental, de regime capitalista, com capital em Bonn).

Carregamento de leite em um avião que partiria de Frankfurt para Berlim Ocidental, Alemanha, 1948.

A força aérea dos EUA entregou milhares de toneladas de alimentos e de carvão aos berlinenses do lado ocidental, rompendo o bloqueio terrestre soviético.

Os Estados Unidos na reconstrução da Europa e do Japão

Após 1945, os Estados Unidos exerceram papel preponderante na desmilitarização do Japão ao intervir no governo e controlar a produção, as exportações e as importações japonesas. Temerosos da expansão socialista no Oriente, iniciaram por lá uma política de reaproximação, passando a financiar empreendimentos e a abrir filiais de empresas norte-americanas.

A partir de 1947, também interessados em evitar o avanço do socialismo no Ocidente, os Estados Unidos incrementaram sua participação na reconstrução europeia por meio do Plano Marshall – conjunto de medidas criadas pelo secretário de Estado norte-americano, George Marshall. Inglaterra, França, Itália e Alemanha Ocidental receberam recursos para obras públicas e para compra de maquinários, alimentos e matérias-primas, o que contribuiu para consolidar a hegemonia econômica e política dos Estados Unidos sobre os países capitalistas.

URSS anexa territórios

A União Soviética firmou-se como potência na Europa Oriental, articulando a implantação do socialismo na Polônia, Tchecoslováquia, Hungria, Romênia, Bulgária e Albânia, além da Alemanha Oriental. Na Iugoslávia (formada pelas repúblicas da Eslovênia, Croácia, Macedônia, Montenegro, Bósnia-Herzegovina e Sérvia) instituiu-se, sob liderança de Josef Broz Tito, um governo socialista independente de Stalin. A União Soviética teve êxito na anexação da Letônia, da Estônia, da Lituânia e do leste da Polônia. A partir de 1949, exerceu influência direta sobre as revoluções socialistas em alguns países da Ásia, da África e da América Latina.

Capitalismo × socialismo

zoom

Após a Segunda Guerra Mundial, os países europeus ficaram divididos em dois blocos: um de influência socialista, liderado pela União Soviética, e outro de influência capitalista, liderado pelos Estados Unidos. Os países do Leste Europeu se posicionaram na linha divisória. Por que a divisão foi feita dessa forma?

O complexo processo de negociações pós-guerra evidenciou a rivalidade política e ideológica entre os Estados Unidos e a União Soviética. Suas divergências, que haviam sido temporariamente deixadas de lado entre 1939 e 1945, novamente vieram à tona, agravando-se no início da década de 1950, quando a maioria dos países capitalistas e socialistas se encontrava em fase de retomada econômica.

Delineava-se outro tipo de enfrentamento entre capitalismo e socialismo, num conflito conhecido como Guerra Fria, que se prolongou de 1947 até a dissolução da União Soviética, em 1991.

Fine Art Images/Album/Fotoarena

Leslie Gilbert Illingworth. "Crise dos mísseis cubanos". Charge publicada no *Daily Post*, out. 1962.

A Declaração Universal dos Direitos Humanos foi elaborada após os horrores da Segunda Guerra Mundial – milhões de mortes, atrocidades contra populações civis e minorias étnicas, além do alto poder destrutivo da tecnologia bélica. Desde então, esse documento constitui a principal referência contra qualquer tipo de discriminação.

Forme dupla com um colega, leiam o trecho desse documento a seguir e façam o que se pede. Se necessário, solucionem eventuais dúvidas de vocabulário com o auxílio de um dicionário.

Declaração Universal dos Direitos Humanos

Adotada e proclamada pela Assembleia Geral das Nações Unidas (resolução 217 A III) em 10 de dezembro de 1948. [...]

Agora portanto a Assembleia Geral proclama a presente Declaração Universal dos Direitos Humanos como o ideal comum a ser atingido por todos os povos e todas as nações, com o objetivo de que cada indivíduo e cada órgão da sociedade, tendo sempre em mente esta Declaração, esforce-se, por meio do ensino e da educação, por promover o respeito a esses direitos e liberdades, e pela adoção de medidas progressivas de caráter nacional e internacional, por assegurar o seu reconhecimento e a sua observância universais e efetivos, tanto entre os povos dos próprios Países-Membros quanto entre os povos dos territórios sob sua jurisdição.

Artigo 1. Todos os seres humanos nascem livres e iguais em dignidade e direitos. São dotados de razão e consciência e devem agir em relação uns aos outros com espírito de fraternidade. [...]

Artigo 4. Ninguém será mantido em escravidão ou servidão; a escravidão e o tráfico de escravos serão proibidos em todas as suas formas.

Artigo 5. Ninguém será submetido à tortura, nem a tratamento ou castigo cruel, desumano ou degradante. [...]

Artigo 22. Todo ser humano, como membro da sociedade, tem direito à segurança social, à realização pelo esforço nacional, pela cooperação internacional e de acordo com a organização e recursos de cada Estado, dos direitos econômicos, sociais e culturais indispensáveis à sua dignidade e ao livre desenvolvimento da sua personalidade. [...]

Artigo 261. Todo ser humano tem direito à instrução. A instrução será gratuita, pelo menos nos graus elementares e fundamentais. A instrução elementar será obrigatória. A instrução técnico-profissional será acessível a todos, bem como a instrução superior, esta baseada no mérito. [...]

Unicef Brasil. Disponível em: <www.unicef.org/brazil/pt/resources_10133.htm>. Acesso em: 7 jul. 2018.

Ampliar

ONU
https://nacoesunidas.org/direitoshumanos/
Site da ONU no Brasil com informações sobre programas relacionados aos direitos humanos.

Nações Unidas 2018

Logotipo universal dos direitos humanos.

1. Em sua opinião, os direitos mencionados acima foram plenamente conquistados pela totalidade da sociedade brasileira? Por quê?

2. Qual é a importância desse documento no contexto atual?

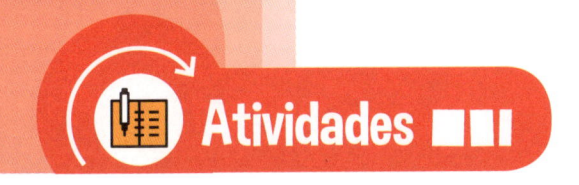

1 A partir de 1945, quando a derrota da Alemanha parecia certa, três acontecimentos marcaram significativamente os rumos da Segunda Guerra: a Conferência de Yalta, realizada em fevereiro de 1945, antes do fim da guerra; a Conferência de São Francisco, realizada entre abril e junho do mesmo ano; e a criação do Tribunal de Nuremberg, em novembro de 1945, após o fim da guerra. Explique a importância histórica de cada um desses acontecimentos.

2 A Carta da Organização das Nações Unidas, assinada em 1945, em seu artigo 23º, menciona:

> O Conselho de Segurança será composto de quinze Membros das Nações Unidas. A República da China, a França, a União das Repúblicas Socialistas Soviéticas, o Reino Unido da Grã-Bretanha e Irlanda do Norte e os Estados Unidos da América serão membros permanentes do Conselho de Segurança. A Assembleia Geral elegerá dez outros Membros das Nações Unidas para Membros não permanentes do Conselho de Segurança, tendo especialmente em vista, em primeiro lugar, a contribuição dos Membros das Nações Unidas para a manutenção da paz e da segurança internacionais e para os outros propósitos da Organização e também a distribuição geográfica equitativa.

Carta da ONU. Disponível em: <https://nacoesunidas.org/docs/carta_da_onu.pdf>. Acesso em: maio 2018.

Desde então, a composição do Conselho de Segurança, um dos principais órgãos da ONU, não se alterou. Atualmente, os membros permanentes são: China, França, Rússia, Reino Unido e Estados Unidos. Essa continuidade tem sido bastante criticada por representantes dos países membros não permanentes do Conselho, bem como por especialistas em relações internacionais.

a) Elabore uma hipótese para explicar por que a maioria dos membros permanentes do Conselho de Segurança da ONU são países vencedores da Segunda Guerra Mundial.

b) Explique por que a continuidade dos membros permanentes do Conselho de Segurança da ONU tem sido criticada.

3 A divisão da Alemanha e, particularmente, de Berlim em duas zonas de influência foi uma das situações mais emblemáticas da Segunda Guerra Mundial. Explique por quê.

4 Explique o que foi o Plano Marshall e o contexto em que ele foi colocado em prática.

5 Quais foram as principais estratégias adotadas pela URSS no sentido de se estabelecer como potência hegemônica na Europa Oriental?

6 O jornalista e escritor carioca Sérgio Porto, que utilizava o pseudônimo Stanislaw Ponte Preta, tornou-se conhecido e famoso por seu estilo irônico e irreverente. Na época da Guerra Fria, uma de suas frases tornou-se célebre:

> Capitalismo é a exploração do homem pelo homem. O Socialismo é o contrário.

Francisco Quinteiro Pires. Sérgio Porto, o retrato do presente. *O Estado de S. Paulo*, 16 set. 2008. Disponível em: <https://cultura.estadao.com.br/noticias/artes,sergio-porto-o-retrato-do-presente,242480>. Acesso em: jun. 2018.

• Aplique seus conhecimentos para explicar a ironia expressa por ele nessa frase.

O escritor e jornalista Sérgio Porto (Stanislaw Ponte Preta), 1972.

Douglas Ferreira da Silva/O Cruzeiro/EM/D.A Press

Totalitarismo

- Ultranacionalismo
- Militarismo
- Autoritarismo
- Culto ao líder
- Estado forte
- Intervencionismo do Estado
- Antiliberalismo
- Anticomunismo

Acordos
- Pacto de não agressão
- Conferência de Munique

Autoritarismo

Itália
- Benito Mussolini
- Camisas Negras
- Marcha sobre Roma
- Tratado de Latrão

Alemanha
- Adolf Hitler
- Partido Nazista
- Antissemitismo
- Campos de concentração
- Tropas de Assalto (SA-SS)
- Superioridade racial

URSS
- Joseph Stalin
- Partido Comunista
- Planos quinquenais
- Expurgos
- Repressão

Espanha
- Francisco Franco
- Partido político Falange
- Guerra Civil
- Neutralidade em guerra

Portugal
- Antônio Salazar
- Estado Novo
- Defesa cristã
- Neutralidade em guerra
- Revolução dos Cravos

A guerra

- Invasão da Polônia
- Luftwaffe
- Ocupação de Paris
- Holocausto
- Invasão da URSS
- Pearl Harbor
- Conquistas japonesas no Pacífico
- *Kamikazes*
- Carta do Atlântico
- Dia D
- Cerco a Berlim
- Bombas atômicas

Pós-guerra

- Guerra Fria
- Zonas de influência
- ONU
- Tribunal de Nuremberg
- Conferência de Potsdam
- Divisão de Berlim
- Plano Marshall

Retomar

no caderno

1 Sabendo que o regime nazista era anticomunista, como podemos explicar o pacto de não agressão assinado entre a Alemanha e a União Soviética em 1939?

2 Pesquise e responda: Além da luta contra a ocupação nazista na Segunda Guerra, em que outra situação histórica os russos abandonaram suas localidades e destruíram tudo o que pudesse ser útil ao inimigo?

3 De acordo com os historiadores, a Segunda Guerra Mundial foi reflexo de questões internacionais pendentes desde a Primeira Guerra Mundial. Que argumentos contribuem para esse ponto de vista?

4 Sobre o lançamento das bombas atômicas em Hiroshima e Nagasaki, contraponha os argumentos do governo estadunidense da época aos de alguns analistas que afirmam que elas não eram necessárias para derrotar o Japão.

5 Em linhas gerais, como as fronteiras geopolíticas foram reorganizadas após a Segunda Guerra Mundial?

6 O trecho a seguir foi extraído de um discurso de Stalin logo após a invasão de Moscou pelas tropas nazistas.

> O inimigo é cruel e implacável. Pretende tomar nossas terras regadas com o suor de nossos rostos, tomar nosso cereal, nosso petróleo, obtidos com o trabalho de nossas mãos. Pretende restaurar o domínio dos latifundiários, restaurar o czarismo... germanizar os povos da União Soviética e torná-los escravos de príncipes e barões alemães... Por isso, o povo deve abandonar toda a benevolência... [...] Ao inimigo não se deve deixar um único motor, um único vagão de trem, um único quilo de cereal ou galão de combustível... Todos os artigos de valor, inclusive metais, cereal e combustível que não puderem ser retirados, devem ser destruídos sem falta [...].

> Antonio Pedro. *A Segunda Guerra Mundial*. 10. ed. São Paulo: Atual, 1994. p. 32-33.

a) Segundo Stalin, qual era o objetivo dos nazistas ao invadir a URSS?

b) Que orientação Stalin deu ao povo em relação aos invasores?

c) Identifique no texto o trecho em que Stalin afirma que os nazistas querem se apoderar do que os trabalhadores produzem.

7 Com base no texto abaixo, faça as atividades a seguir.

> Durante a Segunda Guerra Mundial, entre os anos de 1939 e 1942, os alemães estabeleceram guetos principalmente no Leste Europeu e, em 1944, na Hungria. Um bairro de uma determinada cidade, onde havia concentração judaica, era cercado e transformado em gueto. Neles, os alemães prenderam e forçaram a população israelita a viver em condições miseráveis. Os nazistas consideravam o estabelecimento de guetos como uma medida provisória para controlar, isolar e segregar os judeus. A partir de 1942, assim que os alemães decidiram exterminar os judeus, eles passaram a destruir sistematicamente os guetos, deportando os judeus que lá viviam para os campos de extermínio, onde foram mortos.

> Enciclopédia do Holocausto: principais guetos na Europa ocupada. *United States Holocaust Memorial Museum*. Disponível em: <www.ushmm.org/outreach/ptbr/media_nm.php?ModuleId=10007708&MediaId=269>. Acesso em: abr. 2018.

a) No contexto da Segunda Guerra, o que foram os guetos e com que objetivo foram formados?

b) Explique o que foi o Holocausto da população judaica promovido pelo nazismo.

8 As décadas de 1920 e 1930 foram marcadas pela ascensão de regimes totalitários. As ditaduras desrespeitaram direitos humanos e civis, e usaram discurso nacionalista, propaganda oficial, censura, violência e militarismo como meios de se manter no poder. Os resultados dessas ações políticas foram dramáticos.

E nós, gerações do presente, valorizamos a democracia no contexto em que vivemos? Buscamos aperfeiçoá-la? Sabemos conviver com a pluralidade de opiniões? Respeitamos as diferenças e os direitos das minorias? Defendemos a justiça social? Em grupo, discuta e dê exemplos do cotidiano sobre essas questões.

9 Yoshio Sato sobreviveu à explosão nuclear ocorrida na cidade de Hiroshima em 6 de agosto de 1945. Nessa fotografia, Sato mostra um de seus desenhos, que representa uma cena vivenciada por ele após o bombardeio atômico: pessoas com braços queimados e com a pele descolando dos dedos das mãos.

No texto abaixo, Sato descreve cenas daquela tragédia.

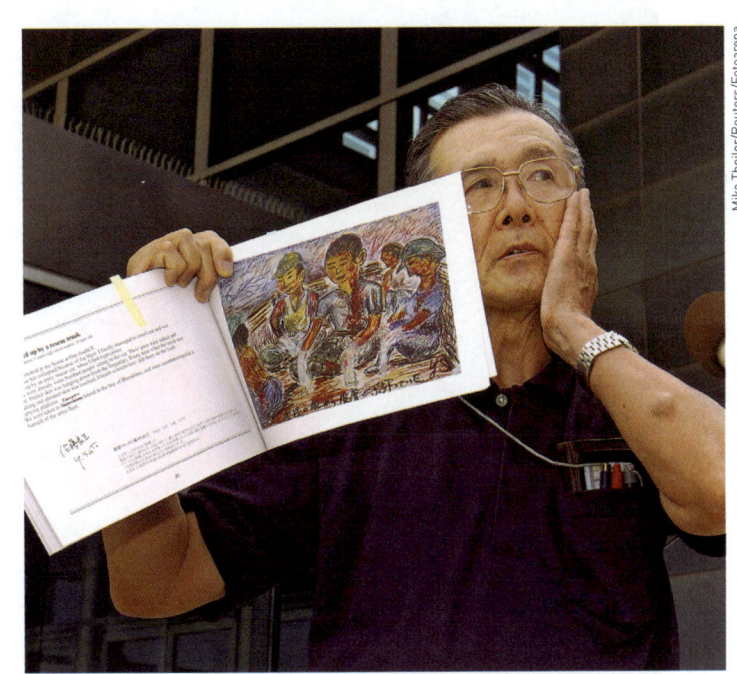

Mike Theiler/Reuters/Fotoarena

Yoshio Sato, após visitar a exposição *Enola Gay*, no Museu Aeroespacial do Instituto Smithsoniano, em Washington, Estados Unidos, 2006.

Quase nenhum remédio estava disponível para tratar queimaduras e feridas. Um menino, deitado próximo a nós, tinha sido queimado e estava com muitas bolhas no rosto. Vermes cobriam suas bochechas e orelhas. Ele estava prestes a perder sua visão. Entretanto, ele não recebeu nenhum tratamento. Uma jovem mãe, completamente nua, deitada, segurava um bebê já morto nos braços. Ela tirava qualquer roupa que alguém tentasse colocar nela. Ela parecia ter enlouquecido devido ao choque da bomba e da morte do seu bebê.

Yoshio Sato. *Family reunited*. Tradução das autoras. Disponível em: <http://voiceseducation.org/category/tag/yoshio-sato>. Acesso em: maio 2018.

a) Em sua opinião, que sentimentos do autor estão expressos no desenho e no texto?

b) As cenas representadas no desenho e registradas no texto mostram vivências e sentimentos provocados pelo horror dos bombardeios e ajudam a construir a memória coletiva desses episódios. Crie uma mensagem de paz inspirada nessas obras e no contexto em que foram feitas.

10 A Organização das Nações Unidas (ONU) foi criada em 1945. Entre no *site* da ONU no Brasil (<http://www.onu.org.br/>), explore-o e depois responda:

a) Atualmente, quais são as principais ações da ONU?

b) Qual *link* do *site* da ONU mais despertou seu interesse? Explique por quê.

c) Qual(is) artigo(s) da Declaração Universal dos Direitos Humanos você considera essencial(is) na sua vida e no seu relacionamento com as pessoas?

d) Você sabe se a ONU tem poder para exigir que algum país obedeça alguma de suas determinações? Justifique sua resposta.

11 Atualmente, as torcidas organizadas preocupam as autoridades pela violência com que alguns de seus membros se comportam em dias de jogos clássicos. Há pesquisadores que classificam tais comportamentos como típicos dos fascistas e dos nazistas. Por quê?

UNIDADE 5

Sean Gallup/Getty Images

Antever

Na segunda metade do século XX, o mundo foi marcado pela Guerra Fria, que se caracterizou pelo conflito ideológico entre o capitalismo e o socialismo protagonizado, respectivamente, pelos Estados Unidos e pela União Soviética.

Por mais de 40 anos, pessoas de diferentes gerações ao redor do mundo cresceram e viveram sob o temor de um eventual confronto direto entre EUA e URSS, dado o poder de destruição de seus armamentos, especialmente os nucleares.

De que formas esse conflito ideológico se manifestou? Quais foram seus desdobramentos em relação à geopolítica mundial?

Por que o fim da Segunda Guerra Mundial e a derrota do nazifascismo não representaram a efetiva paz mundial? Quais são as principais características da Guerra Fria? Que relações há entre Guerra Fria, corrida armamentista e corrida espacial? Em que medida a Guerra Fria produziu muros físicos e simbólicos a separar as nações?

Celebração do 25º aniversário da queda do Muro de Berlim. Berlim, Alemanha, 2014.

Geopolítica bipolar

Guerra Fria

Arionauro. *Guerra Fria*. Publicado em: 4 jan. 2018. Disponível em: ‹www.arionaurocartuns.com.br/2018/01/charge-guerra-fria.html›. Acesso em: jul. 2018.

Estados Unidos, representados por uma águia, e União Soviética, por um urso-pardo, disputam o domínio do mundo durante a Guerra Fria. Ambos têm línguas de míssil, em alusão à corrida armamentista.

Em 2017, Estados Unidos e Coreia do Norte ameaçaram se confrontar usando armas nucleares e, com isso, deflagrar um conflito com potencial de destruição em massa. Um eventual enfrentamento militar entre eles poderia gerar ainda adesão de países aliados.

O cenário fez as gerações mais velhas lembrarem-se dos tempos da chamada Guerra Fria, entre 1947 e 1991. Naquele período, o mundo viveu sob o risco de um confronto militar entre EUA e URSS, países que passaram a deter considerável arsenal nuclear e que buscavam impor sua hegemonia política e econômica aos demais países.

 **Ampliar**

Guerra Fria, de José Arbex Jr (Moderna).

O livro aborda aspectos políticos, culturais e econômicos da Guerra Fria.

Heranças da Segunda Guerra Mundial

Com o fim da Segunda Guerra Mundial, em 1945, o equilíbrio geopolítico internacional, centralizado anteriormente na Europa, foi alterado pela divisão do mundo em dois grandes blocos: o capitalista e o socialista.

Em 1947, o presidente estadunidense Harry Truman iniciou uma agressiva política externa de repressão ao comunismo e de ajuda financeira aos países cujos regimes socioeconômicos se alinhavam ao dos Estados Unidos. Essa política ficou conhecida como **Doutrina Truman**, e foi acompanhada pelo **Plano Marshall**, programa de financiamento para reconstruir os países capitalistas europeus no Pós-guerra, que foi implementado com a intenção de assegurar a hegemonia dos EUA sobre eles.

A União Soviética, por sua vez, criou em 1949 o Conselho para Assistência Econômica Mútua (**Comecon**) cujo objetivo era prestar auxílio financeiro aos países da Europa Oriental que aderiram ao regime socialista. No mesmo ano, a criação da Organização do Tratado do Atlântico Norte (**Otan**) formalizou uma aliança política e militar entre os Estados Unidos e os países da Europa Ocidental, fortalecendo o bloco dos principais países capitalistas.

Rowland Emett. "Corrida espacial na Guerra Fria". Charge publicada na capa da *Punch Magazine*, 06 nov. 1957.

Em outubro de 1957, o governo soviético lançou o primeiro satélite artificial ao espaço, o Sputnik. Meses depois, os EUA colocaram em órbita seu primeiro satélite, o Explorer I. Isso simbolizava a disputa pela superioridade tecnológica e era visto como estratégica para a segurança nacional.

Muro de Berlim: uma divisão física e simbólica

Até 1952, os Estados Unidos disponibilizaram cerca de 1,4 bilhão de dólares à República Federal da Alemanha (RFA), ou Alemanha Ocidental, de regime capitalista, por meio do Plano Marshall. Já a República Democrática Alemã (RDA), ou Alemanha Oriental, seguiu os moldes socialistas orientados pela União Soviética e custeou a recuperação do país por meio de uma economia planificada, controlada pelo Estado.

Os contrastes entre as duas partes da Alemanha passaram a se evidenciar. Enquanto a Alemanha Ocidental mantinha um ritmo acelerado de recuperação econômica, a Alemanha Oriental sucumbia a uma grave crise de abastecimento provocada pelos excessivos pagamentos de reparações de guerra e pelo estímulo estatal à indústria pesada. Os alemães do lado oriental enfrentaram assim escassez de gêneros básicos, como carnes, frutas e verduras, cujo consumo passou a ser racionado.

Em paralelo, a cidade de Berlim, devido à divisão no controle de seu território entre RDA e RFA, tornou-se um dos principais símbolos da geopolítica bipolar e de seus desdobramentos no cenário mundial pós-guerra.

Em 1948, a União Soviética, que já vinha fazendo pressões para que as potências ocidentais deixassem Berlim, bloqueou todos os acessos terrestres à cidade. Em reação, os aliados capitalistas mantiveram uma intensa "ponte aérea" com a cidade a fim de que aviões garantissem o abastecimento de alimentos e insumos, estratégia que foi bem-sucedida.

Sem conseguir isolar Berlim, muitos alemães do lado oriental migravam para a Alemanha Ocidental em busca de trabalho, o que, aos olhos do regime socialista, representava uma indesejável propaganda do capitalismo. Com o acirramento da Guerra Fria e na tentativa de impedir a saída de intelectuais e técnicos qualificados que viviam na Alemanha Oriental, em 1961 o governo da RDA ergueu em Berlim um muro de concreto de quase três metros de altura.

O muro dividiu a cidade e delimitou a fronteira física entre seus lados ocidental (capitalista) e oriental (socialista). Para impedir as fugas, havia cercas elétricas e valas no entorno do muro, além de torres de vigilância com soldados instruídos a atirar em quem tentasse furar a barreira e passar para Berlim Ocidental. Muitas famílias alemãs foram separadas pelo "muro da vergonha", como foi popularmente chamado, pois parte dos parentes vivia no lado ocidental de Berlim e parte no lado oriental, e eles foram impedidos de manter contato e de se visitarem.

Werner Kreusch/AP Photo/Glow Images

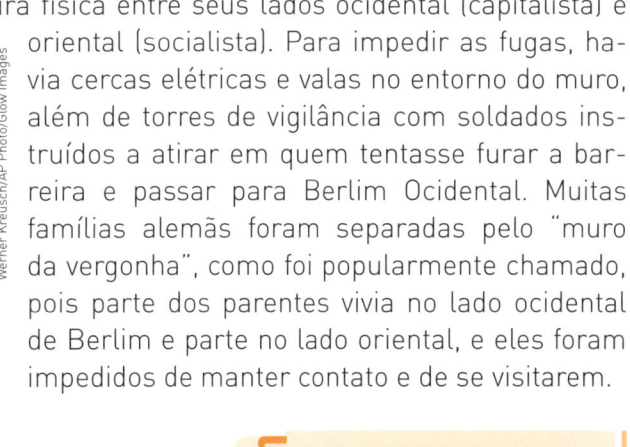

ZOOM

Por que o Muro de Berlim representou a divisão simbólica do mundo da época?

Berlinenses ocidentais observam um soldado que vigia o Muro de Berlim. Berlim, Alemanha Ocidental, 13 ago. 1962.

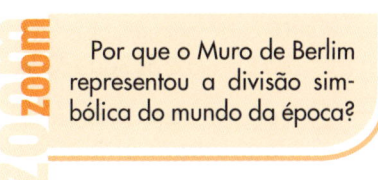

O **Muro de Berlim** foi um dos principais símbolos da Guerra Fria; havia sete pontos de travessia entre os dois lados da cidade, que eram rigorosamente vigiados por soldados alemães do regime socialista.

Conflitos

A Guerra da Coreia

A primeira manifestação bélica do contexto da Guerra Fria foi um conflito militar e ideológico na Coreia. Após se libertar da dominação japonesa no fim da Segunda Guerra Mundial, o país se dividiu em Coreia do Norte (socialista) e Coreia do Sul (capitalista). Em 1950, quando o Norte invadiu o Sul com o objetivo de unificar o país, iniciou-se uma guerra civil. Diante disso, os Estados Unidos enviaram tropas à Coreia do Sul, enquanto a Coreia do Norte recebeu apoio da URSS e da China (que havia adotado o socialismo em 1949).

A guerra se prolongou até 1953, quando foi assinado um tratado que confirmou a divisão da Coreia. Até as primeiras décadas do século XXI, a Coreia do Sul se mantém capitalista e aliada dos EUA, e a Coreia do Norte se mantém socialista e aliada à China e Rússia.

De olho no legado

A Guerra da Coreia e as recentes hostilidades entre Coreia do Norte e EUA

Encerrada há mais de 60 anos, a Guerra da Coreia ainda tem desdobramentos no atual cenário internacional. A península coreana continua dividida entre Coreia do Sul e Coreia do Norte. Nesta, o regime socialista se mantém por meio do governo de Kim Jong-un, terceiro membro da família Kim a ocupar o poder máximo do país.

As hostilidades de Jong-un contra o Ocidente, sobretudo os EUA, explicam-se, em parte, como reação norte-coreana à operação militar "terra arrasada", adotada pelo inimigo durante os anos do confronto. Essa operação, liderada pelo general MacArthur, empreendeu bombardeios diários ao território norte-coreano, atingindo alvos militares e civis. A violência usada pela Força Armada estadunidense durante a guerra ainda está viva na memória nacional.

Considerado o país mais isolado do mundo, a Coreia do Norte desenvolveu um programa nuclear que põe em alerta a comunidade internacional, sobretudo após teste realizado com míssil intercontinental, uma clara ameaça aos EUA. Em dezembro de 2017, a ONU impôs severas sanções ao governo norte-coreano, incluindo a diminuição drástica de exportações de petróleo ao país, o que atinge diversos setores da economia norte-coreana.

1. Discuta com um colega que relação pode ser estabelecida entre a atuação dos Estados Unidos na Guerra da Coreia e as hostilidades recentes entre Coreia do Norte e EUA.

2. Pesquise como está atualmente a relação entre Coreia do Norte e Estados Unidos e como as demais nações são envolvidas ou afetadas por ela. Registre as informações obtidas. Em grupo, resumam as informações pesquisadas e criem um cartaz para apresentar o assunto à turma.

Pacto de Varsóvia e Otan

Após a morte de Stalin e a ascensão de Nikita Kruschev ao governo soviético, em 1953, a rivalidade armamentista e militar da Guerra Fria deu lugar a uma intensa competição tecnológica. Os investimentos passaram a ser destinados às pesquisas espaciais e nucleares visando à fabricação da bomba atômica em países que ainda não tinham essa tecnologia.

Países integrantes da Otan e do Pacto de Varsóvia

©DAE/Mario Yoshida

Legenda do mapa:
- Países capitalistas
- Países socialistas
- ● Membros da Otan
- ▲ Membros do Pacto de Varsóvia

Escala 1 : 40 700 000 — 0 | 407 | 814 km

Países identificados no mapa: NORUEGA, SUÉCIA, FINLÂNDIA, ESTÔNIA, UNIÃO SOVIÉTICA, DINAMARCA, LETÔNIA, LITUÂNIA, IRLANDA, REINO UNIDO, PAÍSES BAIXOS, REPÚBLICA DEMOCRÁTICA ALEMÃ, POLÔNIA, BÉLGICA, LUXEMBURGO, TCHECOSLOVÁQUIA, REPÚBLICA FEDERAL DA ALEMANHA, FRANÇA, SUÍÇA, ÁUSTRIA, HUNGRIA, ROMÊNIA, PORTUGAL, ITÁLIA, IUGOSLÁVIA, BULGÁRIA, ESPANHA, Córsega, ALBÂNIA, TURQUIA (parte europeia), ÁSIA, GRÉCIA, Baleares, Sardenha, Sicília, ÁFRICA, OCEANO ATLÂNTICO, Mar do Norte, Mar Báltico, Mar Negro, Mar Mediterrâneo, Meridiano de Greenwich

Em 1955, no entanto, formou-se o Pacto de Varsóvia – bloco militar integrado pela URSS e por países da Europa Oriental cujo objetivo foi fazer frente à Otan, organização criada em 1949 e braço militar dos principais países capitalistas.

Fonte: John Swift. *The Palgrave Concise Historical Atlas of the Cold War.* Nova York: Palgrave, 2003. p. 29.

Guerra do Vietnã

Outro conflito marcante da Guerra Fria foi a Guerra do Vietnã, que ocorreu entre 1959 e 1975 no Sudeste Asiático. O conflito foi inicialmente mediado pela ONU, que reafirmou a independência do Vietnã e o dividiu em dois Estados – o Norte, comunista e governado por Ho Chi Minh, e o Sul, capitalista e governado por Ngo Dinh Diem. Temendo a implantação do regime socialista na região, os Estados Unidos passaram a enviar armamentos ao governo do Sul. A ditadura local passou a confiscar terras dos camponeses e limitar o processo eleitoral. Isso motivou o descontentamento popular e o surgimento dos vietcongues, guerrilheiros que se uniram aos comunistas do Norte para unificar o país e livrar o Sul da influência estadunidense.

Em 1959, vietcongues atacaram uma base militar dos Estados Unidos no Vietnã do Sul, dando início à guerra. Numeroso contingente militar estadunidense foi então enviado ao Vietnã do Sul. No entanto, táticas de guerrilha usadas pelos asiáticos nas florestas e nos pântanos garantiram sua vitória e a unificação do país com o nome de República Socialista do Vietnã.

Keystone-France/Gamma-Keystone/Getty Images

Protesto contra a Guerra do Vietnã. Estados Unidos, 1967.

Os reflexos da guerra sobre a sociedade estadunidense foram marcantes. Por todo o país, cresceram manifestações pacifistas que criticavam o recrutamento obrigatório, incentivavam deserções e exigiam a retirada das tropas do Vietnã. Os presidentes Lyndon Johnson (1964-1968) e Richard Nixon (1968-1974) viram sua popularidade cair à medida que eram divulgados os vultosos gastos públicos com o conflito, a violência nos campos de batalha e o número de soldados mortos ou mutilados.

Uso de armas químicas

Na Guerra do Vietnã, as tropas dos Estados Unidos contaram com armamentos modernos e sofisticados, como helicópteros armados com metralhadoras (tecnologia bélica usada pela primeira vez).

AP Photo/Glow Images

Ataque aéreo perto de uma patrulha estadunidense no Vietnã do Sul, em 1966, durante a Guerra do Vietnã.

No decorrer do conflito, a desvantagem frente à tática de guerrilha adotada pelos inimigos, que se escondiam em meio às florestas da região dificultando a ação militar estadudinense, levou a Força Armada dos EUA a usar armas químicas.

Entre 1961 e 1971, milhões de litros de herbicidas foram pulverizados sobre florestas vietnamitas para desfolhá-las e, assim, facilitar a localização das tropas inimigas pelos helicópteros, além de prejudicar o abastecimento de alimentos dos vietcongues e dos soldados norte-coreanos.

O principal herbicida utilizado continha uma substância altamente cancerígena e seu uso provocou grandes danos ao meio ambiente e à saúde humana, pois contaminou o solo e provocou o aumento dos índices de câncer, doenças de pele, abortos espontâneos e síndromes em pessoas expostas ao produto. Ainda hoje, sobreviventes e seus descendentes sofrem com os efeitos desse herbicida, que ficou conhecido como "agente laranja".

ZOOM
Que importância você atribui às Convenções de Genebra no mundo atual?

Documentos em foco ▪▪▪

A tragédia do Vietnã

Os frequentes massacres da população civil vietnamita por tropas americanas [...] afetaram o moral de muitas tropas americanas e a opinião pública nos Estados Unidos. O mais conhecido foi a chacina de My Lai, em 1968. No dia 16 de março, uma companhia de soldados liderados pelo tenente William Calley juntara quinhentos idosos, mulheres e crianças da aldeia de My Lai numa trincheira e [...] abriu fogo contra todos os prisioneiros. [...] Diante da repercussão negativa no país que se acreditava **baluarte** da civilização e do mundo livre, houve um julgamento. Entretanto, somente Calley foi condenado. [...] Em 1970, a maioria da população americana estava contra a guerra [...], o que forçou o governo dos Estados Unidos a recuar, com os últimos soldados saindo do Vietnã em 1974. [...] Era a primeira guerra que os Estados Unidos perdiam em 150 anos, agonizando uma geração de americanos, rasgando ideologicamente a nação e dando inspiração a movimentos anti-imperialistas no mundo inteiro.

Glossário

Baluarte: alicerce; sustentáculo.

Leandro Karnal et al. *História dos Estados Unidos*: das origens ao século XXI. São Paulo: Contexto, 2007. p. 202-203.

① "Em 1970, a maioria da população americana estava contra a guerra". Com base no texto, que razões você aponta para que a sociedade estadunidense da época se posicionasse contra a Guerra do Vietnã ainda antes da derrota do país naquele conflito?

② Discuta com um colega o que representou para os estadunidenses a derrota na Guerra do Vietnã.

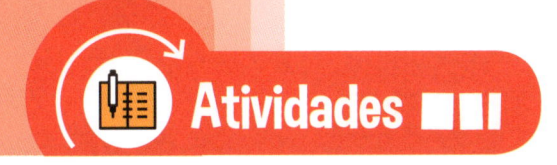

1 Com o término da Segunda Guerra Mundial, o mundo conheceu o início de um fenômeno geopolítico denominado Guerra Fria, expressão usada pela primeira vez em 1947 e que aos poucos se popularizou. O filósofo francês Raymond Aron definiu-a como "guerra improvável, paz impossível".

a) Em que medida essa definição se relaciona à Guerra Fria?

b) E você, como definiria a Guerra Fria?

c) No início da Guerra Fria, tanto os Estados Unidos quanto a União Soviética deram sinais das rivalidades que estavam se desenhando entre eles e seus respectivos países aliados. Nesse contexto, foram criados a Doutrina Truman, o Plano Marshall e o Comecom. Comente o que foram e quais os objetivos de cada um.

2 Em 1949, após o fim da Segunda Guerra Mundial, um grupo de países liderados pelos EUA fundou a Organização do Tratado do Atlântico Norte (Otan). O artigo 5º do tratado fixava:

> Artigo 5. As Partes concordam que um ataque armado contra uma ou várias dentre elas, sobrevindo na Europa ou na América do Norte, será considerado como um ataque dirigido contra todas as Partes e, consequentemente, concordam que, se tal ataque se produzir, cada uma delas, no exercício do direito de legítima defesa, individual ou coletiva, [...] assistirá a Parte ou as Partes assim atacadas, tomando imediatamente [...] a medida que julgar necessária, inclusive o emprego da força armada, para restabelecer e garantir a segurança na região do Atlântico Norte.

Kátia M. de Queirós Mattoso (Org.). *Textos e documentos para o estudo da História Contemporânea (1789-1963)*. São Paulo: Hucitec/ Edusp, 1977. p. 192-193.

a) A Otan representou um mecanismo militar para a defesa mútua entre os países-membros? Justifique sua resposta com base nas informações do documento acima.

b) Em 1955, os países socialistas também formaram seu bloco político-militar para se contrapor à Otan. Qual foi ele?

3 A Guerra Fria foi caracterizada por tensões político-militares entre os blocos rivais que resultaram na implementação de ambicioso programa espacial tanto nos EUA quanto na URSS, nos investimentos feitos por muitas nações em armamento nuclear e na polaridade ideológica entre capitalismo e socialismo.

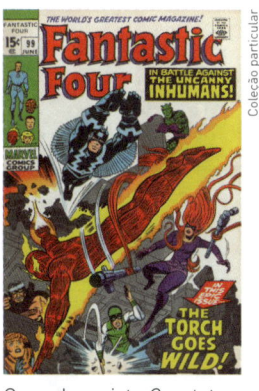

Capa da revista *Quarteto Fantástico*, 1970.

Reúna-se em grupo e, juntos, pesquisem a relação dos personagens das histórias em quadrinhos com a Guerra Fria. Procurem explicar como a caracterização e as histórias repercutiam as tensões do mundo bipolar. Crie uma apresentação visual para divulgar o resultado da pesquisa à turma (filme, apresentação em PowerPoint, painel, *banner*). Se sua escola participar de alguma rede social, combine com o professor de divulgar nela o trabalho à comunidade escolar.

4 Os antropólogos Carlos Serrano e Kabengele Munanga comentam a violência da Guerra do Vietnã.

> Durante quinze anos de guerra, o Vietnã sofreu agressão sem precedente do maior aparelho militar do mundo. Sobre seu território foram lançadas mais bombas do que todas as utilizadas na Segunda Guerra Mundial, e até armas químicas e bacteriológicas foram experimentadas.

Carlos Serrano e Kabengele Munanga. *A revolta dos colonizados*. São Paulo: Atual, 1995. p. 20.

a) Como a sociedade estadunidense reagiu ao saber da violência dos ataques militares ao Vietnã?

b) Durante o século XX, a crescente violência nas guerras impõe algumas reflexões. Há vencedores nas guerras? Como podemos compensar os danos humanitários e psicológicos? Os interesses da indústria bélica incentivam as guerras? Em dupla, discuta essas questões e, depois, compartilhe seu ponto de vista com a turma.

17

Revoluções chinesa e cubana

Atualmente a China avança para se consolidar como a mais importante potência global, ameaçando a posição de liderança que os Estados Unidos conquistaram ao longo do século XX. No começo deste século, a economia chinesa teve elevadas taxas de crescimento resultantes da abertura comercial e de investimentos em setores industriais, o que se convencionou chamar de "socialismo de mercado".

País de tradições milenares, a China passou por acentuadas mudanças desde o início do século XX. Setores sociais chineses protagonizaram a queda do regime monárquico, que vigorou por cerca de 3600 anos, a implantação da república e a adoção do socialismo. Durante a Guerra Fria, o Partido Comunista chinês controlou o poder por meio de uma política independente da influência soviética, o que contribuiu para a sobrevivência do regime socialista no país após o fim da União Soviética.

Damir Sagolj/Reuters/Fotoarena

Abertura do 19º Congresso do Partido Comunista. Pequim, China, 2017.

O então presidente Xi Jinping foi nomeado pelo partido para governar o país por mais cinco anos, até 2022. Em seu discurso, ele anunciou a manutenção do papel central do Estado e a continuidade das reformas na economia do país.

Já Cuba ainda hoje parece ameaçar a posição hegemônica que os Estados Unidos exercem sobre a América. Nos dias atuais, os olhos do mundo voltam-se para Cuba com apreensão e curiosidade, no sentido de acompanhar o fim da Era Castro, cujas consequências para a sociedade e a economia do país por enquanto são imprevisíveis.

Revolução Chinesa

A emergência da República

No início de 1912, o Partido Nacionalista (Kuomintang) tomou o poder e proclamou a República da China, depondo uma monarquia em que várias dinastias se sucederam no poder desde 1750 a.C. No entanto, o novo regime enfrentou a oposição de chefes políticos e militares regionais que desejavam desestabilizar o governo recém-formado e obter autonomia. Em 1916, esses chefes dividiram o poder entre si, implantando ditaduras locais.

Em 1918, o desfecho da Primeira Guerra Mundial ampliou o controle japonês sobre a China, mantido até o fim da Segunda Guerra. Em 1921, sob influência da Revolução Bolchevique que ocorrera na Rússia pouco antes, em 1917, foi formado o Partido Comunista da China (PCC).

Na mesma época, no sul do país, o Kuomintang conseguiu implantar uma nova república. Com o objetivo de acabar definitivamente com os chefes locais, afastar a influência estrangeira e reorganizar um governo unificado, os partidos Nacionalista e Comunista aliaram-se.

Em 1925, o líder nacionalista Chiang Kai-shek assumiu o poder, iniciando uma fase de hostilidades contra os comunistas. O resultado foi uma guerra civil que se prolongou até 1949. Nesse período conturbado, a China também enfrentou, em 1931, a ocupação japonesa na região da Manchúria, onde os inimigos formaram um governo subordinado ao Japão, mas entregue ao ex-imperador, que havia sido destronado com a implantação da república.

Uma nova expansão dos domínios japoneses na China ocorreu em fins de 1937, com a invasão de mais de 900 cidades. Após o exército nipônico tomar a importante cidade portuária de Xangai, seguiu para a capital, Nanquim. Diante do cerco à cidade, comandantes chineses negociaram a rendição das tropas. Com o objetivo de evitar uma rebelião dos prisioneiros e livrar-se do ônus de alimentá-los e vigiá-los, o comandante geral da operação militar japonesa ordenou o fuzilamento dos soldados chineses. Muitos tentaram fugir e se esconder nas ruas e casas de Nanquim, mas foram perseguidos e executados juntamente com a população civil.

zoom

Em sua opinião, o massacre de Nanquim pode justificar certo ressentimento da China em relação ao Japão? Por quê?

💡 **Ampliar**

Revolução Chinesa
http://acervo.estadao.com.br/noticias/topicos,revolucao-chinesa,890,0.htm

Texto informativo sobre a história da China.

A Revolução Chinesa
https://historiazine.com/a-revolucao-chinesa-2 8776158670

Página da revista eletrônica *Históriazine* sobre esse tema.

Uma vida chinesa,
de Li Kunwu e Philippe Ôtié (Martins Fontes).

Autobiografia em quadrinhos ilustrada pelo artista Li Kunwu, que nasceu e viveu na China de Mao.

Xinhua/AFP

Soldado japonês ao lado das vítimas do massacre de Nanquim. China, 1937.

A revolução de 1949

A presença estrangeira acentuou as divergências entre nacionalistas e comunistas. Os nacionalistas foram acusados de negociar e até de colaborar com os invasores, enquanto os comunistas se engajaram em um movimento de resistência contra a ocupação japonesa.

Essa situação levou o povo chinês, sobretudo os camponeses, a perder a confiança no governo nacionalista e a apoiar o Partido Comunista. A derrota do Japão na Segunda Guerra enfraqueceu ainda mais o Kuomintang e impôs novos rumos à guerra civil. Em janeiro de 1949, os comunistas, liderados por Mao Tsé-Tung, invadiram a cidade de Pequim, sede do governo, e obrigaram Chiang Kai-shek a fugir para a ilha de Taiwan, onde implantou um governo nacionalista apoiado pelos Estados Unidos.

Em outubro do mesmo ano, o Partido Comunista proclamou a República Popular da China, governada por Mao Tsé-Tung até sua morte, em 1976. A vitória comunista no país repercutiu no fortalecimento do bloco socialista durante a Guerra Fria.

O governo de Mao Tsé-Tung realizou a reforma agrária, instituiu a educação obrigatória para todos, reduziu a mortalidade infantil, investiu na ampliação do exército e em armamentos e incentivou a industrialização. No entanto, seu programa econômico Grande Salto Adiante, implantado em 1958 e baseado na coletivização da produção, provocou fome generalizada e a morte de muitos chineses. A esse cenário se somaram outras dificuldades em decorrência de tensões com a União Soviética e de uma rígida política de doutrinação ideológica.

Rompimento da China com a União Soviética

zoom Que mudanças poderiam ter ocorrido no equilíbrio de poder da Guerra Fria após o rompimento entre China e URSS?

Inicialmente, o regime socialista chinês recebeu apoio da União Soviética. No entanto, as diferenças políticas e culturais entre as duas nações levaram-nas ao rompimento na década de 1960.

A principal divergência estava no fato de Mao Tsé-Tung insistir em manter a autonomia do Partido Comunista chinês, não aceitando as diretrizes impostas pelo Partido Comunista soviético. Essa situação evidenciou-se a partir de meados da década de 1950, quando os comunistas soviéticos lançaram a ideia da "coexistência pacífica". Essa nova orientação, criada no governo de Nikita Kruschev, sucessor de Stalin, defendia a transição pacífica do capitalismo ao socialismo sem que houvesse necessidade de um processo revolucionário para deflagar essa substituição. O objetivo era evitar que a violência desmedida do regime stalinista contra os opositores fosse seguida como modelo pelas demais nações socialistas e seus respectivos partidos comunistas.

Contudo, Mao Tsé-Tung considerava a política de coexistência pacífica um erro e rompeu com a URSS. Em resposta, o governo soviético cortou a ajuda financeira e militar à China, o que prejudicou o desenvolvimento econômico obtido até então.

GraphicaArtis/Getty Images

Neste pôster chinês de 1971, pessoas protestam contra armas atômicas, químicas e biológicas. O rapaz ao centro segura *O livro vermelho*, de Mao Tsé-Tung.

A Revolução Cultural

A partir de 1966, Mao Tsé-Tung engajou as massas populares em uma política de divulgação de ideias, valores e princípios morais compatíveis com o socialismo. Nascia assim a Revolução Cultural Proletária.

Com o uso de intensa propaganda oficial, a Revolução Cultural conclamou a população a criticar a ocidentalização dos costumes, a perseguir os inimigos do socialismo chinês e a se comprometer com a reeducação socialista. Nesse processo foi fundamental a participação das Guardas Vermelhas, grupos de estudantes de origem operária ou camponesa que exaltavam a renúncia e a honestidade para superar o individualismo, combatiam a separação entre trabalho manual e intelectual e defendiam que todos se reeducassem por meio do trabalho nas fábricas e no campo. Essas ideias constavam da publicação *O livro vermelho*, que reunia as ideias e orientações de Tsé-Tung e que se transformou no guia da juventude chinesa.

Artistas, intelectuais e professores foram obrigados a abandonar suas atividades e a viver do trabalho agrícola. Universidades e bibliotecas foram fechadas e opositores perseguidos e executados. Os efeitos da Revolução Cultural permaneceram até o fim do governo maoísta, em 1976.

John Dominis/The LIFE Picture Collection/Getty Images

Apresentação do *Destacamento Vermelho de Mulheres* pelo Balé Nacional Chinês, 1972.

 **Ampliar**

Amnésia vermelha.
China, 2014. Direção: Wang Xiaoshuai.
O filme conta a história de uma viúva que passa a receber telefonemas anônimos que remetem à época da Revolução Cultural.

50 anos da Revolução Cultural.
http://temas.folha.uol.com.br/50-anos-da-revolucao-cultural/a-revolucao/maquina-do-medo.shtml
Reportagem sobre o tema.

Abertura econômica, mas não política

Na década de 1970, a China buscou uma aproximação diplomática com os Estados Unidos, obtendo seu reconhecimento como nação e ingressando na ONU em 1971. Desde 1976, com a morte de Mao Tsé-Tung, o país vem registrando aumento da produção agrícola e industrial e um processo crescente de abertura aos investimentos estrangeiros.

No entanto, até o momento, a abertura econômica não foi acompanhada pela abertura política. O governo impõe censura à imprensa e monitora o uso da rede mundial de computadores pela sociedade. Não raro, bloqueia o acesso de internautas chineses a *sites* cujo conteúdo desagrada às lideranças do Partido Comunista.

Outra demonstração da falta de liberdade política é a repressão do governo a manifestações populares pela democratização do país. Um caso emblemático aconteceu em 1989, quando estudantes universitários de Pequim fizeram protestos nas ruas contra os dirigentes do país e a falta de democracia (alguns deles chegaram a fazer greve de fome). Após semanas de enfrentamento, o exército interveio e matou inúmeros manifestantes.

Peter Turnley/Corbis/VCG/Getty Images

Soldados chineses bloqueiam a entrada de manifestantes na Praça da Paz Celestial. Pequim, China, 1989.

Revolução Cubana

Em Cuba, serviços básicos como educação e saúde são gratuitos, de qualidade e oferecidos a toda a população; embora seja considerado um país pobre, apresenta índices comparáveis aos dos países ricos. Isso se explica pelo fato de o governo cubano destinar a esses serviços uma porcentagem do seu Produto Interno Bruto (PIB) maior do que a média global.

Esses índices vêm sendo obtidos desde que Cuba passou por uma revolução em 1959. A partir de então, o país foi apoiado pelos países socialistas e excluído das relações com os países capitalistas.

zoom

❶ Você conhece as dificuldades econômicas enfrentadas pelos cidadãos cubanos?

❷ Como Cuba consegue obter os índices indicados nos gráficos, diante de um panorama econômico tão desfavorável?

❸ Qual é a relação entre esses índices e o regime político vigente?

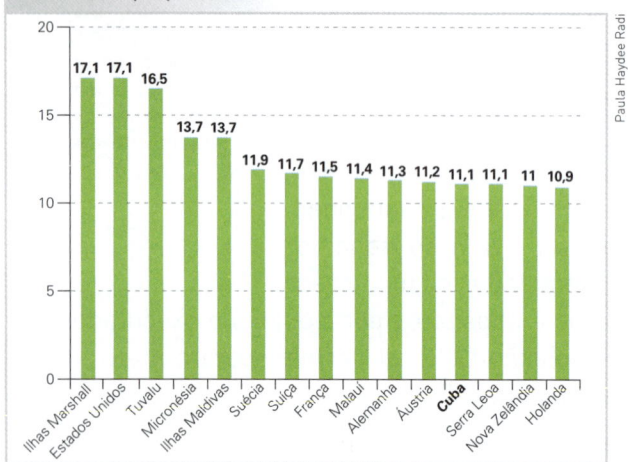

Ranking de países pelo gasto público em saúde (%) - 2014

Paula Haydee Radi

Fonte: CIA. *The World Factbook*. Disponível em: <www.cia.gov/library/publications/resources/the-world-factbook/rankorder/2225rank.html>. Acesso em: jul. 2018.

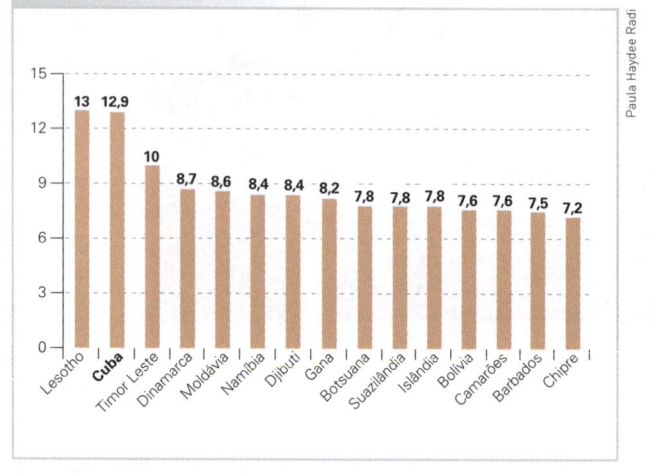

Ranking de países pelo gasto público em educação (%) - 2012

Paula Haydee Radi

Fonte: United Nations Development Programe. *Human Development Reports*. Disponível em: <http://hdr.undp.org/en/content/expenditure-education-public-gdp>. Acesso em: jul. 2018.

O domínio dos Estados Unidos antes da revolução

Na América Latina, a presença dos interesses imperialistas estadunidenses se fez sentir notadamente a partir de meados do século XX. Os EUA exercem forte influência sobre os países do continente, interferindo em muitos de seus rumos econômicos e políticos. Com relação a Cuba, isso se deu desde o fim da colonização espanhola – a primeira constituição do país concedia aos estadunidenses o direito de construir bases militares em território cubano.

Além disso, a economia nacional manteve o caráter agrário-exportador, produzindo açúcar para abastecer os Estados Unidos, conforme se observa no texto:

> [...] os EUA passaram a controlar 90% das minas, 50% das terras, 67% das exportações e 75% das importações. Dentro desse império se situavam a maior fábrica da Coca-Cola do mundo – valendo-se do açúcar barato da ilha – e a mais poderosa gráfica de língua espanhola – a da revista Seleções. A primeira linha aérea internacional regular, criada pela então poderosa companhia Pan American, foi entre Miami e Havana.
>
> Emir Sader. *Cuba, Chile e Nicarágua*. São Paulo: Atual, 1992. p. 8.

Os sucessivos governos formados em Cuba desde a independência eram submetidos aos interesses estadunidenses. Em 1952, o coronel Fulgêncio Batista voltou ao poder por um golpe de Estado e anulou as eleições seguintes, frustrando a expectativa de um governo menos ligado aos EUA.

A revolução se organiza

O descontentamento com a ditadura de Batista crescia e, na clandestinidade, organizou-se um movimento revolucionário liderado por Fidel Castro e pelo argentino Che Guevara, que haviam se conhecido entre 1955 e 1956, quando ambos estavam exilados no México.

Por defenderem a reforma agrária, os revolucionários contaram com a simpatia e a adesão dos camponeses e iniciaram uma guerrilha na região montanhosa de Sierra Maestra. O movimento apoiava um discurso anti-imperialista cujo alvo era romper com o capital estadunidense presente em vários setores da economia cubana.

Os rebeldes tomam o poder

O exército rebelde pregava o fim da corrupção nos meios políticos, ganhando adeptos também nos centros urbanos. Devido às sucessivas vitórias dos guerrilheiros contra as tropas do governo, em dezembro de 1958, Batista renunciou e se exilou na República Dominicana. No começo de janeiro de 1959, os rebeldes tomaram a capital, Havana.

O novo governo fez a reforma agrária e nacionalizou as indústrias e a produção açucareira. Tais medidas chocaram-se com os interesses dos Estados Unidos, que reagiram diminuindo a compra de açúcar e cortando a venda de petróleo à ilha. Cuba aproximou-se da União Soviética, passando a exportar açúcar e importar petróleo soviético; as refinarias estadunidenses que atuavam em Cuba negaram-se a refinar o petróleo e, em resposta, foram nacionalizadas. Em janeiro de 1961, os EUA romperam relações diplomáticas com o governo cubano e em abril tentaram, sem sucesso, ocupar militarmente a Baía dos Porcos para derrubar Fidel Castro do poder. Logo depois, Castro anunciou a adoção do socialismo em Cuba. Os Estados Unidos passaram a liderar os países capitalistas em um boicote comercial à ilha; as tensões culminaram com a expulsão de Cuba da Organização dos Estados Americanos (OEA), em 1962.

Cuba tornou-se assim o primeiro regime socialista na América, alterando a geopolítica do continente – na Guerra Fria, foi um enclave soviético em área até então tida como exclusiva dos Estados Unidos.

Até fins da década de 1970, Cuba incentivou movimentos revolucionários latinos com a organização no país de campos para treinar guerrilheiros e internacionalizar seu regime na região. Internamente, o regime transformou-se em uma ditadura: impôs a censura, a repressão aos opositores e concentrou o poder no Partido Comunista.

Salas Archive Photos/Alamy/Fotoarena

Che Guevara e Fidel Castro. Havana, Cuba, 1959.

A atuação de Guevara não se restringiu à Revolução Cubana: ajudou a combater o imperialismo na Guatemala, no Congo e na Bolívia, onde foi assassinado pelo exército desse país, em 1967.

Quem é

Alícia
Alonso

O que faz

Foi a primeira
bailarina e
importante
coreógrafa cubana.

Cuba envolta em polêmica

A Revolução Cubana foi liderada por Fidel Castro, e ele se manteve no poder como comandante em chefe até 2008, quando transferiu o cargo a seu irmão, Raúl Castro, que manteve o governo ditatorial. Fidel faleceu em Cuba, em 2016, aos 90 anos.

Todos os aspectos relacionados ao tema geram as mais variadas polêmicas, dividindo a opinião pública internacional e os próprios cubanos (tanto os que vivem na ilha quanto os exilados) em dois lados aparentemente inconciliáveis: os defensores radicais e os opositores viscerais.

A favor

Cerca de trinta dos mais importantes membros da comunidade artística e intelectuais cubanos se uniram para defender o governo do presidente Fidel Castro contra as acusações de desrespeito aos direitos humanos.

Em uma carta aberta publicada [...] em um dos jornais estatais, eles pedem "aos amigos que estão longe" que compreendam as medidas que Cuba "se viu obrigada a tomar".

A carta – assinada, entre outros, pela primeira bailarina e diretora do Balé Nacional de Cuba, Alicia Alonso, e pelo diretor de cinema Chucho Valdés – tenta justificar a prisão de 75 dissidentes e a condenação de três sequestradores de um barco à pena de morte.

"Vimos com dor e surpresa a manifestação dos nomes de alguns amigos [que] se juntaram à máquina da propaganda anticubana", escreveram os intelectuais. [...]

"Nosso pequeno país, hoje, mais do que nunca, está ameaçado pela superpotência que pretende impor uma ditadura fascista em escala planetária", continuam.

Segundo eles, "para defender-se, Cuba se viu obrigada a tomar medidas enérgicas que atualmente não desejava" e "não se deve julgar Cuba por essas medidas, tirando-as de contexto."

A carta também faz referências a protestos em Miami em que o tema central foi "Iraque agora, Cuba depois" como uma amostra "das ameaças explícitas de membros da cúpula fascista" dos Estados Unidos. [...]

Intelectuais cubanos se unem em defesa de Fidel Castro. *BBC*. Disponível em: <www.bbc.com/portuguese/noticias/2003/030420_cubaamt.shtml>. Acesso em: maio 2018.

Participantes de marcha pelo orgulho *gay* carregam faixa com foto do líder da Revolução Cubana Fidel Castro em que se lê "Sou parte da Revolução, sou também Fidel". Havana (Cuba), 12 maio 2018.

Em oposição

O governo alemão apelidou de "figura histórica" o líder cubano Fidel Castro, que morreu na sexta-feira [25/11/2016], mas criticou o regime que implantou no seu país por oprimir a ilha durante décadas.

O porta-voz do executivo alemão, Steffen Seibert, assegurou num encontro com a imprensa que a revolução castrista submeteu "durante décadas" os cubanos a um "sistema de repressão política".

"A liberdade de expressão, os direitos humanos de todas as pessoas e a democracia não eram prioritários no pensamento de Fidel Castro", lamentou Seibert.

O governo alemão considera positiva a "parcial abertura econômica" dos últimos anos, desde que Fidel delegou o poder ao irmão Raúl, e espera que se prossiga neste caminho, disse ainda.

O governo alemão não reagiu à morte de Fidel Castro durante o fim de semana e Seibert só se referiu ao assunto quando foi interrogado a este respeito pelos meios de comunicação social.

A morte do líder cubano teve um importante eco midiático na Alemanha, mas a figura de Fidel foi quase exclusivamente recordada por políticos da Esquerda, partido de pós-comunistas e de dissidentes social-democratas.

Alemanha critica opressão de regime de Fidel Castro em Cuba. *Diário de Notícias*. Disponível em: <www.dn.pt/mundo/interior/governo-critica-opressao-de-regime -de-fidel-castro-em-cuba-5523579.html>. Acesso em: maio 2018.

Quem é
Steffen Seibert

O que faz
Jornalista e porta-voz do governo alemão.

Manifestação de pessoas contrárias ao regime castrista. Miami, Flórida (EUA), 26 nov. 2016.

1 Reúna-se em grupo para pesquisar a Revolução Cubana e o governo de Fidel Castro. De acordo com as orientações do professor, alguns grupos deverão pesquisar os aspectos positivos e outros, os aspectos negativos relacionados aos assuntos.

2 Registrem, por escrito, os principais aspectos encontrados pelo grupo.

3 Com base no material pesquisado e nos registros feitos, elaborem uma reportagem em vídeo com aproximadamente um minuto de duração.

4 Ao final, representantes de cada grupo (escolhidos pelos alunos) irão montar uma reportagem da turma que contenha todo material produzido.

Cuba e a América Latina

Em 2008, Fidel Castro, no poder por 49 anos, deixou o governo por motivos de saúde. Na época, sob o argumento de que a abertura política poderia pôr em risco as conquistas do regime socialista, ele não convocou eleições presidenciais. Nomeou seu irmão, Raúl Castro, para liderar o governo durante o processo de transição política e, desde então, Raúl continuou no poder, até abril de 2018. Em março ocorreram eleições para uma nova Assembleia Nacional, em que foi escolhido o novo presidente, Miguel Díaz Canel, candidato único. Em seu discurso de posse como chefe de Estado, Canel reafirmou seu compromisso com a continuidade do regime socialista, enfatizando que Raúl Castro continuará encabeçando as principais decisões políticas do país.

Com o fim da URSS, em 1991, Cuba perdeu a tutela soviética. O país mergulhou em severa crise econômica, que impôs muitos sacrifícios à população. O governo abriu o setor de turismo ao capital estrangeiro em parceria com o Estado, entre outras ações, mas a pobreza cresceu. A partir de 1999, Castro aproximou-se do presidente venezuelano Hugo Chávez, que implantara um governo nacionalista e socialista em seu país. Tendo o petróleo como principal produto de exportação, a Venezuela, que se consolidava como liderança econômica na América Latina, apoiou Cuba com acordos econômicos.

No entanto, a morte de Chávez, em 2012, e a queda do preço do petróleo geraram grave crise econômica e política na Venezuela, repercutindo na ilha.

Cuba e os Estados Unidos

Em 2014, Cuba e EUA anunciaram um acordo de reaproximação. Inicialmente, estabeleceu-se a libertação de presos políticos de ambos os países, e havia chances de o **embargo econômico** acabar. Além da pressão cubana, há interesse das empresas estadunidenses em investir no país. Contudo, a eleição de Donald Trump em 2017, tradicional crítico do regime cubano, dificultou a negociação dos países.

As expectativas em relação ao futuro de Cuba são grandes. Entre a população local, os mais jovens parecem otimistas e esperam que a reaproximação com os EUA possa dinamizar setores produtivos, como o turismo. Outros segmentos temem que a abertura ao capitalismo ameace a qualidade dos serviços públicos de saúde e de educação.

Glossário

Embargo econômico: proibição de comercializar com determinado país; bloqueio ao comércio e aos produtos de um país.

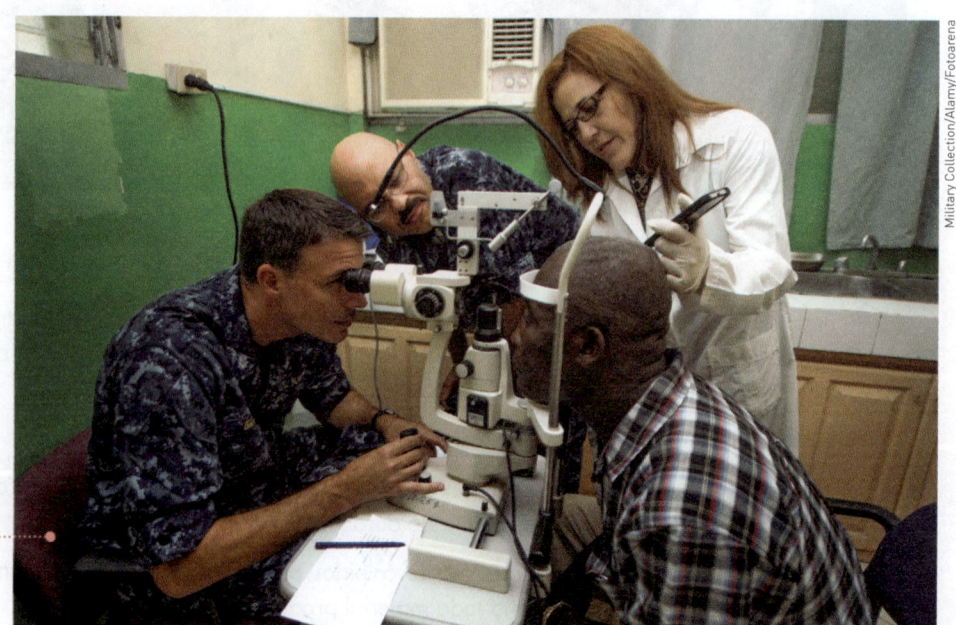

Médicos estadunidenses e cubanos fazem exame de vista em pacientes. Porto Príncipe, Haiti, 2015.

Cuba é uma referência no combate à mortalidade infantil, nas pesquisas de vacinas, no controle de epidemias e na medicina humanitária. Muitos médicos e enfermeiros cubanos atuam em diversos países, inclusive no Brasil.

Military Collection/Alamy/Fotoarena

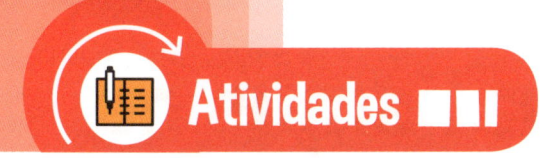

1 A história da China ao longo do século XX foi marcada por transformações. Algumas delas ligadas à atuação do Partido Nacionalista, denominado Kuomintang. Comente sua importância para a China até a revolução de 1949.

2 A liderança de Mao Tsé-Tung na China emergiu na revolução que implantou o regime socialista no país, em 1949. À frente do governo chinês até sua morte, em 1976, ele usou da propaganda oficial para enaltecer suas ações.

Ludovic Maisant/hemis fr/AFP

Propaganda oficial de Mao Tsé-Tung.

a) O que foi o programa Grande Salto Adiante, idealizado por Mao Tsé-Tung, e quais seus resultados?

b) Destaque duas outras ações desse governo sintonizadas com os princípios socialistas.

c) A Revolução Cultural foi um dos marcos da administração de Mao Tsé-Tung. Quais seus objetivos e em que medida a participação de jovens das Guardas Vermelhas foi decisiva para sua implementação?

3 Durante a Guerra Fria, China e União Soviética eram duas grandes nações socialistas. No entanto, elas não conseguiram superar as divergências políticas. Explique quais são essas divergências.

4 Em maio de 1989, milhares de pessoas participaram de manifestações pela liberdade política na China. Muitas delas foram executadas. Na época, a imagem do universitário colocando-se à frente de tanques de guerra impressionou o mundo e tornou-se símbolo da luta pela abertura política na China. Observe-a:

Jeff Widener/AP Photo/Glow Images

Jovem chinês em frente a uma fila de tanques na Praça da Paz Celestial. Pequim, China, 1989.

- Discuta com um colega a força simbólica dessa imagem na defesa da democracia e dos direitos humanos. Socialize a discussão com a turma e, na sequência, elabore um texto.

5 Atualmente, o regime político e econômico chinês é denominado "socialismo de mercado", ou "socialismo com características chinesas".

a) Que características o tornam único?

b) Que situações comprovam que a falta de liberdade política do regime chinês permanece?

6 Explique as condições históricas de Cuba que provocaram a ação do movimento revolucionário liderado por Fidel Castro e Che Guevara na década de 1950.

7 As primeiras decisões do governo revolucionário instalado em 1959 provocaram divergências com os interesses dos EUA, que, em 1962, declararam o bloqueio econômico a Cuba. Qual foi o teor dessas decisões?

8 Com o distanciamento dos Estados Unidos, o governo cubano optou por se aproximar da União Soviética. Quais foram os desdobramentos dessa aproximação?

9 Quais foram os impactos sofridos por Cuba em razão do fim da União Soviética em 1991?

10 O fim da Era Castro e a eleição de Donald Trump como presidente dos Estados Unidos trouxeram novos elementos à situação de Cuba e da América Latina. Quais são eles?

18 Nacionalismos na África e na Ásia

Voluntária distribui refeições em campo de refugiados em Kikwit, no Congo, a pessoas fugidas dos conflitos na província de Kasai, 2017.

Segundo um estudo feito pela ONU, 75% das migrações africanas em 2017 ocorreram dentro do continente.

zoom

Você sabe as razões pelas quais a maioria das pessoas, pelo senso comum, imagina que há mais migrações para fora da África do que para outros países do próprio continente? Que razões levariam os africanos a migrar para outros países da própria África? Por que muitas pessoas imaginam que os africanos têm razões para abandonar esse continente ao invés de migrar para outras regiões dele?

A maioria das pessoas tem uma visão **dicotômica** da África: a dos povos e animais exóticos, ou a da miséria, da fome, das guerras civis e das epidemias. No entanto, ela vai além e tem muito a ser revelado, por exemplo: é um continente com cerca de 900 milhões de pessoas e economia basicamente agrícola; em seu subsolo estão aproximadamente 30% dos recursos minerais do planeta, o que faz da mineração sua principal fonte de renda. Em síntese, é uma terra de oportunidades.

A Ásia, no senso comum, é o continente da superpopulação, do avanço tecnológico, do desenvolvimento acelerado e da rígida disciplina. Lado a lado com as paisagens exóticas, registra-se uma imensa população rural num contexto de agricultura rudimentar. A Ásia também vai além das visões preconcebidas; suas nações formam um amplo leque de diversidade cultural, econômica, linguística e religiosa, e cada uma delas tem sua história.

Revendo a colonização da África e da Ásia

Entre 1885 e 1887, os principais países industrializados europeus haviam realizado a **Conferência de Berlim**, a fim de regular a partilha da África e da Ásia. Dessa forma, garantiriam a exploração de recursos naturais como petróleo, ferro e pedras preciosas do continente e a ampliação de sua produção industrial com mão de obra barata. A tese de superioridade racial e cultural de povos brancos sobre os demais foi amplamente adotada pelos países europeus para justificar sua política imperialista.

Para facilitar a dominação, uma das estratégias mais utilizadas na África era a de se aproveitar da diversidade de nações e acentuar as rivalidades preexistentes entre elas. Em troca do apoio político local, os europeus aliavam-se a alguns chefes tribais prometendo-lhes benefícios e privilégios em relação às demais nações.

Glossário

Dicotômico: característica de um elemento dividido em duas partes, geralmente contrárias.

Na Ásia, a partilha ampliou os conflitos já existentes entre os países europeus e envolveu também Estados Unidos, Japão e Rússia. Entre as exigências dos países imperialistas aos governos asiáticos estava o acesso aos portos e às regiões do interior com o objetivo de desenvolver o comércio internacional.

A Índia foi um dos países asiáticos que mais despertou a cobiça estrangeira, e se tornou parte do domínio britânico entre 1750 e 1947. Inicialmente com governo próprio e como aliada econômica e, a partir de 1876, como possessão oficial, quando perdeu a autonomia política.

A partilha da África e da Ásia foi uma das causas da Primeira Guerra; além de provocar o massacre cultural dos povos colonizados, a exploração desmedida dos recursos naturais e o esfacelamento dos governos locais.

As décadas de descolonização

Entre 1945 e 1975, grande parte das colônias europeias na África e na Ásia concretizou sua independência. O processo de descolonização foi motivado pelo nacionalismo, pela fragilidade das potências imperialistas no Pós-guerra e pela geopolítica da Guerra Fria. Milhares de africanos recrutados como soldados pelas nações europeias nas duas guerras mundiais usaram os conhecimentos adquiridos nesses combates na luta anticolonial.

Observe, no mapa a seguir, algumas etapas da descolonização na África e na Ásia.

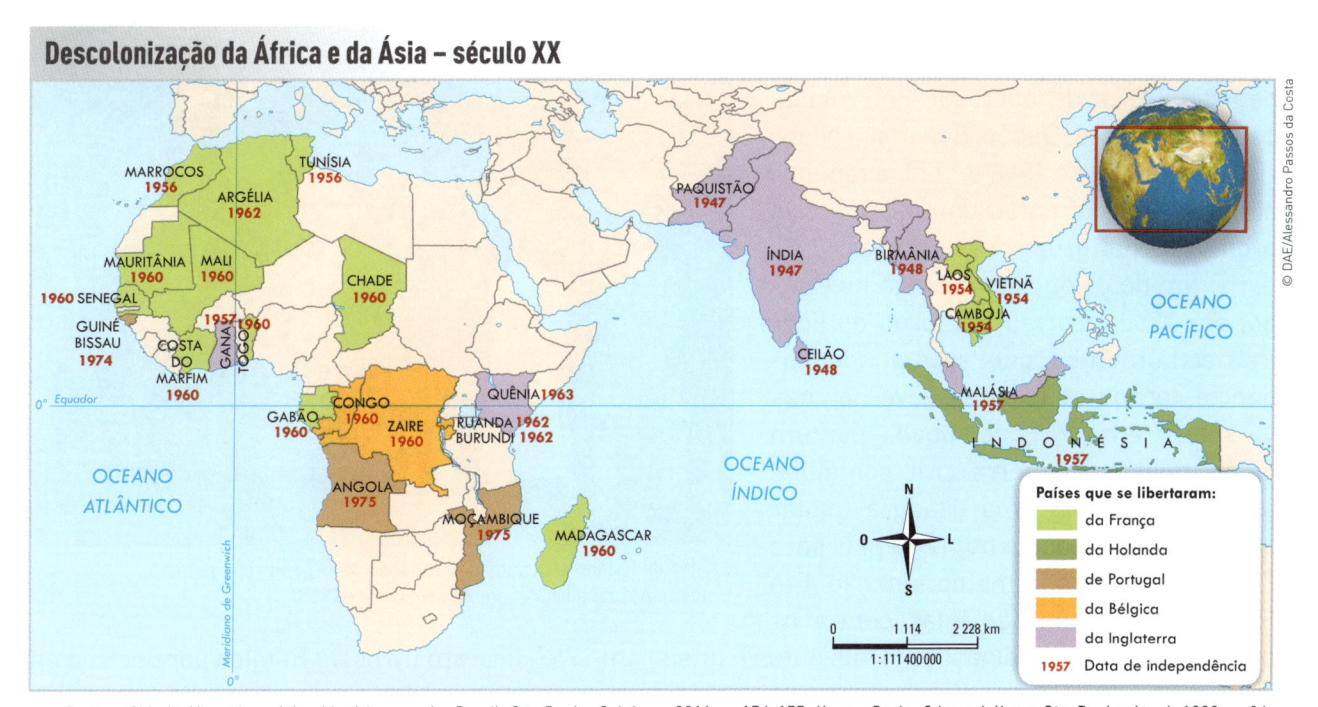

Descolonização da África e da Ásia – século XX

© DAE/Alessandro Passos da Costa

Fontes: Cláudio Vicentino. *Atlas histórico*: geral e Brasil. São Paulo: Scipione, 2011. p. 154-155; Hector Bruit. *O imperialismo*. São Paulo: Atual, 1999. p. 34.

A Índia liberta-se da Inglaterra

A partir dos anos 1920, Gandhi, líder pacifista hindu, passou a pregar a autonomia da Índia por meio da desobediência civil – boicote aos produtos ingleses e ao pagamento de impostos. No entanto, não era apoiado pela minoria muçulmana.

A Inglaterra foi incapaz de conciliar os movimentos de emancipação e os conflitos religiosos. Em 1947, reconheceu a União Indiana (de maioria hindu) e a República do Paquistão (de maioria muçulmana). Mesmo assim, os conflitos resultaram no assassinato de Gandhi, em 1948.

Conflitos na Caxemira e independências na África e na Ásia

Ao conquistar sua autonomia política, o território paquistanês foi subdividido em Paquistão Ocidental e Oriental. Em 1971, o Paquistão Oriental declarou-se independente, tornando-se República de Bangladesh, apoiada pela Índia. O fato provocou graves conflitos na região. Atualmente, as tensas relações entre a Índia e o Paquistão envolvem a disputa pela posse da região da Caxemira.

A descolonização da África e da Ásia caracterizou-se por processos específicos em cada território. No Vietnã, a luta de independência contra a França iniciou-se em 1945. Os nacionalistas vietnamitas derrotaram os franceses em 1954. Seguiu-se a assinatura dos Acordos de Genebra, que dividiu o país em norte (comunista) e sul (capitalista), conforme a geopolítica da Guerra Fria. Na Malásia, os britânicos sufocaram o levante comunista e, após lutas que duraram de 1948 a 1960, reconheceram a independência do país. Em 1949, a Indonésia se libertou da Holanda após derrotá-la em uma guerra.

No Egito, após décadas de tensões e confrontos, em 1952, um violento levante popular contra os ingleses desencadeou um golpe militar e, em 1953, proclamou a república no país.

O fim do domínio francês sobre Madagáscar ocorreu em 1947 por uma ação do povo armado, enquanto a Tunísia e o Marrocos obtiveram a independência em 1956 por meio de movimentos nacionalistas liderados por partidos políticos e negociações com a ONU. A libertação da Argélia, contudo, foi obtida após brutal guerra contra os franceses, de 1954 a 1962, liderada pela Frente de Libertação Nacional (FLN), na qual os argelinos saíram vitoriosos. Gana nasceu em 1956, quando grupos de oposição ao domínio inglês venceram as eleições.

Muitos países da África alcançaram a independência em 1960 por meio de negociações e de liberdade controlada, como Camarões, Gabão, Senegal e Nigéria. Entretanto, de 1966 a 1970, a república nigeriana enfrentou uma guerra civil promovida por grupos separatistas.

O fim do colonialismo belga no Congo, em 1960, ocorreu em torno do líder Patrice Lumumba, que, após a independência, tornou-se chefe de governo, mas foi morto em 1961, derrubado por um golpe militar. A guerra civil continuou até 1965, quando uma ditadura militar se instalou e mudou o nome do país para Zaire, oficializando uma nova nação. Em Ruanda e Burundi, as lutas contra os

Chefes de Estado africanos na fundação da Organização para a Unidade Africana (OUA), em 25 de maio de 1963.

belgas opuseram as dinastias locais hutus e tútsis; em 1962, ficaram livres da Bélgica por decisão da ONU, mas enfrentaram décadas de guerras civis.

Colônias portuguesas na África enfrentaram acentuada resistência do governo e do exército contra as lutas de independência em Angola, Guiné-Bissau e Moçambique. Essa situação mudou a partir de 1974 com o fim do regime ditatorial salazarista em Portugal. Em 1972, tropas portuguesas promoveram um massacre contra nacionalistas moçambicanos. Um ano depois, Guiné-Bissau proclamou independência e foi reconhecido por vários países, exceto Portugal. Em 1974, líderes do governo democrático português e da Frente de Libertação de Moçambique selaram acordo para a independência, oficializada em 1975. Em Angola, organizaram-se três grupos pró-independência. Um deles, o Movimento Popular de Libertação de Angola (MPLA), de tendência socialista, tomou o poder em 1975. Entretanto, a unidade do povo angolano não se concretizou e o país mergulhou em uma guerra civil, influenciada pela Guerra Fria.

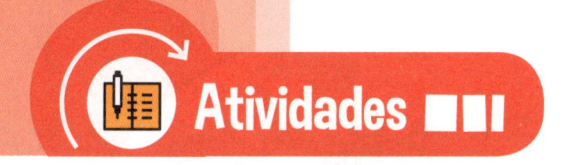 **Atividades** ■■■

no caderno

1 Observe o cartaz e faça o que se pede.

Ministério da Informação da República Popular de Angola

Cartaz do Movimento Popular de Libertação de Angola (MPLA), 1975-1976.

a) Descreva o cartaz e identifique o processo histórico que vivia o país na época em que ele foi elaborado.

b) Explique o que significa a frase "O povo no poder".

2 O historiador Geoffrey Barraclough comenta o significado da luta pela soberania das nações africanas:

> [...] os movimentos nacionais da África e da Ásia transformaram-se, gradualmente, numa revolta universal contra o Ocidente e numa rejeição do domínio ocidental que encontraria expressão na Conferência Afro-Asiática de Bandung, em 1955. A Conferência de Bandung simbolizou a recém-encontrada solidariedade da Ásia e da África contra a Europa [...].

> Geoffrey Barraclough. *Introdução à história contemporânea.* São Paulo: Círculo do Livro, [s.d.]. p. 144.

- Mobilize seus conhecimentos para explicar as razões pelas quais o processo de formação das nações africanas e asiáticas foi marcado pela revolta contra o Ocidente.

3 Em 25 de maio de 1963, representantes de 32 Estados africanos reuniram-se em Adis Abeba, Etiópia, para constituir oficialmente a Organização da Unidade Africana (OUA), substituída, em 2002, pela União Africana. Leia a seguir dois trechos da Carta da OUA e responda à pergunta.

O artigo 2º da Carta da OUA define seus objetivos:

> [...] a. Reforçar a unidade e a solidariedade dos Estados Africanos;
>
> b. Coordenar e intensificar sua cooperação e seus esforços para oferecer melhores condições de existência aos povos da África;
>
> c. Defender sua soberania, sua integridade territorial e sua independência;
>
> d. Eliminar da África o colonialismo, sob todas as suas formas;
>
> e. Favorecer a cooperação internacional, levando devidamente em conta a Carta das Nações Unidas e a Declaração Universal dos Direitos do Homem [...]".

No parágrafo 2º do artigo 24º, sobre a assinatura e a ratificação da Carta, lê-se:

> O instrumento original, redigido, se possível, nas línguas africanas, além de em inglês e em francês, sendo todos os textos igualmente válidos, é confiado ao governo da Etiópia, que transmitirá cópias certificadas deste documento a todos os Estados africanos independentes e soberanos.

> Kátia M. de Queirós Mattoso (Org.). *Textos e documentos para o estudo da história contemporânea: 1789-1963.* São Paulo: Hucitec; Edusp, 1977. p. 206-209.

- Em quais aspectos a Carta da OUA, ao defender a emancipação dos povos africanos, refere-se às ex-metrópoles europeias?

4 No processo de independência da Índia, a liderança de Gandhi foi fundamental. Qual era sua principal proposta para derrotar o domínio inglês?

5 Por que as nações africanas e asiáticas tiveram dificuldade em consolidar a identidade nacional após os processos de independência?

6 O processo de descolonização na Ásia e na África ganhou dinamismo com o fim da Segunda Guerra Mundial. Em cada território colonial o fim do domínio europeu se deu de forma específica, de acordo com características sociopolíticas próprias.

a) Identifique os principais meios pelos quais colônias e possessões europeias na Ásia e na África conquistaram suas respectivas independências.

b) Para a França, o ano de 1954 representou um forte abalo no império colonial que detinha até então na Ásia e na África. Por quê?

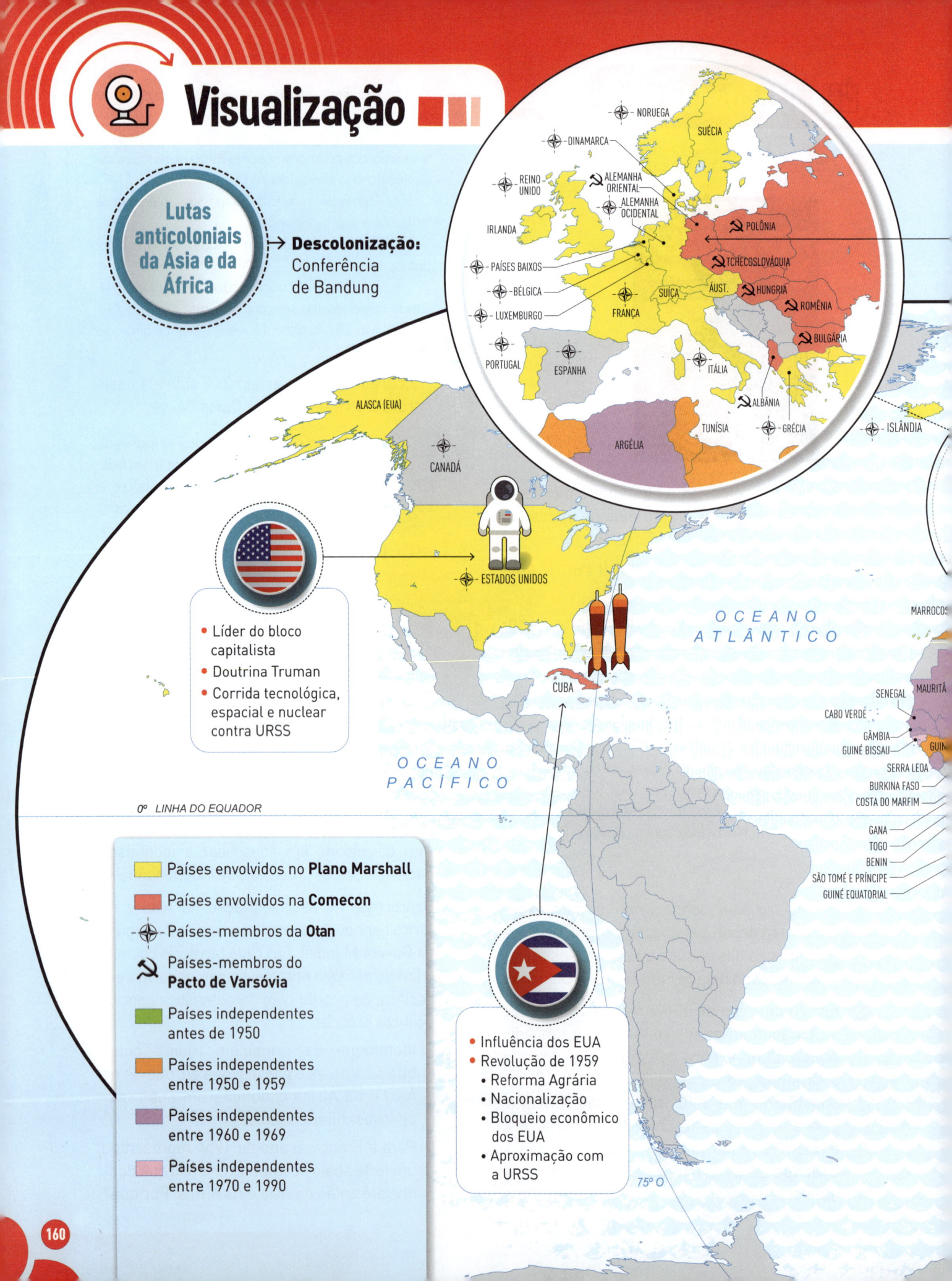

Lutas anticoloniais da Ásia e da África

→ **Descolonização:** Conferência de Bandung

NORUEGA
SUÉCIA
DINAMARCA
REINO UNIDO
ALEMANHA ORIENTAL
ALEMANHA OCIDENTAL
IRLANDA
☭ POLÔNIA
PAÍSES BAIXOS
☭ TCHECOSLOVÁQUIA
BÉLGICA
SUÍÇA
ÁUST.
☭ HUNGRIA
LUXEMBURGO
FRANÇA
☭ ROMÊNIA
☭ BULGÁRIA
PORTUGAL
ESPANHA
ITÁLIA
☭ ALBÂNIA
TUNÍSIA
GRÉCIA
ISLÂNDIA
ARGÉLIA

ALASCA (EUA)
CANADÁ
ESTADOS UNIDOS

Estados Unidos
- Líder do bloco capitalista
- Doutrina Truman
- Corrida tecnológica, espacial e nuclear contra URSS

OCEANO ATLÂNTICO

MARROCOS
SENEGAL
MAURITÂ
CABO VERDE
GÂMBIA
GUINÉ BISSAU
GUIN...
SERRA LEOA
BURKINA FASO
COSTA DO MARFIM
GANA
TOGO
BENIN
SÃO TOMÉ E PRÍNCIPE
GUINÉ EQUATORIAL

CUBA

OCEANO PACÍFICO

0° *LINHA DO EQUADOR*

Legenda

- 🟨 Países envolvidos no **Plano Marshall**
- 🟥 Países envolvidos na **Comecon**
- ✥ Países-membros da **Otan**
- ☭ Países-membros do **Pacto de Varsóvia**
- 🟩 Países independentes antes de 1950
- 🟧 Países independentes entre 1950 e 1959
- 🟪 Países independentes entre 1960 e 1969
- 🟪 Países independentes entre 1970 e 1990

Cuba
- Influência dos EUA
- Revolução de 1959
  - Reforma Agrária
  - Nacionalização
  - Bloqueio econômico dos EUA
  - Aproximação com a URSS

75° O

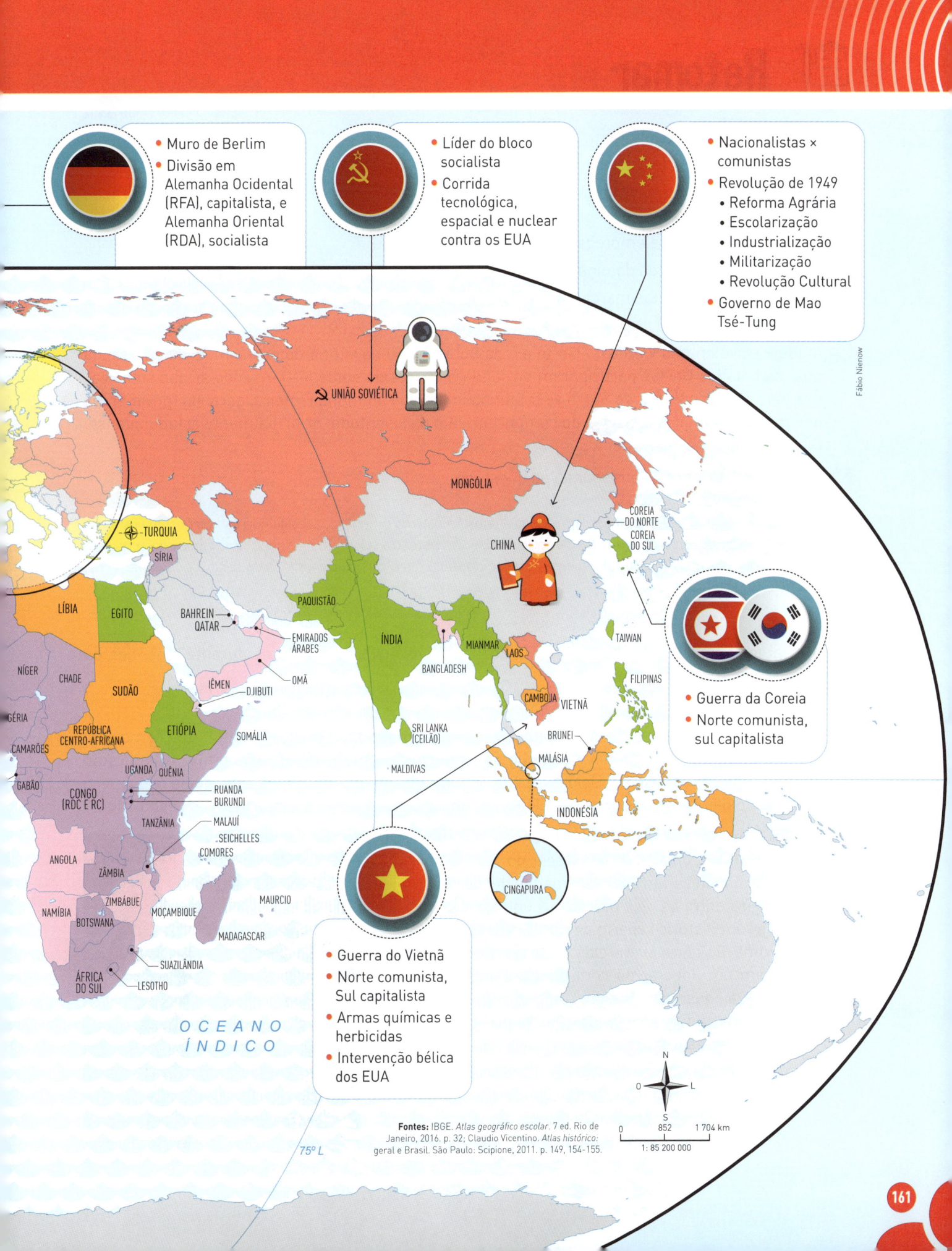

- Muro de Berlim
- Divisão em Alemanha Ocidental (RFA), capitalista, e Alemanha Oriental (RDA), socialista

- Líder do bloco socialista
- Corrida tecnológica, espacial e nuclear contra os EUA

- Nacionalistas × comunistas
- Revolução de 1949
  - Reforma Agrária
  - Escolarização
  - Industrialização
  - Militarização
  - Revolução Cultural
- Governo de Mao Tsé-Tung

UNIÃO SOVIÉTICA

MONGÓLIA

CHINA

COREIA DO NORTE

COREIA DO SUL

TAIWAN

- Guerra da Coreia
- Norte comunista, sul capitalista

TURQUIA

SÍRIA

LÍBIA

EGITO

BAHREIN

QATAR

EMIRADOS ÁRABES

ÍEMEN

OMÃ

DJIBUTI

PAQUISTÃO

ÍNDIA

MIANMAR

LAOS

BANGLADESH

CAMBOJA

VIETNÃ

SRI LANKA (CEILÃO)

BRUNEI

MALÁSIA

FILIPINAS

NÍGER

CHADE

SUDÃO

REPÚBLICA CENTRO-AFRICANA

ETIÓPIA

SOMÁLIA

MALDIVAS

CAMARÕES

GABÃO

UGANDA

QUÊNIA

RUANDA

BURUNDI

CONGO (RDC E RC)

TANZÂNIA

MALAUÍ

SEICHELLES

COMORES

INDONÉSIA

CINGAPURA

ANGOLA

ZÂMBIA

ZIMBÁBUE

MOÇAMBIQUE

MAURICIO

NAMÍBIA

BOTSWANA

MADAGASCAR

SUAZILÂNDIA

ÁFRICA DO SUL

LESOTHO

- Guerra do Vietnã
- Norte comunista, Sul capitalista
- Armas químicas e herbicidas
- Intervenção bélica dos EUA

OCEANO ÍNDICO

75° L

N

O L

S

0   852   1 704 km

1: 85 200 000

Fontes: IBGE. *Atlas geográfico escolar*. 7 ed. Rio de Janeiro, 2016. p. 32; Claudio Vicentino. *Atlas histórico: geral e Brasil*. São Paulo: Scipione, 2011. p. 149, 154-155.

Fábio Nienow

161

Retomar

1 Com o término da Segunda Guerra Mundial, o mundo enfrentou um longo período denominado pelos historiadores de Guerra Fria. Sobre esse período, responda:

a) Quais são as principais características da Guerra Fria e como ela repercutiu na descolonização da África e da Ásia?

b) Qual é a razão de se empregar a expressão "Guerra Fria"?

c) Quais eram os blocos dominantes nesse período?

d) Quais acontecimentos marcantes nesse período se relacionaram à atual configuração política da África e da Ásia?

2 A guerra civil entre o Vietnã do Norte e o do Sul resultou na vitória do primeiro. Essa guerra, da qual os Estados Unidos participaram enviando milhares de soldados e usando armas sofisticadas para apoiar o Vietnã do Sul, teve profunda influência no mundo inteiro, gerando movimentos que mudaram muitos aspectos do comportamento da juventude, principalmente estadunidense. Cite alguns desses movimentos.

3 Analise o texto a seguir e responda às questões.

> Com a entrada de milhões e milhões de mulheres no sistema produtivo, substituindo os homens que estavam nos campos de batalha, a face da sociedade mudou. A liberação sexual, a mudança nos hábitos de consumo, as mudanças na família e, principalmente, a velocidade no ritmo das mudanças, tanto sociais quanto técnicas, são fruto da [Segunda] guerra.
>
> Marco Chiaretti. *A Segunda Guerra Mundial*. São Paulo: Ática, 1997. p. 68.

a) Qual foi, segundo o texto, a grande mudança relacionada às mulheres durante o período da Segunda Guerra Mundial?

b) Que consequências essa mudança ocorrida com as mulheres ocasionou?

4 Reúna-se com alguns colegas e, juntos, pesquisem em jornais, revistas e na internet como está a situação de Cuba atualmente. Quem governa o país? Como está sua economia? Como estão as relações com os Estados Unidos? E com a comunidade internacional? O bloqueio econômico imposto ao país, em 1962, acabou? Elaborem um texto com base nas informações pesquisadas.

5 No dia 27 de abril de 2018, os presidentes da Coreia do Norte, Kim Jong-un, e da Coreia do Sul, Moon Jae-in, protagonizaram um gesto inédito desde 1950: na fronteira entre os dois países, encontraram-se e trocaram um histórico aperto de mãos, sinal de uma reaproximação entre as Coreias. Na ocasião, ambos assinaram um documento com diversas intenções, entre elas a "desnuclearização" da península, a redução das barreiras econômicas e a cooperação entre os dois países irmãos.

Korea Summit Press Pool/AP Photo/Glow Images

Presidentes da Coreia do Norte, Kim Jong-un, e da Coreia do Sul, Moon Jae-in, apertam as mãos na fronteira entre os dois países, 2018.

Com relação à reaproximação entre a Coreia do Norte e a Coreia do Sul, responda às questões a seguir.

a) Qual foi a principal razão da divisão da Coreia em dois países e quando isso ocorreu?

b) Pesquise, em jornais e revistas ou na internet, algumas notícias recentes sobre a atual situação das duas Coreias. As intenções anunciadas em abril de 2018 cumpriram-se? Sobre essa questão, identifique as posições políticas assumidas pelos Estados Unidos, pelo Japão, pela China e pela Rússia.

c) Diante do reencontro dos dois presidentes coreanos, o presidente dos Estados Unidos, Donald Trump, escreveu no Twitter que a Guerra da Coreia havia terminado. Por que ele teria feito tal afirmação, se a guerra terminou em 1953?

6 Em 31 de janeiro de 2018, o jornal espanhol *El País* publicou uma reportagem cujo título é

"A luta inacabada de Gandhi – Tradição dos intocáveis e convivência entre muçulmanos e hindus ainda representam desafios à Índia".

Ángel Martínez Cantera. A luta inacabada de Gandhi. *El País.* 31 jan. 2018. Disponível em: <https://brasil.elpais.com /brasil/2018/01/29/internacional/1517229919_417786.html>. Acesso em: jul. 2018.

- Na Índia, a sociedade foi organizada tradicionalmente em castas ou camadas sociais cujas condições eram transmitidas por hereditariedade. Os intocáveis (ou *dalits*) constituíam a casta mais inferior, geralmente encarregados dos trabalhos considerados indignos e repugnantes, como recolher lixo e limpar banheiros. Embora tal sistema tenha perdido força nos dias atuais, as castas e as restrições de mobilidade social, bem como o preconceito e a segregação, ainda regulam a organização da sociedade indiana. Recorra a seus conhecimentos para explicar por que a manchete do jornal afirma que a luta de Gandhi ainda não acabou.

7 O governo da China lançou recentemente o Made in China 2025 (MIC 2025), programa de incentivo a investimentos que pretende transformar o país em um líder na produção industrial e tecnológica de alto desempenho até a metade do século XXI.

Conselho de Estado da China

Logotipo do Made in China 2025 (MIC 2025).

- Aplique seus conhecimentos para identificar os prováveis desafios que a China enfrentará para alcançar os objetivos do MIC 2025.

UNIDADE

 Antever

Em março de 1964, o Brasil viveu um golpe de Estado protagonizado por setores militares e apoiado por segmentos da sociedade, que implantou a Ditadura Civil-Militar no país. O regime autoritário estendeu-se de 1964 a 1985 e conviveu com governos ditatoriais que se estabeleceram em diferentes países da América Latina ao longo das décadas de 1960 e 1970.

Seguiram-se anos conturbados no cenário latino-americano, marcados pela violência física e simbólica da repressão aos opositores e por variadas formas de resistência que incluíram a formação de grupos armados dispostos ao contragolpe.

Brasil, Argentina, Chile, Paraguai e Uruguai são apenas parte da lista de países latino-americanos que experimentaram regimes ditatoriais na segunda metade do século XX.

O processo de fechamento político ocorrido em cada país não se deu exatamente da mesma forma; os projetos autoritários moldaram-se às especificidades de cada nação. No entanto, em todos os casos deixaram marcas profundas em suas respectivas sociedades.

Qual foi a influência da Guerra Fria sobre as ditaduras latino-americanas? Houve semelhanças entre os regimes ditatoriais? E diferenças?

Manifestação das Mães da Praça de Maio contra o desaparecimento de crianças durante a ditadura argentina. Buenos Aires, Argentina, 2013.

Julio Etchart/Alamy/Fotoarena

Entre ditaduras

Ditadura Civil--Militar no Brasil

Fachada do edifício que hoje abriga a Estação Pinacoteca e o Memorial da Resistência. São Paulo (SP), 2018.

Valdir de Oliveira/Fotoarena

O Memorial ocupa parte do edifício que, de 1940 a 1983, foi sede do Departamento Estadual de Ordem Política e Social de São Paulo – Deops--SP. É um lugar de memória da repressão política e da resistência ao autoritarismo dos tempos da Ditadura no Brasil.

A recente crise política brasileira, desencadeada em 2014 por denúncias de corrupção, provocou o descrédito de parte da sociedade em relação aos governantes e aos agentes públicos. Esse cenário produziu um fenômeno social incomum, no qual alguns segmentos sociais reivindicaram a recondução dos militares ao poder. Esses segmentos alegavam que a Ditadura Civil-Militar foi uma fase de crescimento econômico, mas minimizavam o fato de este ter sido desfrutado somente pelas elites e empresas estrangeiras. Desconsideravam também que o Estado havia se sobreposto aos cidadãos, negando-lhes o direito de participar da decisão sobre os rumos do país; impôs rigoroso controle sobre ações, ideias e informações; encobriu desmandos, torturas e práticas de corrupção.

A frágil democracia

Em agosto de 1961, a renúncia de Jânio Quadros à Presidência da República criou um cenário político conturbado no país. O Congresso Nacional, temeroso de que o vice-presidente João Goulart, o Jango, fizesse um governo de inspiração comunista, adotou o parlamentarismo. Por isso, em setembro ele tomou posse já com seus poderes diminuídos. Em seu governo, elaborou o Plano Trienal, que visava à recuperação econômica do país com investimentos na indústria, controle da inflação e diminuição do déficit público. Criou o 13º salário para manter o apoio das classes trabalhadoras, que reivindicaram também reajuste de 100% no salário mínimo.

Jango idealizou ainda as Reformas de Base, programa que previa a reforma agrária, fiscal, administrativa, educacional, bancária e eleitoral. As classes trabalhadoras rurais e urbanas apoiaram essas medidas, enquanto os latifundiários, empresários e as Forças Armadas se opuseram a elas.

Os setores conservadores consideravam essas reformas uma demonstração da tendência comunista do presidente. Entretanto, elas não visavam ao fim do capitalismo nem ameaçavam os interesses capitalistas, como faziam crer seus opositores. Jango participara dos governos Vargas, Kubitschek e Quadros e seguia as diretrizes políticas deles. Sua simpatia pelas causas trabalhistas era uma forma de controlar as massas populares; com seu nacionalismo pretendia fortalecer o empresariado brasileiro; suas propostas de reforma agrária visavam diminuir as tensões no campo e evitar revoltas sociais que ameaçassem a ordem vigente.

Chegou a hora de dizer NÃO!

Contra a miséria
Contra o analfabetismo
Contra a falta de terra
Contra a usurpação do seu voto

NÃO porque o povo é contra o Ato Adicional que instituiu o Parlamentarismo
NÃO porque o povo exige um regime que seja expressão autêntica de sua vontade soberana.
NÃO porque o povo quer recompletar o direito de eleger o Presidente de sua livre escolha.
NÃO porque é essencial preservar a autoridade do Presidente para que se mantenha as reformas que o País exige.
NÃO porque o povo está cansado dos conflitos políticos que geram crises econômicas.
NÃO porque o povo deseja um regime, que funcione, onde a administração trabalhe e o Governo governe.

NO DIA 6 DE JANEIRO MARQUE ☒ NÃO

Cartaz Chegou a hora de dizer não!, publicado na revista *O Cruzeiro*, em 29 de dezembro de 1962.

O movimento operário, interessado na concretização das Reformas de Base, engajou-se na campanha contra o parlamentarismo, defendendo o fortalecimento de Jango.

Do plebiscito ao golpe

Em fins de 1962, o governo Jango deu início aos preparativos para realizar o plebiscito em que a população escolheria a continuidade do parlamentarismo ou o retorno ao presidencialismo, conforme previsto na Constituição.

Em janeiro de 1963, o povo foi às urnas para a escolha do sistema de governo e 82% dos eleitores optaram pelo retorno do país ao sistema presidencialista. Contudo, a vitória do presidencialismo não representou a estabilidade do governo. Jango chocava-se com os interesses estrangeiros e aumentava a desconfiança daqueles que temiam o "perigo vermelho" ao nacionalizar refinarias de petróleo e restringir as remessas de lucros ao exterior. Crescia também a desconfiança dos empresários nacionais, que criticavam a falta de crédito, o 13º salário e a reforma agrária.

Em março de 1964, ocorreu em São Paulo a Marcha da Família com Deus pela Liberdade, uma manifestação contra o governo organizada pela classe média e pela burguesia industrial, com cerca de 500 mil pessoas. Dias depois, um grupo de mais de mil marinheiros organizou um levante contra punições disciplinares na Marinha. Jango anistiou os rebeldes, provocando reação do alto-comando das Forças Armadas, que considerou essa medida muito tolerante.

Os episódios aceleraram o golpe militar que vinha se articulando. As Forças Armadas estavam cientes de que a política do governo desagradava a elite financeira, industrial e agrária, bem como a classe média, e tinham respaldo de parte da sociedade brasileira para tomar o poder. Além disso, contavam com a declarada simpatia dos Estados Unidos, que preferiam ter à frente dos governos latino-americanos lideranças totalmente alinhadas com seus interesses.

Nesse contexto, Jango foi deposto por um golpe militar em 31 de março de 1964 e a presidência foi assumida pelo general Castelo Branco. Sob o pretexto de restabelecer a ordem e o desenvolvimento econômico, os militares assumiram o poder e imprimiram sua marca na história recente do país.

Manifestantes estendem faixas durante a Marcha da Família com Deus pela Liberdade, São Paulo (SP), 25 mar. 1964.

Apoiados pela sociedade rural e pela Igreja Católica, os manifestantes pediam a intervenção dos militares.

Embora a oposição à Ditadura tenha sido intensa, ela contou com o apoio de parte da sociedade, razão pela qual também é designada de Ditadura Civil-Militar. Os governos militares e os segmentos sociais que os sustentavam adotaram o conceito de segurança nacional moldado pela Guerra Fria, em que o objetivo central era alinhar-se sem ressalvas aos Estados Unidos e ao bloco de países capitalistas.

Os militares no poder

Ao longo de 21 anos de regime militar, de 1964 a 1985, cinco generais se sucederam na Presidência e legitimaram a Ditadura por meio de um discurso anticomunista, de defesa da pátria, da família, do cristianismo e de combate à corrupção. O regime valeu-se do medo difundido entre a população de um eventual levante comunista no país, tal qual ocorrera em Cuba anos antes, e justificou suas ações mais arbitrárias como necessárias à garantia da segurança nacional.

zoom Em que medida a Guerra Fria contribuiu para acirrar as tensões internas no Brasil no contexto do Regime Militar?

Em 1966, foi criado o Serviço Nacional de Informações (SNI), encarregado de espionar a sociedade para identificar organizações e indivíduos **subversivos**, dando início aos crimes contra os direitos humanos.

Uma das estratégias mais utilizadas pelos governos militares para legalizar o regime ditatorial foi decretar Atos Institucionais, que tinham força de lei. Por meio deles, ampliou-se o poder do presidente da República; estabeleceu-se o bipartidarismo, tornando os partidos políticos existentes até então ilegais; estipulou-se eleições indiretas para cargos do Executivo; instituiu-se uma nova Constituição em 1967, que aperfeiçoava o controle dos militares sobre o Estado. Em fins de 1968, o governo promulgou o Ato Institucional nº 5, conhecido por AI-5, que representou a restrição aos direitos políticos e às liberdades individuais dos cidadãos.

Nesse cenário, instaurou-se a censura à imprensa e às produções artísticas e culturais, como canções, filmes, livros, espetáculos teatrais. Artistas, intelectuais e professores universitários foram exilados. Lideranças políticas, sindicais e estudantis tiveram seus direitos políticos cassados; opositores ao regime foram presos e, muitos deles, torturados, especialmente entre 1969 e 1974, considerados os "anos de chumbo" do regime.

🔆 Ampliar

O ano em que meus pais saíram de férias

Brasil, 2006. Direção de Cao Hambúrguer, 110 min.

O filme narra acontecimentos da época da Ditadura Militar sob o ponto de vista de um menino de 12 anos cujos pais são perseguidos pelo governo.

K: relato de uma busca,

de Bernardo Kucinski (Companhia das Letras).

Narra a trágica história de um pai que busca a filha, professora universitária desaparecida durante a Ditadura Militar.

Memórias da Ditadura

http://memorias daditadura.org.br

Maior acervo *on-line* sobre a história da Ditadura Militar no Brasil.

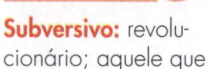

Glossário 💬

Subversivo: revolucionário; aquele que subverte a ordem.

Instituto Moreira Salles, Rio de Janeiro/Fotografia: David Zingg

Da esquerda para a direita, Pascoal Carlos Magno, Nelson Motta, Edu Lobo, Itala Nandi, Chico Buarque, Renato Borghi, José Celso, Caetano Veloso, Nana Caymmi e Gilberto Gil. Rio de Janeiro (RJ), 1968.

A Passeata dos Cem Mil, liderada por artistas e intelectuais no Rio de Janeiro, em 26 de junho de 1968, foi um protesto às medidas cada vez mais repressivas do Regime Militar. O ato foi a maior manifestação de protesto desde o Golpe de 1964 e marcou o ápice da reação da sociedade ao regime.

O AI-5

No artigo a seguir, a cientista política Maria Celina D´Araujo analisa o Ato Institucional nº 5 e seus desdobramentos.

O Ato Institucional nº 5, AI-5, baixado em 13 de dezembro de 1968, durante o governo do general Costa e Silva, foi a expressão mais acabada da ditadura militar brasileira (1964-1985). Vigorou até dezembro de 1978 e produziu um elenco de ações arbitrárias de efeitos duradouros.

O ano de 1968, "o ano que não acabou", ficou marcado na história mundial e na do Brasil como um momento de grande contestação da política e dos costumes. O movimento estudantil celebrizou-se como protesto dos jovens contra a política tradicional, mas principalmente como demanda por novas liberdades. O radicalismo jovem pode ser bem expresso no lema "é proibido proibir".

A gota-d'água para a promulgação do AI-5 foi o pronunciamento do deputado Márcio Moreira Alves, do MDB, na Câmara [...] lançando um apelo para que o povo não participasse dos desfiles militares do 7 de Setembro e para que as moças, "ardentes de liberdade", se recusassem a sair com oficiais. Na mesma ocasião, outro deputado do MDB, Hermano Alves, escreveu uma série de artigos no Correio da Manhã considerados provocações. [...] O governo solicitou então ao Congresso a cassação dos dois deputados. [...] no dia 12 de dezembro a Câmara recusou [...] o pedido de licença para processar Márcio Moreira Alves. No dia seguinte foi baixado o AI-5, que autorizava o presidente da República, em caráter excepcional e, portanto, sem **apreciação** judicial, a: decretar o **recesso** do Congresso Nacional; intervir nos estados e municípios; cassar mandatos parlamentares; suspender, por dez anos, os direitos políticos de qualquer cidadão; decretar o confisco de bens considerados ilícitos; e suspender a garantia do ***habeas corpus***. No preâmbulo do ato, dizia-se ser essa uma necessidade [...] "com vistas a encontrar os meios indispensáveis para a obra de reconstrução econômica, financeira e moral do país". No mesmo dia foi decretado o recesso do Congresso Nacional por tempo indeterminado – só em outubro de 1969 o Congresso seria reaberto [...]

O AI-5 não só se impunha como um instrumento de intolerância em um momento de intensa polarização ideológica como **referendava** uma concepção de modelo econômico em que o crescimento seria feito com "sangue, suor e lágrimas".

FGV CPDOC. Disponível em: <http://cpdoc.fgv.br/producao/dossies/FatosImagens/AI5>. Acesso em: maio 2018.

Coleção particular

Edição nº 15 da revista *Veja*, de 18 de dezembro de 1968.

Esta edição da revista *Veja* foi apreendida pela polícia já com base nas disposições do AI-5. A fotografia da capa mostrava o presidente Costa e Silva sentado sozinho no Congresso Nacional.

Glossário

Apreciação: julgamento.
Habeas corpus: direito do cidadão acusado de crime de aguardar julgamento em liberdade mediante decisão judicial.
Recesso: suspensão temporária das atividades de um órgão público.
Referendar: confirmar.

---

1 Considerando o contexto histórico da decretação do AI-5, que mensagem a revista pretendia transmitir ao estampar na capa a figura solitária do presidente da República no Congresso Nacional?

2 O que teria feito a polícia apreender a revista, impedindo que chegasse às bancas?

3 De acordo com o texto, o AI-5 foi a principal expressão da Ditadura. Explique em que medida o recesso do Congresso Nacional, de dezembro de 1968 a outubro de 1969, exemplifica isso.

4 Em sua opinião, o pronunciamento do deputado Moreira Alves justifica a decretação do AI-5? Por quê?

5 Por quanto tempo vigorou o AI-5?

Resistência armada

Entrega do relatório final da Comissão Nacional da Verdade à sociedade no Conselho Federal da OAB. Brasília (DF), 2014.

A Comissão Nacional da Verdade (CNV) foi instituída em 2012 para apurar graves violações de direitos humanos ocorridas no Brasil entre 1946 e 1988, período que inclui a Ditadura Civil-Militar. As Comissões da Verdade são órgãos oficiais ou extraoficiais com a função de construir uma narrativa desse período apontando os crimes que foram cometidos, as circunstâncias dessas violências, as pessoas envolvidas etc.

Zoom

Que importância você atribui à Comissão Nacional da Verdade para fortalecer a democracia?

Conforme o regime endurecia o combate aos opositores, diferentes formas de resistência de variadas tendências ideológicas surgiam. Não eram movimentos articulados, mas compartilhavam as críticas ao regime.

Alguns grupos organizaram ações radicais visando à luta armada para a derrubada do governo. As mais ousadas foram assaltos a bancos e carros-fortes, e o sequestro do embaixador dos EUA por líderes estudantis, que posteriormente foi solto em troca da libertação de presos políticos.

No sul do Pará, integrantes do Partido Comunista do Brasil organizaram o movimento armado conhecido por Guerrilha do Araguaia, que teve a adesão de cerca de 100 pessoas, incluindo camponeses locais. Os guerrilheiros pretendiam o fim do Regime Militar e a implantação do socialismo no país. Entre 1972 e 1974 foram enviados cerca de 4 mil soldados para a região, que executaram prisões, torturas e deixaram um saldo de 70 mortes.

A censura encobria a violência contra os opositores e os problemas socioeconômicos do país. Em paralelo, a propaganda oficial exaltava o Brasil como grande nação utilizando *slogans* **ufanistas**.

"Milagre brasileiro": desenvolvimentismo e conflitos com indígenas

O autoritarismo passou a ser justificado pelo grande desenvolvimento econômico do período, chamado de "milagre brasileiro", ou "milagre econômico," e divulgado por meio de intensa propaganda oficial. Para sustentar o crescimento da economia, o Regime Militar concedeu abertura ao capital externo, praticou o arrocho salarial e realizou grandes obras de infraestrutura, o que resultou no endividamento do país e na acentuada concentração de renda.

A construção de obras públicas, como estradas e hidrelétricas, revelou-se um problema para muitos povos indígenas, que, em nome do progresso regional e nacional, foram forçados a abandonar as terras que ocupavam. Nesse processo, agentes do Estado ou **jagunços** ligados a proprietários de terras locais assassinaram populações nativas inteiras e, em outros casos, submeteram-nas a trabalhos forçados ou à prostituição. Em decorrência disso, lideranças indígenas passaram a se organizar para exigir a demarcação de suas terras e o direito à preservação de suas culturas e línguas. Contudo, o reconhecimento legal dos direitos dos povos indígenas só viria na Constituição de 1988.

A política econômica da Ditadura beneficiou principalmente as grandes empresas estrangeiras; as camadas dominantes da sociedade brasileira, que tiveram a oportunidade de aumentar significativamente sua riqueza; e a classe média, que viveu um período de euforia.

Glossário

Jagunço: indivíduo que presta serviço paramilitar ao latifundiário nas disputas por terras.
Ufanismo: patriotismo exagerado.

Massacre de índios pela Ditadura Militar

Em 1967, foi criada a Fundação Nacional do Índio (Funai), órgão estatal com a função de proteger e promover os direitos dos povos indígenas no Brasil. No entanto, naquele contexto, a Funai exerceu o papel de "integrar" os povos indígenas à sociedade brasileira a fim de transformar os indígenas em mão de obra para os empreendimentos abertos nas áreas onde viviam. Colaborou, assim, para a ocupação das terras indígenas por grupos econômicos agropecuários, mineradores, extrativistas e ainda para a descaracterização forçada de suas culturas e tradições.

A reportagem a seguir, publicada em 2017 pela revista *IstoÉ*, aborda a violência sofrida por povos indígenas durante esse período.

[...] Uma pesquisa encomendada pela Comissão Nacional da Verdade (CNV) estima que ao menos 8.350 índios foram mortos entre 1946 e 1988. Além da violência direta do Estado, os povos indígenas sofreram com a omissão do governo.

[...] Diferentemente de outras atrocidades produzidas pela ditadura, os relatos desse período sombrio da história mostram que a perda de várias vidas indígenas se deu justamente por omissão de quem deveria protegê-los: os agentes públicos da Funai.

Eles seriam os causadores da disseminação de doenças graves que dizimaram dezenas de integrantes dessas duas etnias. No início dos anos 70, surtos de disenteria, sarna, gripe e problemas de visão acometeram boa parte da tribo Parakanãs. [...]

Os documentos indicam que, no início da década de 70, houve um grande surto de doenças em área de índios da tribo Suruí Paiter, em Rondônia. Em visita à região, o etnólogo francês Jean Chiappino constatou a ausência de cuidados de saúde, pela Funai, o que provocou a morte de 200 nativos por problemas de saúde.

[...] Os registros oficiais da Funai na época confirmam o surto e as mortes, mas não trazem maiores dados sobre o número e a amplitude do problema. [...]

A Funai surgiu justamente em meio a denúncias de irregularidades cometidas por servidores do Serviço de Proteção ao Índio (SPI). No final dos anos 60, uma criança indígena, Rosa, 11, foi levada de uma tribo, em Mato Grosso, para servir de escrava da mulher de um servidor do SPI. Não foi o único caso de escravidão de índios, submetidos a essa situação por funcionários do governo federal. Na primeira década da ditadura, índios – adultos e crianças – eram vendidos por funcionários públicos que tinham como missão protegê-los.

Depois de descoberto o crime, aproximadamente 130 funcionários foram apontados como responsáveis pelos delitos, mas ninguém foi punido. A única consequência prática foi a decisão de acabar com o SPI e criar em seu lugar a Funai. [...]

IstoÉ. Disponível em: <https://istoe.com.br/massacre-de-indios-pela-ditadura-militar/>. Acesso em: maio 2018.

Rosa Gauditano/StudioR

Chefes xavantes na PUC-SP em reunião pela melhoria dos direitos humanos. São Paulo (SP), 1981.

Cultura e contracultura na Ditadura

Principalmente durante o período ditatorial, diversos artistas e intelectuais brasileiros engajaram-se em um movimento amplo, diversificado e multifacetado de produção cultural. Além da criatividade, tinham em comum a resistência aos modelos culturais impostos pelos órgãos oficiais de censura e a busca por uma cultura nacional com a qual se identificassem.

Chico Buarque, 1973.

Maria Bethânia, 1972.

Os Mutantes, 1968.

Ignácio de Loyola Brandão, 1970.

Vladimir Herzog, 1966.

Arena Conta Zumbi, 1973.

O que é cultura

Se formos pesquisar o conceito cultura, encontraremos diversas definições. Segundo um dicionário especializado:

> O significado mais simples desse termo afirma que cultura abrange todas as realizações materiais e os aspectos espirituais de um povo. Ou seja, em outras palavras, cultura é tudo aquilo produzido pela humanidade, seja no plano concreto ou no plano imaterial, desde artefatos e objetos até ideias e crenças. Cultura é todo complexo de conhecimentos e toda habilidade humana empregada socialmente. Além disso, é também todo comportamento aprendido, de modo independente da questão biológica. [...]

Ou ainda que:

> [...] cultura é o conjunto de práticas, de técnicas, de símbolos e de valores que devem ser transmitidos às novas gerações para garantir a convivência social. Mas para haver cultura é preciso antes que exista também uma consciência coletiva que, a partir da vida cotidiana, elabore os planos para o futuro da comunidade. Tal definição dá à cultura um significado muito próximo do ato de educar. Assim sendo, nessa perspectiva, cultura seria aquilo que um povo ensina aos seus descendentes para garantir sua sobrevivência. Em todo universo cultural, há regras que possibilitam aos indivíduos viver em sociedade; nessa perspectiva, cultura envolve todo o cotidiano dos indivíduos. Assim, os seres humanos só vivem em sociedade devido à cultura. Além disso, toda sociedade humana possui cultura. A função da cultura, dessa forma, é, entre outras coisas, permitir a adaptação do indivíduo ao meio social e natural em que vive. E é por meio da herança cultural que os indivíduos podem se comunicar uns com os outros, não apenas por meio da linguagem, mas também por formas de comportamento.

Kalina Vanderlei Silva e Maciel Henrique Silva. *Dicionário de conceitos históricos.* São Paulo: Contexto, 2009. p. 85-86.

Podemos subdividir o conceito de cultura em três tipos: popular, erudita e de massa.

Cultura popular

Envolve manifestações relacionadas a música, dança, artesanato, culinária, crenças, costumes e outras formas de expressão que, em geral, são transmitidas pela tradição oral.

A cultura popular é transmitida de uma geração à outra e assimilada pelas pessoas por meio da convivência em família, em comunidade. Ela expressa valores e costumes aceitos e reconhecidos pela sociedade ou por determinados segmentos sociais.

Exemplos da cultura popular são as Festas Juninas, o Carnaval, o frevo, a tapioca, o tererê, o virado à paulista, a moqueca capixaba etc.

Cultura erudita

Envolve manifestações relacionadas à aprendizagem formal e aos saberes de natureza acadêmica, científica, técnica e artística, como exposições, espetáculos teatrais, concertos musicais, obras literárias, temporadas de ópera, espetáculos de balé etc. A cultura erudita deve ser incentivada ou subsidiada pelo Estado ou mesmo patrocinada por empresas privadas para garantir amplo acesso da sociedade a todas as práticas culturais.

A distinção entre cultura erudita e popular não significa que haja relação de superioridade de uma em relação à outra. Ambas são práticas culturais que compõem a história, a identidade e as experiências das sociedades.

Cultura de massa

Envolve todas as manifestações veiculadas nos meios de comunicação de massa, que geralmente ditam padrões de consumo e comportamentos, levando os consumidores a adotar uma postura acrítica e homogênea com um principal objetivo: consumir. A cultura de massa baseia-se na promessa de felicidade, juventude, sucesso financeiro e pessoal, padrões estéticos estereotipados etc. Manifesta-se na publicidade, no cinema, no rádio, na TV e, mais recentemente, nas interações via internet.

Ampliar

O Show de Truman
Estados Unidos, 1998.
Direção: Peter Weir, 107 min.

O filme narra a história de um pacato vendedor de seguros que, sem saber, tem sua vida gravada e transmitida 24 horas por dia.

Conviver ■■■

Luta cultural e política

A luta dos negros brasileiros durante a ditadura pode ser pensada em dois campos que, por sua vez, se conectavam: o cultural e o político.

No campo cultural, a valorização do negro dentro da cultura brasileira começou a desenvolver um espaço próprio. [...] No mundo acadêmico, sociólogos como Florestan Fernandes desenvolveram críticas sofisticadas e aprofundadas à ideia de "democracia racial", demonstrando como os negros foram integrados à sociedade industrial e urbana, com a manutenção de uma situação de dupla exclusão, social e racial. [...]

No final dos anos 1960 e início dos anos 1970, [...] artistas como Tim Maia e Toni Tornado colocaram em pauta explicitamente a questão da luta contra a discriminação.

No ano de 1974, na cidade de Salvador, o bloco Ilê Aiyê surgiu com a proposta de celebrar o carnaval sem esquecer o protesto contra o racismo, cantando "É o mundo negro que viemos mostrar a você". Nas periferias, começou a surgir uma nova consciência entre jovens e adolescentes cujo foco era a valorização da "identidade racial" e a percepção do preconceito explícito ou disfarçado que marcava a sociedade brasileira. Apesar disso, o "racismo cordial" à brasileira ainda era frequente, e a população negra era a mais marginalizada.

No campo político, a novidade dos anos 1970 foi o ressurgimento de um movimento negro altamente politizado e influenciado por ideologias marxistas. [...] Mas foi em 1978, com a fundação do Movimento Negro Unificado Contra a Discriminação Racial (MNU), [...] que a questão racial e o discurso marxista foram mais intimamente conectados, a partir de um **ativismo** no qual os militantes negros de formação universitária eram os principais protagonistas.

O MNU foi fundado num ato público que reuniu 2 mil pessoas, no dia 7 de julho daquele ano, nas escadarias do Teatro Municipal de São Paulo. O ato era uma resposta à discriminação sofrida por quatro jovens atletas negros num clube esportivo de São Paulo, além de outros eventos de violência policial contra os negros.

Vale lembrar que, para os ideólogos da ditadura brasileira, [...] as pautas do movimento negro eram antipatrióticas, imitação superficial e descontextualizada do movimento negro estadunidense. Afirmava-se que aqui não existia racismo. Portanto, o surgimento de uma "consciência negra", expressa num grupo de origem marxista [...], era um duplo desafio para a ditadura antirracialista e anticomunista. [...]

Memórias da Ditadura. Disponível em: <http://memoriasdaditadura.org.br/movimentosnegros/index.html>. Acesso em: abr. 2018.

Folhapress

Manifestantes durante passeata por igualdade racial. São Paulo (SP), 7 jul. 1978.

A concentração nasceu do trabalho das entidades que formam o Movimento Negro Unificado Contra a Discriminação Racial.

Glossário

Ativismo: propaganda ativa do serviço de uma doutrina ou ideologia.

---

1 Em dupla, respondam:

a) Por que o incentivo aos argumentos em favor de uma "democracia racial" no Brasil constituía um interesse do governo ditatorial?

b) Vocês identificam diferenças entre o panorama social apresentado nos anos 1980 e o dos dias atuais? Justifiquem.

c) Mesmo com a redemocratização, os índices de letalidade das polícias militares atingiram mais os jovens negros, pobres e moradores das periferias. Como vocês explicariam esse fenômeno social?

O que é contracultura

Se formos em busca do conceito **contracultura**, encontraremos definições baseadas na ideia de contraposição aos modelos estabelecidos pela cultura dominante.

A Contracultura foi um movimento que surgiu nos Estados Unidos entre os anos 1950 e 1960; sua essência eram as profundas críticas ao sistema capitalista e aos padrões de consumo, que haviam atingido alto grau de adesão após o fim da Segunda Guerra Mundial.

Em plena Guerra Fria, milhões de estadunidenses engajaram-se em crescentes protestos contra o envolvimento dos EUA na Guerra do Vietnã. Jovens, em sua maioria, contestavam radicalmente o apoio de seu país à ditadura que se estabelecera no Vietnã do Sul e denunciavam os milhares de mortos na guerra (entre 1965 e 1975, foram cerca de 58 mil soldados mortos).

Manifestação contra a Guerra do Vietnã, Califórnia (EUA), 20 nov. 1965.

Além dos dizeres contidos na imagem, "paz e amor" (*peace and love*) e "faça amor, não faça guerra" (*make love not war*) foram marcas inconfundíveis desse contexto histórico.

O movimento, que passou também a lutar pelos direitos civis e das minorias, e a contestar os rígidos valores morais da sociedade estadunidense, espalhou-se para outros países, exercendo grande influência sobre as produções culturais e os padrões estéticos das décadas seguintes.

O movimento de Contracultura alçou os jovens a um papel de protagonistas no combate ao conservadorismo e na reivindicação de transformações sociais e políticas em seu país e no mundo.

Muitos ícones da música *pop* surgiram nessa onda, notabilizando-se sobretudo pelo envolvimento em causas políticas e pelas canções de protesto: Janis Joplin, Jimi Hendrix, Joan Baez, Bob Dylan, Jim Morrison, Bob Marley, Santana, Joe Cocker.

Contracultura no Brasil

A Contracultura encontrou no Brasil e em outros países americanos terreno bastante fértil para se propagar, pois a maioria deles tinha governos autoritários ou ditatoriais no período da Guerra Fria.

Além disso, no Brasil a propagação do movimento coincidiu com uma época de rápida urbanização, crescimento demográfico e desenvolvimento dos sistemas de transportes e comunicações. Consequentemente, algumas mazelas que existiam desde o início da República e não eram divulgadas começaram a se tornar mais visíveis. Entre elas, as profundas desigualdades regionais e a imensa distorção na distribuição da renda entre os habitantes do país, que se mantêm até os dias de hoje. Portanto, não faltavam motivos para que intelectuais e artistas ansiassem pela construção de uma identidade nacional fundamentada nos princípios de liberdade, igualdade e justiça.

No cenário musical brasileiro, impulsionou o surgimento do Tropicalismo, assim como fortaleceu a difusão da Música Popular Brasileira (MPB) e do *rock'n'roll*. Também o cinema, o teatro, as artes plásticas e a literatura trouxeram novas abordagens, com uma visão mais crítica dos problemas sociais e políticos do Brasil.

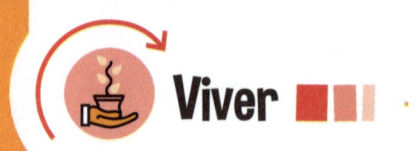
Viver ■■■

A força política das canções de protesto – a música como documento histórico

As canções de protesto constituíram, nas décadas de 1960 e 1970, um amplo movimento musical contra as ditaduras e uma característica marcante do movimento de Contracultura nos Estados Unidos.

A cantora Joan Baez na praia, 1962.

Nascida nos Estados Unidos, Joan Baez conseguiu se tornar uma das mais festejadas cantoras de música de protesto latino-americana. E fez isso com mérito. Ao longo dos anos 1960 e 1970, gravando em inglês e em espanhol, a rainha do *folk* se tornou conhecida por seu timbre característico – soprano hábil nos vibratos –, mas sobretudo por seu engajamento político.

Subiu em palanques ao lado de Martin Luther King, cantou em prisões, foi se apresentar nos teatros dos negros quando eles eram proibidos de entrar nos teatros dos brancos, manifestou-se aberta e intensamente contra a Guerra do Vietnã, fundou em 1966 um instituto dedicado ao estudo da não violência, militou na Anistia Internacional, e se aliou à resistência democrática em todos os países dominados por ditaduras militares na América do Sul.

Em 1974, meses depois do golpe que assassinou Salvador Allende e entregou o governo do Chile ao general Augusto Pinochet, Joan Baez lançou um disco em espanhol intitulado *Gracias a la Vida*, como a canção da chilena Violeta Parra. Sua inspiração para lançá-lo foi justamente a crueldade do regime. Joan Baez usou sua arte para mandar uma mensagem de esperança ao povo chileno e, ao mesmo tempo, ajudar a colocar o Chile no centro da pauta internacional. "Quando o golpe foi deflagrado, nós da Anistia Internacional trabalhamos duro para salvar vidas, e de fato salvamos algumas", declarou, numa reportagem da revista People. [...]

Joan Baez. *Memórias da Ditadura*. Disponível em: <http://memoriasdaditadura.org.br/artistas/joan-baez/index.html>. Acesso em: maio 2018.

A cantora Joan Baez em apresentação gratuita contra a Guerra do Vietnã. Londres, (Inglaterra), 1965.

❶ Em sua opinião, uma música é válida para fazer um protesto ou uma crítica social? Por quê?

❷ Qual é a função da arte (especificamente a música) na vida das pessoas, considerando como exemplo a atuação de Joan Baez?

no caderno

1 No governo João Goulart (1961-1964), a polarização ideológica dividiu a sociedade. De um lado, os setores progressistas e os trabalhadores apoiavam Jango. De outro, opunham-se a ele setores mais conservadores. Que papel tiveram as Reformas de Base e a Marcha da Família com Deus pela Liberdade para o agravamento das tensões sociopolíticas da época?

2 Em 31 de março de 1964, os militares depuseram Jango por meio de um golpe de Estado e tomaram o poder, no qual ficaram até 1985. Os sucessivos governos do período atuaram sob um regime ditatorial.

a) Por que esse período também é denominado Ditadura Civil-Militar?

b) Identifique os mecanismos antidemocráticos adotados pelos governos militares brasileiros para evitar a manifestação de setores oposicionistas.

3 O texto seguinte aborda o "milagre econômico" do Brasil, uma das marcas da Ditadura Civil-Militar.

> Mas qualquer que seja o indicador escolhido, no período 1967-1973 ocorreu uma queda ou estagnação do salário mínimo real, apesar do forte crescimento da economia e da produtividade do trabalho. [...] Diante do indubitável sucesso da política econômica em termos de promoção do crescimento econômico e de um inegável salto quantitativo e qualitativo da economia brasileira no período 1967-1973, resta destacar brevemente o impacto social da política econômica no período. Parece claro que os trabalhadores, de uma maneira geral, não se beneficiaram do crescimento da renda real do país de forma proporcional à sua evolução e piorou a distribuição da renda pessoal.

Milagre econômico brasileiro. FGV CPDOC. Disponível em: <www.fgv.br/cpdoc/acervo/dicionarios/verbete-tematico/milagre-economico-brasileiro>. Acesso em: maio 2018.

- Com base no texto, comente por que o milagre econômico do período não diminuiu as desigualdades sociais do país.

4 Qual manifestação cultural de sua região você considera mais significativa? Descreva a participação de sua comunidade nessa manifestação.

5 Em sua cidade ou região, existe algum movimento de resistência cultural que valorize a pluralidade e favoreça a inclusão social? Se sim, descreva suas principais ações. Se não, descreva algum movimento pelo qual você se interessa e com o qual se identifique.

6 Em agosto de 1969, o festival de Woodstock, nos EUA, reuniu milhares de jovens adeptos do movimento Contracultura. Leia, a seguir, uma tirinha dos personagens Wood e Stock, do cartunista Angeli.

Wood e Stock. Tirinha de Angeli, 1988.

a) A qual tempo Wood se refere no 1º quadrinho?

b) Procure descobrir qual é a graça relacionada ao nome dos personagens.

c) A qual ideal Wood se refere no 3º quadrinho?

Ditaduras na América Latina

Você já ouviu falar da "geração nem-nem"? Procure informar-se sobre ela para formar uma opinião a respeito desse fenômeno social que tem provocado posições bastante divergentes entre os cientistas sociais que estudam o comportamento dos jovens na América Latina. Que características de sua geração você acha que esses estudos em Ciências Sociais revelam?

Atualmente, a América Latina tem aproximadamente 630 milhões de habitantes. Embora a pobreza e a desigualdade social constituam grandes desafios para essa população, trata-se de uma extensa comunidade cujas características **macroeconômicas** trazem muitas expectativas de desenvolvimento. Os países latino-americanos concentram ampla diversidade étnica, cultural e religiosa, além de uma numerosa população jovem. Tais dados são essenciais para que a América Latina supere seus desafios; para isso, é preciso ampliar as políticas públicas de educação e os programas de incentivo ao emprego digno.

América Latina – Legados em comum

O sucesso da Revolução Cubana em 1959 e o alinhamento do país à URSS durante o período da Guerra Fria despertaram, tanto nos Estados Unidos quanto nos setores mais conservadores do sistema capitalista, um crescente medo do "perigo vermelho". Desde então, o governo estadunidense, que já mantinha no continente uma política imperialista, passou a exercer um controle ainda mais próximo, no sentido de evitar a propagação do socialismo e de interferir nos rumos políticos de cada nação.

Tanto a Central Intelligence Agency (CIA) – a agência de inteligência do governo dos Estados Unidos – quanto os centros de inteligência militar estrategicamente distribuídos pelo continente, com o devido respaldo de verbas estadunidenses, atuaram nos bastidores dos violentos golpes de Estado que instauraram ditaduras militares em diversos países latino-americanos nas décadas de 1960 e 1970.

Naquela época, vivia-se uma fase de intensa politização e de influência dos movimentos de inspiração esquerdista, como o da Contracultura, que aconteciam pelo mundo. O panorama cultural, social e político era de efervescência nos meios intelectual, universitário, artístico e operário.

De maneira geral, as ditaduras militares prometiam restaurar a ordem e eliminar a ameaça comunista, além de garantir o desenvolvimento econômico por meio da abertura aos investimentos estrangeiros, principalmente dos Estados Unidos. Com tal discurso, ganharam o apoio dos setores conservadores e de uma parte significativa da sociedade civil.

Arquivo do Conselho de Estado de Cuba/AFP

Che Guevara e Fidel Castro. Cuba, década de 1960.

Embora tenham obtido, com suas medidas desenvolvimentistas, crescimento econômico e aumento dos índices de popularidade (em grande parte devido à censura e à manipulação dos meios de comunicação de massa), os governos ditatoriais não conseguiram reduzir a pobreza e a desigualdade social. Ao contrário, aprofundaram a concentração de renda e as injustiças sociais e contribuíram para o crescimento da dívida pública.

Nas décadas de 1960 e 1970, os países latino-americanos viviam realidades distintas e contextos históricos específicos, mas tinham em comum algumas características: a experiência da colonização espanhola (exceto o Brasil); a hegemonia dos setores conservadores de orientação católica, principalmente na classe média pouco politizada; a força econômica das elites latifundiárias e do empresariado dependente do capital estrangeiro; a forte influência das Forças Armadas e da Igreja Católica.

Por outro lado, as sequelas sociais e econômicas da herança colonial ibérica haviam estimulado o surgimento de um amplo leque de partidos políticos, sindicatos, movimentos populares e estudantis, influenciados principalmente pelos ideais socialistas e pelos princípios de inclusão social contidos na **Teologia da Libertação**.

Diante dessas realidades, os governos ditatoriais recorreram amplamente a estratégias antidemocráticas e antirrepublicanas – algumas criminosas e inaceitáveis –, como o uso da força para controle das massas, a rígida censura aos meios de comunicação, as perseguições políticas, os sequestros, a tortura, o extermínio de presos políticos, o controle das universidades públicas e o esfacelamento dos movimentos populares.

Exemplos disso foram as ditaduras estabelecidas por Alfredo Stroessner no Paraguai, Pinochet no Chile, Bordaberry no Uruguai e Videla na Argentina. Esses regimes militares, como no Brasil, prolongaram-se até os anos 1980.

As Comissões da Verdade

As décadas de 1980 e 1990 marcaram o fim das ditaduras na América Latina. Em cada país, o processo de redemocratização foi distinto. No Brasil, sob pressão de movimentos sociais a favor da democracia, o governo conduziu uma abertura política lenta e gradual. A Lei da Anistia (1979) estabeleceu o retorno dos exilados e restabeleceu os direitos políticos aos perseguidos pelo regime. Contudo, também estendeu a anistia aos agentes militares e civis do Estado que praticaram torturas e assassinatos, livrando-os de julgamentos e condenações.

Já na Argentina e no Chile, pouco depois do fim dos governos ditatoriais, formaram-se Comissões da Verdade para apurar os crimes e violações aos direitos humanos cometidos pelo Estado contra opositores e seus familiares. Esse processo, além de divulgar a crueldade dos agentes do Estado no passado recente, visando à promoção e valorização da democracia, resultou na punição de torturadores pela Justiça. Dentre eles, o ex-presidente argentino Reynaldo Bignone, que em 2011 foi condenado à prisão perpétua. No Brasil, a Comissão da Verdade foi instaurada somente em 2012.

Ricardo Ceppi/DPA/AFP

Detalhe do Monumento a las Víctimas del Terrorismo de Estado, Parque de la Memoria, Buenos Aires.

Este monumento abriga 30 mil placas, sendo que 9 mil delas contêm nomes de pessoas desaparecidas, reunidas pelo ano em que foram sequestradas e em ordem alfabética. Outra informação é a idade que tinham na época e, no caso das mulheres, se estavam grávidas ou não.

Paraguai

No Paraguai, o general Alfredo Stroessner liderou um golpe de Estado em 1954 e conseguiu manter-se no poder durante 35 anos (até 1989).

O apoio dos latifundiários e do governo estadunidense constituía a essência de suas barganhas políticas, o que garantiu que fosse candidato único em sete eleições presidenciais consecutivas e, consequentemente, vitorioso em todas elas.

Em seu governo, a economia paraguaia sustentava-se principalmente por meio de grandes projetos, como a construção da usina hidrelétrica de Itaipu (em parceria com o Brasil) e também negócios ligados a cassinos e contrabando.

Stroessner cultivava um estilo personalista de governo, costumava receber políticos e cidadãos comuns que lhe pediam favores, sempre com o objetivo de manter e ampliar sua extensa rede de apoio e fidelidade.

A partir da década de 1980, o governo de Stroessner foi afetado pelo declínio da economia paraguaia e, em 1989, ele foi deposto por mais um golpe de Estado liderado por um militar, o general Andrés Rodríguez. Mesmo assim, o país iniciou um período de abertura política.

Chile

No Chile, o médico Salvador Allende havia sido eleito presidente em 1970, com um programa socialista. Sua vitória despertou a atenção da CIA, que temia a aproximação do Chile com Cuba.

Allende iniciou o governo tentando cumprir seu programa de estatização da economia, reforma agrária e nacionalização de empresas estrangeiras (principalmente mineradoras de cobre) que operavam no país. Essas medidas, obviamente, prejudicariam os interesses estadunidenses. Diante disso, os Estados Unidos passaram a apoiar os setores empresariais que faziam oposição ao governo de Allende, além de orquestrar medidas de bloqueio econômico ao Chile.

Além disso, os Estados Unidos financiaram a formação de uma junta militar, liderada pelo então general Augusto Pinochet (que havia sido nomeado comandante do exército chileno pelo próprio Allende), que planejou e pôs em prática o golpe de Estado mais brutal ocorrido em toda a América Latina.

Nas últimas décadas, cedendo a pressões internacionais, a CIA vem liberando o acesso a documentos que comprovam o envolvimento do governo dos Estados Unidos no financiamento de greves, boicotes e atos terroristas organizados por setores conservadores da extrema-direita chilena contra o governo de Allende.

Alfredo Stroessner e Augusto Pinochet desfilam em Santiago. Chile, 1974.

No dia 11 de setembro de 1973, o Palácio La Moneda (sede do governo federal), em Santiago, foi bombardeado pelos militares. O presidente Allende, que tentou resistir durante algumas horas, acabou por incentivar seus apoiadores a se entregarem e, por fim, suicidou-se com um tiro de fuzil.

Pinochet deu a seu governo uma feição liberal, diminuindo a participação do Estado e promovendo a abertura da economia para os capitais internacionais. No entanto, suas características mais marcantes foram a suspensão dos direitos civis, a violenta repressão, a execução sumária de milhares de opositores, além da tortura e do desaparecimento de outros milhares.

O ditador chileno preocupou-se em legitimar suas arbitrariedades por meio de alterações na Constituição do país; em 1980, promulgou uma constituição que legalizava seu governo. No entanto, apesar da dura repressão, as pressões populares contra Pinochet cresceram e, em 1988, um plebiscito determinou sua saída do poder e o retorno ao regime democrático.

Argentina

Na Argentina, os militares viveram várias fases de protagonismo político desde a década de 1930, sempre no combate ao comunismo e geralmente sob o pretexto de retomar o crescimento econômico, controlar a inflação e atrair os investimentos estrangeiros.

Em março de 1976, um golpe de Estado levou ao poder os militares que lideraram a ditadura mais violenta e repressora da história do país. Mais uma vez o pretexto era retomar a ordem social e conter a crise econômica.

Enquanto outros países latino-americanos desenvolveram projetos nacionais de grande porte, a Argentina constituiu uma exceção. O governo militar argentino não obteve sucesso na retomada do desenvolvimento econômico do país, restringindo-se ao discurso da repressão pela repressão; talvez por esse motivo o tenha aperfeiçoado continuamente. Os anos de ditadura resultaram em cerca de 30 mil desaparecidos e milhares de mortos.

A "sofisticação" das práticas de terror e tortura instituídas pelos militares argentinos alcançaram graus de perversidade inimagináveis. Muitas crianças, filhas de presos políticos, foram torturadas em frente a seus pais, ou mesmo exterminadas; outras foram adotadas por militares, sem conhecerem suas verdadeiras histórias. Centenas de presos políticos foram jogados vivos, de aviões em pleno voo, ao mar.

Um dos mais conhecidos movimentos de resistência à ditadura na Argentina foi o das Mães da Praça de Maio, que insistentemente, por anos a fio, protestaram com seus lenços brancos amarrados na cabeça, pressionando o governo militar a reconhecer os desaparecimentos e assassinatos de seus filhos.

Em 1982, os militares mostravam-se enfraquecidos, mas não davam sinais de abandonar o poder. Numa estratégia desesperada de desviar a atenção da opinião pública do país e do mundo, o governo decidiu decretar guerra à Inglaterra e retomar a posse das Ilhas Malvinas (arquipélago no Atlântico Sul). A derrota foi inevitável. Desgastada, a ditadura militar começou a negociar o retorno da democracia.

Daniel Garcia/AFP

Protesto das Mães da Praça de Maio, em Buenos Aires. Argentina, c. 1982.

Viver

Operação Condor: ditaduras se uniram para perseguir adversários

A Operação Condor foi uma aliança estabelecida formalmente, em 1975, entre as ditaduras militares da América Latina. O acordo consistiu no apoio político-militar entre os governos da região, visando perseguir os que se opunham aos regimes autoritários. Na prática, a aliança apagou as fronteiras nacionais entre seus signatários para a repressão aos adversários políticos.

O nome do acordo era uma alusão ao condor, ave típica dos Andes e símbolo do Chile. Trata-se de uma ave extremamente sagaz na caça às suas presas. Nada mais simbólico do que batizar a aliança entre as ditaduras de Operação Condor. Não à toa, foi justamente o Chile, sob os **auspícios** do governo de Augusto Pinochet, que assumiu a dianteira da operação. Além do Chile, fizeram parte da aliança: Argentina, Bolívia, Brasil, Paraguai e Uruguai.

Ampliar

O horror da Operação Condor.

https://brasil.elpais.com/brasil/2015/09/10/internacional/1441836066_190161.html

Reportagem sobre a exposição do fotógrafo português João Pina, cujo tema é a Operação Condor, realizada no Museu da Memória e dos Direitos Humanos de Santiago do Chile. O texto traz exemplos dos horrores cometidos pelas ditaduras militares.

Cris Bouroncle/AFP

Augusto Pinochet inspecionando e saudando suas tropas. Santiago, Chile, 1998.

Nos anos 1980, o Peru, então sob uma ditadura militar, também se juntou ao grupo. Pode-se dizer que a operação teve três fases. A primeira consistiu na troca de informações entre os países-membros. A segunda caracterizou-se pelas trocas e execuções de opositores nos territórios dos países que formavam a aliança. A terceira ficou marcada pela perseguição e assassinato de inimigos políticos no exterior – muitas vezes no próprio exílio.

Calcula-se que, apenas nos anos 1970, o número de mortos e "desaparecidos" políticos tenha chegado a aproximadamente 290 no Uruguai, 360 no Brasil, 2 mil no Paraguai, 3100 no Chile e impressionantes 30 mil na Argentina – a ditadura latino-americana que mais vítimas deixou em seu caminho. Estimativas menos conservadoras dão conta de que a Operação Condor teria chegado ao saldo total de 50 mil mortos, 30 mil desaparecidos e 400 mil presos.

Educação UOL. Disponível em: <https://educacao.uol.com.br/disciplinas/historia-brasil/operacao-condor-ditaduras-se-uniram-para-perseguir-adversarios.htm?tipo=0>. Acesso em: maio 2018.

1. Mobilize seus conhecimentos para, com base na leitura do texto, justificar o uso do condor como símbolo da operação de caça aos opositores.

2. Em que medida a Operação Condor representou a violência do Estado contra o cidadão? Por que ações desse tipo são típicas de regimes ditatoriais?

1 Em 1973, o governo de Pinochet ordenou que tropas de soldados queimassem, em plena rua, livros "perigosos" que haviam sido apreendidos. Os mais perseguidos nessas apreensões eram os donos de livrarias que vendiam livros de Sociologia, História, Filosofia, Política etc. Por que razões o governo de Pinochet consideraria livros com tais temáticas perigosos?

2 Nos anos 1960 e 1970, os países latino-americanos passaram por golpes de Estado que implantaram ditaduras militares; apesar das particularidades, eles apresentavam características em comum. Identifique-as.

3 Leia o fragmento a seguir.

> O bombardeio aéreo do palácio atrasou por quase uma hora. Prometido para as onze da manhã, teve seu início apenas às 11:52, quando foi disparado o primeiro dos 79 mísseis a saírem dos caças Hawker Hunter. Antes disso, a residência presidencial, localizada em outro ponto de Santiago, também havia sofrido ataque aéreo.

Maurício Brum. O dia final de Allende. *EBC*. Disponível em: <www.ebc.com.br/noticias/40-anos-do-golpe/2013/09/o-dia-final-de-salvador-allende>. Acesso em: 24 jul. 2018.

Soldados queimando livros durante a ditadura de Pinochet. Santiago, Chile, 1973.

a) A qual acontecimento o fragmento se refere?

b) Explique como você chegou a essa conclusão.

4 Em 2012, o príncipe William, segundo na sucessão do trono britânico, iniciou uma missão como piloto da Força Aérea Real no arquipélago das Malvinas, no Atlântico Sul, despertando muitos protestos em toda a Argentina, principalmente em Buenos Aires. Mobilize seus conhecimentos históricos para explicar a razão desses protestos.

5 Sobre a implantação das ditaduras na América Latina, leia o texto a seguir:

> A defesa dos interesses estadunidenses na América Latina – sua zona de influência abalada desde 1959 – levou a superpotência capitalista a considerar a política interna de cada país da região como extensão de sua política externa, ou seja, os assuntos de segurança interna desses países passaram a ser entendidos como se fossem da sua segurança.

Enrique Serra Padrós. Repressão e violência: segurança nacional e terror de Estado nas ditaduras latino-americanas. In: Carlos Fico et al. (Org.). *Ditadura e democracia na América Latina*: balanço histórico e perspectivas. Rio de Janeiro: Editora FGV, 2008. p. 146-147.

a) Que fato ocorrido em 1959 abalou a influência dos EUA na América Latina?

b) Por que os EUA apoiaram as ditaduras na América Latina?

Imperialismo estadunidense

Chile
Augusto Pinochet
Bloqueio econômico

Argentina
Governos militares
Guerra das Malvinas
Mães da Praça de Maio

Paraguai
Alfredo Stroessner
Hidrelétrica de Itaipu

Operação Condor
- Perseguição a opositores
- Aliança militar

Argentina	Paraguai
Bolívia	Peru
Brasil	Uruguai
Chile	

Comissões da Verdade
- Apuração de crimes cometidos pelo Estado
- Promoção e valorização da democracia
- Argentina e Chile
  - Instauradas logo após o fim dos regimes militares
  - Julgamentos e punições
- Brasil
  - Instaurada apenas em 2012
  - Indicação de culpados, mas sem julgamento

A Democracia em risco

- Parlamentarismo
- João Goulart
- Reformas de Base
- Perigo vermelho
- Desagrado da elite financeira, industrial e agrária
- Influência estadunidense
- Deposição presidencial

Fábio Nienow

Resistência

- Críticas ao regime
- Luta armada
- Guerrilha do Araguaia

Poder Militar

- 21 anos de governo
- Anticomunismo
- Censura
- Defesa do tradicionalismo
- Serviço Nacional de Informações (SNI)
- Atos institucionais
- Anos de Chumbo
- Ufanismo
- Corrupção

"Milagre econômico"

- Crescimento econômico para as elites e empresas estrangeiras
- Arrocho salarial
- Aumento da desigualdade
- Propaganda governamental
- Funai
- Desapropriação de território indígena

Atos institucionais

Nº 1	Legitimação da ditadura
Nº 2	Bipartidarismo
Nº 3	Eleições indiretas
Nº 4	Nova constituição
Nº 5	Suspensão das liberdades

Cultura e contracultura

- Produção cultural diversificada
- Questionamento social
- Canções de protesto
- Combate ao conservadorismo

Retomar ■■■

1 Uma pesquisa de opinião realizada pelo Ibope pouco tempo antes do Golpe Militar de 1964 apontou que João Goulart tinha apoio da maioria dos entrevistados, como mostra o trecho da notícia a seguir.

Jango tinha 70% de aprovação às vésperas do golpe de 64, aponta pesquisa

[...] Pesquisas feitas pelo Ibope às vésperas do golpe de 31 de março de 1964 mostram que o então presidente da República, João Goulart, deposto pelos militares, tinha amplo apoio popular. Doadas à Universidade de Campinas (Unicamp) em 2003, as sondagens não foram reveladas à época.

Pelos números levantados, Jango, como Goulart também era conhecido, ganharia as eleições do ano seguinte se elas tivessem ocorrido. Entrevistas realizadas na cidade de São Paulo na semana anterior ao golpe mostravam que quase 70% da população aprovavam as medidas do governo.

Câmara dos Deputados. Disponível em: <www2.camara.leg.br/camaranoticias/noticias/POLITICA/464707-JANGO-TINHA-70-DE-APROVACAO-AS-VESPERAS-DO-GOLPE-DE-64,-APONTA-PESQUISA.html> Acesso em: maio 2018.

a) Em sua opinião, que medidas tomadas pelo governo Goulart poderiam justificar esse alto índice de aprovação?

b) Você considera que a divulgação dessa pesquisa à época poderia ter enfraquecido a articulação do Golpe? Por quê?

2 Leia o texto e observe a imagem que reproduz a página de um jornal paulistano na época da Ditadura:

O controle das informações, mediante censura, pressões indiretas e intimidação, era quase absoluto na época, embora a censura e a autocensura se houvessem instalado gradativamente nas redações, a partir da promulgação da Lei da Imprensa de 1967, do AI-5 (1968) e, por fim, da nova Lei de Segurança Nacional, de 1969.

[...] Os diários conviviam com os censores em suas oficinas. Muitos órgãos não resistiram às pressões e foram obrigados a fechar; os que sobreviveram arcaram com pesados prejuízos. As matérias, charges, ilustrações ou fotos vetadas tinham que ser substituídas, não sendo permitido espaço em branco. Como protesto, *O Estado de S. Paulo* publicava versos de Camões e o *Jornal da Tarde*, receitas culinárias, preenchendo os vazios deixados pela tesoura do censor.

1960-1980: sob as ordens de Brasília. v. 5. São Paulo: Abril Cultural, 1980.
(Coleção Nosso Século Brasil).

a) De acordo com o texto, como os meios de comunicação "contavam" aos leitores que estavam sendo censurados?

b) O que acontecia com as pessoas que procuravam verificar as informações oficiais, isto é, transmitidas pelo governo?

c) Explique o significado da palavra autocensura nesta frase: "[...] embora a censura e a autocensura se houvessem instalado gradativamente nas redações [...]". A que procedimentos dos jornalistas e dos donos dos meios de comunicação esse trecho se refere?

Página do jornal *O Estado de S. Paulo*, em 4 de setembro de 1974, com trecho do poema *Os Lusíadas*, de Camões, no lugar de uma notícia censurada.

3 Considerando o contexto da Ditadura no Brasil, observe as imagens a seguir e responda às questões.

Ziraldo. *Ame-o ou deixe-o*. Charge publicada no jornal *O Pasquim*, 1970.

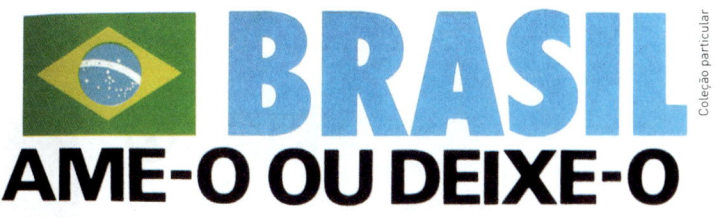

Cartaz com o *slogan* difundido durante a ditadura militar "Brasil - ame-o ou deixe-o".

a) O que essas imagens têm em comum?

b) Qual é a diferença mais importante entre as duas imagens?

c) Para o Regime Militar, qual era o significado desse *slogan*?

d) Qual é o significado do *slogan* para o cartunista Ziraldo?

4 A pichação com motivação política feita em espaços públicos teve origem no meio universitário na década de 1960 como forma de protesto ao Regime Militar. Naquele contexto, as mensagens eram diretas, curtas e sem a assinatura dos autores para evitar a repressão típica daqueles tempos. A imagem ao lado exemplifica essa situação.

Reúna-se em grupo para criar um cartaz inspirado na mensagem "Abaixo a ditadura". Pesquisem e selecionem imagens e informações que justifiquem a contestação à ditadura. Deem um título ao cartaz. Posteriormente, organizem um mural para expor as produções à comunidade escolar.

Estudantes pichando muro com a frase "abaixo a ditadura". Rio de Janeiro (RJ), 1968.

5 Os processos que estabeleceram as ditaduras na América Latina na segunda metade do século XX, assim como seus desdobramentos, enfrentamentos e enfraquecimentos foram específicos, de acordo com a realidade de cada país. No entanto, entre muitas especificidades, há algumas semelhanças entre esses regimes ditatoriais. Leia o texto abaixo e responda às perguntas.

Já despido de legitimidade perante amplos setores sociais, o regime militar encontrou no argumento de recuperação do arquipélago das Malvinas [...] uma estratégia para reconquistar a opinião pública. Em dois de abril de 1982, tropas argentinas desembarcaram nas ilhas Malvinas, as Falklands para os ingleses. [...]

Maria Ligia Prado e Gabriela Pellegrino. *História da América Latina*. São Paulo: Contexto, 2014. p. 177.

a) No aspecto socioeconômico, que semelhanças podem ser observadas?

b) A estratégia do governo ditatorial argentino, mencionada no texto acima, foi bem-sucedida? Por quê?

UNIDADE 7

> **Antever**

Há pouco mais de 40 anos, o regime militar cedeu às pressões populares que exigiam a abertura política e a redemocratização do país. A partir de então, diferentes segmentos da sociedade brasileira se engajaram em mobilizações pela defesa de direitos, fazendo emergir reivindicações que ficaram adormecidas durante o período de repressão; cresceram também as demandas pela construção de um modelo de desenvolvimento socioeconômico sustentável com base na democracia e na cidadania, em que também os direitos das minorias fossem viabilizados.

Na Avenida Paulista, em São Paulo, desde 1997, acontece a Parada do Orgulho LGBT, mobilização social que propõe um amplo debate na sociedade sobre preconceito, discriminação e violência contra a diversidade sexual, incentivando ações de combate à homofobia e pela conquista de direitos da comunidade LGBT. Em 2006, os organizadores estimaram que o evento reuniu quase 3 milhões de pessoas, o que o levou a ser incluído no *Guinness Book* como o maior do gênero.

Que papel teria exercido a sociedade civil no processo de redemocratização do Brasil, que colocou fim aos governos militares? Em que medida a garantia aos direitos das minorias amplia a democracia?

Desfile da Parada do Orgulho LGBTI em São Paulo (SP), 2015.

Daniel Cymbalista/Pulsar Imagens

Em busca da democracia

CAPÍTULO 21

A redemocratização do Brasil

José Cruz/Agência Brasil

Marcha das Margaridas seguindo em direção ao Congresso Nacional. Brasília (DF), 2015.

Embora ainda pouco conhecida, a Marcha das Margaridas é a maior mobilização de mulheres da América Latina atualmente. São trabalhadoras rurais, extrativistas, indígenas, quilombolas, entre outras mulheres, que, todos os anos, tomam as ruas da capital federal para dialogar com o governo sobre suas reivindicações. O nome do movimento foi escolhido em homenagem à Margarida Maria Alves, presidenta do Sindicato dos Trabalhadores Rurais de Alagoa Grande, na Paraíba. Justo ela, que muito lutou pelo fim da violência no campo, foi assassinada a mando de latifundiários da região em 1983.

A democracia no Brasil ainda é incerta. Em sua história recente, o país vive situações políticas que desafiam a normalidade democrática. Desde o fim da Ditadura Civil-Militar, em 1985, houve dois processos de *impeachment* que afetaram a Presidência da República, o mais alto cargo do Poder Executivo Federal escolhido por eleitores.

Esses cenários colocaram à prova o funcionamento de diferentes instâncias do regime democrático brasileiro, dentre as quais os poderes Legislativo e Judiciário. Evidenciou-se a importância de ambos para a preservação dos princípios democráticos, bem como a relevância das mobilizações de diversos segmentos sociais em favor da conquista e da garantia de direitos civis, políticos e sociais aos cidadãos.

No âmbito coletivo, por sua vez, tem crescido a articulação das minorias na luta por seus direitos. Assim, as expectativas populares por uma democracia que não seja medida apenas pelo direito de eleger seus representantes para ocupar os cargos públicos de poder têm se elevado. Esse processo começou a se esboçar de forma mais nítida a partir de meados da década de 1970, ainda quando imperavam os "anos de chumbo" da ditadura, marcados pela violenta repressão e pela censura, acentuando-se até o fim do regime.

O começo do fim

Durante o governo do general Ernesto Geisel, entre 1974 e 1979, o Brasil enfrentou os efeitos da crise mundial do petróleo, que provocou redução dos investimentos de capital nacional e estrangeiro e aumento da dívida externa, da inflação e do desemprego. O "milagre econômico" dava mostras de sua fragilidade e colocava em risco a manutenção da própria ditadura.

Em meio à crise, o governo alterou a política externa de alinhamento com os EUA: na busca por mercados consumidores, reatou relações diplomáticas com a China, restabeleceu o comércio com países europeus socialistas, articulou novas parcerias comerciais e reconheceu a independência de Angola – e seu governo socialista.

O Pacote de Abril

Nas eleições parlamentares de 1974 e nas municipais de 1976, os candidatos do MDB obtiveram vitórias expressivas, levando o governo a lançar, em 1977, o Pacote de Abril – série de medidas como a criação do cargo de "**senador biônico**", para o qual um terço do Senado passou a ser eleito pelo voto indireto dos congressistas, garantindo a hegemonia do partido governista.

Crescia a dificuldade em camuflar a concentração de renda, a desigualdade social, as arbitrariedades cometidas pelos órgãos de repressão e a censura aos meios de comunicação e às manifestações artísticas. Pressionado, Geisel demonstrou relativa disposição para reverter o quadro de autoritarismo. Revogou o AI-5 em 1978, entrando em confronto com setores do governo favoráveis às perseguições políticas e à tortura.

Primeira página do *Jornal do Brasil* do dia 30 de dezembro de 1978, no qual Geisel anuncia o fim do autoritarismo.

Assembleia na qual discursou Elinor Brito, presidente da Frente Unida dos Estudantes do Calabouço. Rio de Janeiro (RJ), 1968.

O Decreto-Lei nº 477 proibiu manifestações de caráter político e atividades consideradas subversivas nas universidades. Considerado um AI-5 universitário, esse decreto contribuiu para evitar uma retomada do movimento estudantil, enfraquecido desde a prisão dos dirigentes da União Nacional dos Estudantes (UNE).

Glossário

Senador biônico: pessoa que é eleita para cargo no Senado de forma indireta, isto é, sem a participação ou a concordância da população.

Ampliar

Brasil: Nunca Mais (BNM)

http://bnmdigital.mpf.mp.br/pt-br/

Plataforma digital que reúne inúmeros documentos da Ditadura.

Tropicália

Brasil, 2012. Direção: Marcelo Machado, 87 min.

Documentário sobre o Tropicalismo, movimento musical liderado por Caetano Veloso e Gilberto Gil, no final dos anos 1960.

Entenda a Ditadura Militar no Brasil em 40 datas históricas

https://educacao.uol.com.br/infograficos/2014/03/12/entenda-como-foram-os-anos-da-ditadura-militar-em-40-datas-historicas.htm

Infográfico que reúne 40 eventos que marcaram a história do Brasil, da renúncia de Jânio Quadros à eleição indireta de Tancredo Neves.

Abertura política

Foi durante o governo do general João Baptista Figueiredo, de 1979 a 1985, no entanto, que o Brasil iniciou o processo de redemocratização, sob o lema "Abertura ampla, geral e irrestrita". A abertura política foi gradativa: em 1979, o MDB e a Arena foram extintos, sendo restabelecido o pluripartidarismo. Os oposicionistas do regime organizaram novos partidos: o Partido do Movimento Democrático Brasileiro (PMDB), o Partido Trabalhista Brasileiro (PTB), o Partido Democrático Trabalhista (PDT) e o Partido dos Trabalhadores (PT). As forças de centro se agruparam no Partido Popular (PP) e as conservadoras, no Partido Democrático Social (PDS).

Após intensa movimentação popular, engrossada por alas progressistas da Igreja Católica e por entidades defensoras dos direitos humanos, Figueiredo concedeu anistia aos presos e exilados políticos. Muitos deles retornaram ao país a partir de 1979.

A pequena abertura política conduzida pelos militares não atendeu às expectativas da sociedade brasileira, que exigia a rápida democratização e protestava contra a recessão econômica. Diversas greves abalaram o governo Figueiredo, sobretudo a dos metalúrgicos da Grande São Paulo, iniciada em 1979. Nesse processo, despontaram lideranças operárias que alcançariam projeção nacional nos anos seguintes, como Luiz Inácio da Silva – o Lula –, que posteriormente anexou o apelido ao nome.

Juca Martins/Olhar Imagem

ZOOM

No contexto de críticas à Ditadura Civil-Militar, qual é o significado do lema "Abertura ampla, geral e irrestrita"?

No quarto dia de greve dos metalúrgicos do ABC, em 16 de março de 1979, a polícia reprimiu violentamente os trabalhadores que faziam piquete na entrada de uma fábrica, em São Caetano do Sul.

Passeata de metalúrgicos do ABC em greve. São Bernardo do Campo (SP), 1979.

Os exilados políticos que voltaram ao país – como Leonel Brizola, José Serra, Fernando Gabeira, Jânio Quadros, José Dirceu, Miguel Arraes, Luiz Carlos Prestes, entre outros – retomaram suas atividades nos partidos de oposição. Alguns deles ainda estão na cena política do país. Contudo, nenhuma lei foi aprovada para julgar e punir os torturadores da ditadura.

No fim do governo Figueiredo, embora se cumprissem lentamente as expectativas de democratização, a crise econômica nacional foi agravada pelo aumento da dívida externa e do preço do petróleo no mercado internacional. Além da paralisação dos metalúrgicos, outras greves se sucederam em diversos setores – operários, professores, funcionários públicos, empregados do setor de transportes.

Nesse cenário social e econômico, em 1982, realizaram-se eleições para deputados federais e estaduais, governadores, prefeitos e vereadores, com significativa vitória dos partidos de oposição. Restava definir a sucessão presidencial, o que passou a ser intensamente debatido pela sociedade brasileira – a maioria reivindicava eleições diretas.

O movimento das Diretas Já

A partir de 1983, sindicatos, partidos de oposição (PT e PMDB), estudantes, intelectuais, artistas e jornalistas realizaram passeatas e comícios reivindicando as Diretas Já. A solução apontada por eles era a aprovação da emenda constitucional proposta pelo deputado Dante de Oliveira, que previa o restabelecimento de eleições diretas para a Presidência da República, após 25 anos de ditadura. Em 25 de abril de 1984, dia marcado para a votação da emenda, a nação parou, à espera do resultado. Os 298 votos a favor da emenda não foram suficientes para atingir os dois terços necessários; adiava-se, assim, mais uma etapa na conquista da cidadania.

Passada a decepção pela derrota, organizaram-se duas chapas que concorreram às eleições indiretas para a Presidência da República. Pelo Partido Democrático Social (PDS), candidatou-se Paulo Maluf. Pela coligação PMDB/PFL (Partido da Frente Liberal, criado por um grupo que se desmembrou do PDS), candidatou-se Tancredo Neves, que saiu vencedor no Colégio Eleitoral em janeiro de 1985.

A mobilização popular em torno dos comícios do Rio de Janeiro (1 milhão de pessoas) e de São Paulo (1 milhão e 700 mil pessoas), realizados em abril de 1984, deixava claro o clamor da sociedade pelo fim da ditadura no Brasil.

Manifestação do movimento Diretas Já. Brasília (DF), 1984.

Tancredo – a posse que não houve

Entre janeiro e março de 1985, vivia-se a expectativa da posse do novo presidente. Havia boatos de que setores das Forças Armadas conspiravam contra a transição democrática, e não entregariam o poder a um presidente civil. Mas as pressões da sociedade e a identificação do futuro presidente ao início de uma nova era na história do país tornaram o processo irreversível.

Em 15 de março, dia marcado para a posse, a nação amanheceu perplexa: Tancredo Neves fora hospitalizado na noite anterior, vítima de séria doença intestinal, que ele vinha tentando contornar sem que fosse divulgada. O vice-presidente, José Sarney, foi empossado interinamente. A doença do presidente se agravou, causando intensa comoção nacional. Após uma série de cirurgias, ele faleceu em 21 de abril.

Instalou-se a polêmica sobre a legalidade ou não de um vice-presidente assumir a chefia do Estado. No entanto, prevaleceu a opção considerada menos traumática – José Sarney assumiu a Presidência da República no mesmo dia da morte de Tancredo Neves, herdando dos governos anteriores uma grave crise caracterizada por dívida externa, inflação, desemprego e arrocho salarial. Embora pertencesse a um partido conservador, o PFL, José Sarney (que havia votado contra a emenda Dante de Oliveira) representou um consenso – melhor ele que os militares.

Mais planos econômicos – Cruzado, Bresser e Verão

Consumidores em supermercado logo após o Plano Cruzado. São Paulo (SP), 1986.

Durante seu governo, Sarney tentou estabilizar a economia lançando um pacote de medidas para estimular a produção e controlar a inflação, que entre fevereiro de 1985 e fevereiro de 1986 ultrapassara o índice de 250%. Lançado no início de 1986, esse pacote, conhecido por **Plano Cruzado** (idealizado pelo ministro da Fazenda Dilson Funaro), substituiu o cruzeiro pelo cruzado (a nova moeda valia mil vezes mais que a anterior); acabou com a correção monetária; tabelou os preços; concedeu abono salarial de 8% baseado na média do semestre anterior; estabeleceu, em seguida, o congelamento de salários por um ano (ou o reajuste se a inflação mensal atingisse 20%); criou o seguro-desemprego; suspendeu o pagamento da dívida externa.

As medidas anti-inflacionárias atingiram a meta no primeiro ano de governo, mas causaram uma explosão de consumo, que gerou desequilíbrio entre oferta e procura e queda das exportações. A classe média e as classes populares consideravam mais vantajoso comprar e estocar produtos em casa do que poupar parte de seu orçamento. Muitos setores empresariais, descontentes com o controle sobre os preços, boicotaram o plano, diminuindo a circulação de seus produtos e forçando a cobrança de ágio (isto é, um valor a mais) sobre eles.

Em junho de 1987, diante do fracasso do Plano Cruzado, Sarney substituiu o ministro da Fazenda e lançou um novo pacote de medidas econômicas, chamado **Plano Bresser**, idealizado pelo ministro Luiz Carlos Bresser Pereira. Dessa vez, as estratégias para o controle da inflação foram mais radicais: congelamento de salários, contenção do consumo e dos gastos públicos, aumento de impostos.

A sucessão de pacotes econômicos e de ministros da Fazenda demonstrava as dificuldades de Sarney em enfrentar a crise e debelar a inflação, desgastando a imagem do governo.

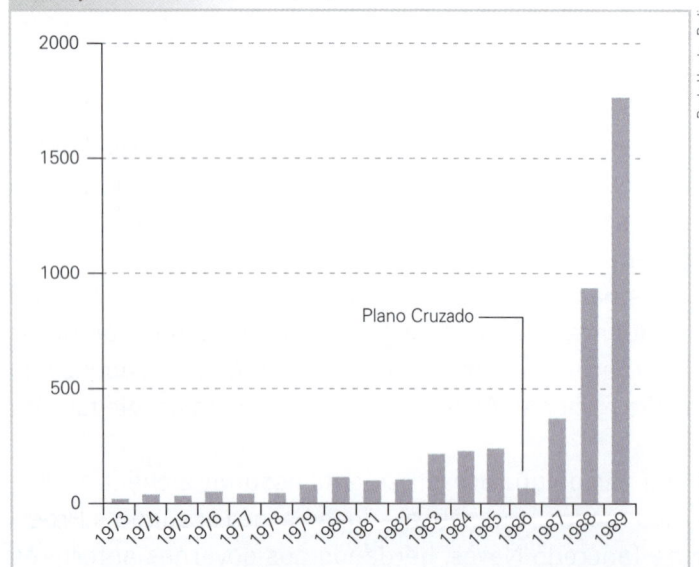

Inflação anual no Brasil (%)

Plano Cruzado

Fonte: Dercio Garcia Munhoz. Inflação brasileira: os ensinamentos desde a crise dos anos 30. *Economia contemporânea*, n. 1, jan./jun. 1997. p. 65. Disponível em: <www.ie.ufrj.br/images/pesquisa/publicacoes/rec/REC%201/REC_1.1_03_Inflacao_brasileira_os_ensinamentos_desde_a_crise_dos_anos_30.pdf>. Acesso em: jun. 2018.

Em janeiro de 1989, o **Plano Verão** (idealizado pelo ministro da Fazenda Maílson da Nóbrega) estabeleceu a desvalorização monetária, substituindo o cruzado pelo cruzado novo, além de outras medidas que, a exemplo dos planos anteriores, não surtiram efeito. Depois de queda acentuada em função do Plano Cruzado, a inflação brasileira voltou a subir desenfreadamente em 1987, atingindo patamares elevadíssimos em 1989. A estagnação da economia nacional, com a queda de investimentos, a falta de controle sobre os gastos públicos, a acentuada diminuição do poder aquisitivo dos trabalhadores e o extraordinário crescimento da especulação financeira caracterizaram os anos 1980 como a "década perdida".

1988: a Constituição da cidadania

No plano político, realizaram-se eleições diretas para a Assembleia Nacional Constituinte em 1986. A nova Constituição foi promulgada em 1988 e está em vigor ainda hoje.

Após os longos anos de ditadura e da supressão dos direitos civis e políticos, a Constituição de 1988 teve o mérito de reinstalar o debate nacional sobre os direitos de cidadania. Nesse sentido, seus avanços mais significativos foram o restabelecimento de eleições diretas para os poderes Executivo e Legislativo em nível federal, estadual e municipal; o direito ao voto para os analfabetos; o voto facultativo para jovens entre 16 e 18 anos de idade; a eleição em dois turnos quando nenhum candidato obtém a maioria simples dos votos; a cidadania indígena; o direito à greve; a igualdade de direitos entre trabalhadores urbanos e rurais; a desapropriação de propriedades rurais improdutivas para fins de reforma agrária; a pena de prisão para crimes de racismo.

A Constituição ampliou o mandato presidencial para cinco anos, o que causou intensa polêmica, por conta da possibilidade de ampliação do mandato de Sarney. O apoio do PMDB e do PFL acabou definindo essa ampliação.

De lá para cá, muitas emendas e leis complementares foram feitas, modificando o texto original de 1988.

O retorno das eleições diretas

Em 1989, realizaram-se as primeiras eleições pluripartidárias (e em dois turnos) para a Presidência da República desde o Golpe de 1964. Os principais candidatos foram Ulysses Guimarães (PMDB), Mário Covas (PSDB), Luiz Inácio Lula da Silva (PT), Leonel Brizola (PDT), Paulo Maluf (PDS), Roberto Freire (PCB) e Fernando Collor de Mello (PRN). O segundo turno foi disputado entre duas forças políticas distintas: Collor e Lula.

O discurso populista de Collor – ex-governador de Alagoas –, aliado à construção de sua imagem como político jovem e renovador,

Fernando Collor de Mello em comício durante sua campanha presidencial. Belo Horizonte (MG), 1989.

foi responsável por sua projeção nacional. Seus lemas eram o combate à inflação, a defesa dos "descamisados", a caça aos "marajás" do funcionalismo público, a modernização do país.

Lula tinha o apoio de grande parte dos trabalhadores e intelectuais, mas sua trajetória política de ex-presidente do Sindicato dos Metalúrgicos do ABC paulista – e seu discurso de tendência socialista – assustaram as elites econômicas e a classe média. Seu programa de governo previa a reforma agrária, a moratória para a dívida externa, a estatização da economia, a ampliação dos direitos trabalhistas.

Em novembro de 1989, o projeto de Fernando Collor saiu vitorioso, com cerca de 53% dos votos válidos, contra cerca de 47% de seu adversário.

Mais um plano econômico – o Plano Collor

A posse de Collor, em 1990, foi seguida de um violento choque na economia. O **Plano Collor**, pacote econômico idealizado pela ministra da Economia, Zélia Cardoso de Mello, substituiu o cruzado novo pelo cruzeiro (NCz$ 1,00 = Cr$ 1,00); realizou o confisco de contas correntes e aplicações financeiras de valores superiores a NCz$ 50.000,00, impedindo os saques dessas quantias por 18 meses; congelou preços e salários; suspendeu subsídios fiscais; extinguiu órgãos públicos.

Visando à modernização do país, o governo Collor adotou a agenda neoliberal de privatização das empresas estatais e abertura das importações, diminuindo drasticamente as tarifas alfandegárias, o que causou recessão, desemprego e queda na produção. A crise, somada ao fracasso no combate à inflação, diminuiu a popularidade do presidente.

Em meados de 1992, o governo foi abalado por denúncias feitas por Pedro Collor, irmão do presidente. Ele afirmava que Paulo César Farias (PC Farias), empresário e ex-tesoureiro da campanha de Fernando Collor, liderava um esquema de corrupção e de tráfico de influência com o aval do presidente. Outras irregularidades envolvendo desvios de verbas públicas e envio ilegal de dólares para o exterior contribuíram para que o Congresso Nacional instaurasse uma Comissão Parlamentar de Inquérito (CPI) para investigar as denúncias de corrupção.

O primeiro *impeachment* da república brasileira

Em outubro, a CPI concluiu que Collor e PC Farias chefiavam a rede de corrupção e encaminhou o processo de *impeachment* do presidente – mecanismo constitucional para destituir do cargo um governante que comete atos desonestos e antiéticos no exercício de sua função.

Epitácio Pessoa/Estadão Conteúdo

O final de 1992 foi marcado por manifestações populares exigindo que o Congresso Nacional aprovasse o afastamento de Collor.

Grande parte da sociedade brasileira se mobilizou pelo *impeachment*. Em 29 de dezembro, enquanto o Senado Federal votava o processo de *impeachment*, Fernando Collor de Mello renunciou ao cargo, tentando se livrar da cassação de seus direitos políticos. No entanto, aprovado o afastamento, aprovou-se também a suspensão de seus direitos políticos, ficando o político proibido de se candidatar a cargos públicos por oito anos.

Manifestação pedindo o *impeachment* de Fernando Collor de Mello. São Paulo (SP), 1992.

Estudantes secundaristas e universitários ficaram conhecidos como "caras-pintadas" ao participarem de passeatas com as cores da bandeira brasileira estampadas no rosto. Com grande participação estudantil, a população saiu às ruas para pedir a saída do presidente Collor.

Collor, o mais jovem presidente da República eleito pelo voto popular na história do Brasil, protagonizou também o primeiro caso de *impeachment* do período republicano.

Em 2002, disputou e perdeu as eleições para o governo de Alagoas. Em 2006, foi eleito senador por aquele estado, sendo reeleito em 2014, demonstrando que não pretende abandonar a vida pública.

1 O começo do fim da Ditadura Civil-Militar do Brasil, que vigorou no país por 21 anos, se deu em decorrência da crise internacional do petróleo, a partir de 1973.

a) Em que medida esse contexto internacional afetou o regime ditatorial brasileiro?

b) No plano econômico, que medidas o governo do general Geisel tomou para diminuir os efeitos da crise do petróleo sobre a economia nacional?

2 O fim da Ditadura Civil-Militar foi oficializado em 1985, com a eleição indireta de Tancredo Neves à Presidência da República. Em sua opinião, ainda hoje há marcas dos tempos do Regime Militar na sociedade brasileira? Justifique sua resposta.

3 Com o objetivo de comparar memórias, impressões e opiniões sobre a transição democrática no Brasil no contexto da abertura política que se seguiu ao fim da Ditadura Civil-Militar, siga as orientações:

a) Entreviste uma (ou mais pessoas) que vivenciou esse período histórico e registre o ponto de vista dela sobre o processo.

b) Em grupo, elabore um painel com os depoimentos dos entrevistados, identificando nome, idade, profissão e grau de escolaridade deles. Ilustre-o com imagens sobre os fatos mencionados nas entrevistas. Na data combinada, exponha o painel do grupo à turma.

c) Observe os painéis dos demais grupos e verifique se os depoimentos dos entrevistados apresentam uma única interpretação sobre os mesmos temas ou se mudam em função da faixa etária, da profissão, do nível sociocultural dos entrevistados. Discuta suas conclusões com a turma.

4 Os movimentos populares tiveram acentuada participação na redemocratização do país. Um dos exemplos foi o movimento dos caras-pintadas na década de 1990. Qual é o contexto político desse movimento e o que era reivindicado?

5 O Regime Militar imposto sobre o Brasil durante 25 anos encerrou-se em 1984, com o término do mandato do presidente João Baptista Figueiredo. Explique como a sociedade se mobilizou para o fim da ditadura.

6 Tancredo Neves, ao discursar em campanha para presidente, criou a expressão "Nova República" para identificar o período que se iniciava. Por que ele teria usado essa denominação?

7 Com a redemocratização do país, a partir de 1984, a situação das camadas baixas e médias da sociedade melhorou? Justifique sua resposta.

8 O que os governos posteriores à queda da ditadura fizeram na área econômica para tentar deter a crise inflacionária? Dê exemplos e reflita: essas medidas deram resultados?

9 Após a queda da ditadura, era preciso reestruturar o país, o regime político, as eleições, e garantir as liberdades democráticas. Como isso foi feito?

10 Com base em seus conhecimentos históricos, reflita sobre a questão dos direitos democráticos estabelecidos nas sucessivas Constituições brasileiras.

a) Pode-se afirmar que a atual Constituição, de 1988, é a mais democrática de todas? Por quê?

b) Em sua opinião, que benefícios a sociedade brasileira pode obter ao se organizar e se mobilizar para defender seus interesses e direitos?

Tempos de estabilidade

Indígenas guarani-kaiowá protestam em frente ao Palácio do Planalto pela demarcação de suas terras no estado do Mato Grosso do Sul. Brasília (DF), 2016.

Entre 1994 e 2014, o Brasil passou por um período de estabilidade política e econômica decorrente da consolidação do processo democrático, do controle inflacionário e do crescimento econômico.

A esse cenário, somaram-se políticas públicas e iniciativas da sociedade para reduzir os impactos perversos das desigualdades sociais.

zoom

Que desafios o Brasil enfrentou nas décadas de 1990 e 2000? Eles persistem nos dias atuais?

No entanto, ainda há inúmeros desafios a serem superados para que a democracia seja aperfeiçoada e aponte um futuro de justiça social – com garantia de saúde e educação de qualidade para todos, crescimento econômico sustentável e respeito tanto aos direitos das minorias como à pluralidade de ideias.

O vice assume a Presidência

Em dezembro de 1992, após a renúncia seguida de *impeachment* do então presidente da República, Fernando Collor de Mello, o país viu novamente a oficialização de um vice-presidente na chefia do Poder Executivo Federal. A tarefa coube a Itamar Franco, político mineiro com experiência à frente da prefeitura de Juiz de Fora e como senador de Minas Gerais.

O Governo Itamar Franco teve início em janeiro de 1993, com pouco menos da metade do mandato presidencial por cumprir. Foi apoiado por ampla frente partidária – PFL, PMDB, PSDB, setores do PDS e do PDT. O principal partido político oposicionista ao novo governo foi o PT, cujo candidato, Lula, havia sido derrotado por Collor de Mello nas eleições de 1989.

Itamar Franco, ao deixar a Presidência. Brasília (DF), 1995.

O Plano Real controla a inflação

A relativa desconfiança da nação com os rumos políticos do país após o afastamento de Collor de Mello cedeu lugar à renovada esperança de estabilização econômica a partir de meados de 1994. No mês de junho daquele ano, o governo anunciou o Plano Real, que tinha como principal desafio controlar a inflação que abalava os investimentos e corroía o poder aquisitivo de boa parcela da sociedade. Uma de suas medidas foi a criação do real, moeda que nasceu equiparada ao dólar (R$ 1,00 = US$ 1,00) e entrou em vigor em julho

O presidente Itamar Franco anuncia o Plano Real em Brasília (DF), 1994.

de 1994. Foi a quarta moeda do Brasil desde a democratização do país.

O plano incluía também o aumento da taxa de juros, para conter o consumo, e a diminuição dos gastos públicos por meio da privatização de empresas estatais. Esse conjunto de medidas econômicas destacou o ministro da Fazenda, Fernando Henrique Cardoso, conhecido como FHC, que comandava a equipe que elaborara o plano.

O relativo sucesso das medidas econômicas do Plano Real impulsionou o lançamento de FHC à Presidência da República, pelo PSDB. A principal candidatura de oposição foi a de Luiz Inácio Lula da Silva, articulada entre seu partido, o PT, e o PDT. O resultado das urnas comprovou o apoio popular ao Plano Real: em 1994, Fernando Henrique Cardoso venceu no primeiro turno as eleições presidenciais e tomou posse em janeiro de 1995.

A Era FHC

À frente do governo, FHC implantou um programa neoliberal que diminuiu a intervenção do Estado nos assuntos econômicos e abriu espaço para que os interesses do mercado norteassem a economia nacional.

Diversas medidas foram propostas com o objetivo de inserir o país na economia globalizada: o controle do câmbio; o estabelecimento da livre negociação salarial entre trabalhadores e patrões; a flexibilização das exigências legais para contratação de mão de obra; o estreitamento das relações comerciais no Mercosul; a possibilidade de instalação no país de grupos empresariais estrangeiros.

Posse de Fernando Henrique Cardoso como presidente da República, ao lado de seu vice, Marco Maciel, e Itamar Franco, 1995.

Disposto a firmar, perante o mundo, a imagem do Brasil como um país de economia estável e confiável para receber investimentos externos, o governo fechou acordo com o Fundo Monetário Internacional (FMI), pelo qual obteve empréstimos, fixou metas de crescimento do setor produtivo, e comprometeu-se a manter a inflação em baixa e a reduzir o déficit público.

O controle da inflação e a consolidação do real como moeda forte, em especial se comparado às moedas brasileiras que o antecederam, trouxeram ao país um ambiente econômico mais favorável para obter investimentos nacionais e estrangeiros do setor privado. Além disso, foi o início de um processo de significativo aumento da renda das camadas mais pobres da população.

FHC e as privatizações

O Governo FHC deu impulso a um programa de privatização que vendeu empresas como a Companhia Siderúrgica Nacional, a Companhia Vale do Rio Doce e a Telebras.

O governo e os defensores da privatização apontavam que, com esse programa, o país teria benefícios: o ganho pela venda das empresas estatais poderia ser aplicado em diversas áreas; o governo continuaria recebendo impostos das empresas privatizadas; as despesas de administração e manutenção das antigas estatais seriam eliminadas; as empresas poderiam se tornar mais competitivas no mercado, ampliando seus investimentos e gerando empregos. Segundo o governo, o dinheiro da privatização também seria utilizado para reduzir a dívida pública.

Manifestação contra a privatização do sistema de hidrelétricas. São Paulo (SP), 1999.

Os partidos de oposição colocaram-se contra a medida, argumentando que em alguns países desenvolvidos havia grande número de empresas estatais lucrativas, situação que poderia ser reproduzida no Brasil.

As privatizações também foram criticadas por trabalhadores das empresas estatais, pois poderiam causar desemprego, e por setores de oposição ao governo, segundo os quais o patrimônio da nação brasileira estaria sendo entregue ao capital estrangeiro. Para eles, alguns setores, por serem estratégicos – como o de exploração de recursos naturais –, deveriam ficar sob a guarda do Estado.

Atenção à educação

Ex-professor universitário cassado pela Ditadura, Fernando Henrique Cardoso prometera em campanha que seu governo daria atenção especial à educação. Em 1996, foi aprovada a Lei de Diretrizes e Bases (LDB), conjunto de leis que regulamenta a educação nacional e orienta o processo de ensino-aprendizagem. A medida representou avanços como: o estabelecimento de princípios de igualdade de condições para acesso e permanência na escola; a liberdade de aprender, ensinar, pesquisar e divulgar cultura, arte e conhecimentos; a valorização da tolerância e do pluralismo de ideias, além da garantia aos povos indígenas do direito à educação bilíngue, isto é, ensino na língua portuguesa e nas línguas nativas. A LDB constituiu um marco para a formulação de políticas públicas educacionais nas décadas seguintes.

Contudo, muitas universidades federais e escolas públicas continuaram a carecer de infraestrutura básica. A baixa remuneração do professorado permaneceu um obstáculo à profissionalização e formação contínua da categoria.

Professora e estudantes em laboratório da Escola Estadual Professora Leila Mara Avelino. Sumaré (SP), 2014.

Fachada da Escola Estadual Salvador Allende ocupada por estudantes em protesto contra o fechamento e reorganização da rede pública de ensino estadual. São Paulo (SP), 2015.

FHC reeleito – Reforma constitucional

Em 1998, foi realizada uma reforma constitucional, debatida no Congresso Nacional pelos deputados federais e senadores. Após campanha do governo e de seus aliados, foi aprovada a emenda que tratava da reeleição para o Executivo federal, estadual e municipal. Na prática, a lei passou a permitir um segundo mandato consecutivo para os presidentes da República, governadores e prefeitos. Com base nesse novo dispositivo legal, foi possível a Fernando Henrique Cardoso se candidatar à reeleição.

FHC venceu as eleições presidenciais de 1998 no primeiro turno. No entanto, a maioria dos governadores eleitos pertencia aos partidos de oposição.

Persistência da crise econômica

Durante o segundo Governo FHC (1999-2002), o país enfrentou recessão econômica provocada pelos altos juros e pela concorrência de produtos importados. Muitas empresas decretaram falência ou reduziram o número de funcionários, elevando o índice de desemprego.

A situação tornou-se ainda mais grave em razão dos efeitos da globalização. Como reflexo das crises do México, da Rússia e dos chamados Tigres Asiáticos (Singapura, Coreia do Sul, Hong Kong e Taiwan), os investimentos externos diminuíram.

Durante a crise internacional, aconteceu o chamado "efeito dominó", fenômeno em que os problemas financeiros de um país afetam a economia mundial, sobretudo os países que dependem de capital estrangeiro.

Além disso, a grande competitividade nos mercados internacionais fez crescer a procura por mão de obra cada vez mais qualificada para atuar nas empresas. No Brasil, uma parcela significativa dos trabalhadores não tinha a qualificação esperada, o que elevou o desemprego.

Desgaste político de FHC

Criticando o fato de a reforma agrária não ser prioridade do Governo FHC, lideranças do MST organizaram inúmeras ocupações de terras, acirrando os já violentos conflitos rurais no país. Em 1996, na cidade de Eldorado dos Carajás (PA), uma manifestação de cerca de mil trabalhadores rurais sem terra terminou em violenta repressão por parte da polícia militar, resultando em dezenove mortes.

O presidente também passou a ser criticado por não instaurar medidas de austeridade nos gastos públicos na proporção necessária. Isso dificultou o equilíbrio do orçamento governamental, pois os gastos foram maiores do que a arrecadação.

As soluções para enfrentar o problema geralmente foram **paliativas** e impopulares, como o aumento de impostos e novas exigências para a obtenção dos benefícios da Previdência Social, como o direito à aposentadoria.

Glossário

Paliativo: ação que atenua um problema apenas temporariamente.

Ormuzd Alves/Folhapress

Marcha dos sem-terra. Manifestação composta por servidores públicos, trabalhadores urbanos e rurais e parte do movimento estudantil. Brasília (DF), 1997.

A Era Lula

Lula com a faixa presidencial, em sua posse, ao lado de FHC. Brasília (DF), 2003.

Na campanha à Presidência de 2002, o governo apostou na candidatura de José Serra, ex-ministro da Saúde. Uma vez mais, PT e coligação lançaram a candidatura de Lula. Após concorrer pela quarta vez ao cargo, Lula, que iniciara sua trajetória política como líder sindical de operários em São Bernardo do Campo (SP), venceu as eleições.

Sua vitória deveu-se, em parte, a um programa de governo com forte apelo social. As principais propostas envolviam o combate às desigualdades sociais, a geração de empregos e a realização de ampla reforma agrária. Como a crise econômica enfrentada nos últimos anos acentuara os problemas sociais, grande parte dos eleitores brasileiros votou em suas promessas para resolver antigos problemas.

Lula tomou posse em janeiro de 2003 e, em 2006, concorreu à reeleição. Na ocasião, derrotou o candidato oposicionista Geraldo Alckmin (PSDB), ex-governador de São Paulo, permanecendo no poder até 2010.

Ampliar

Entreatos

Brasil, 2004. Direção: João Moreira Salles, 117 min.

Documentário que apresenta os bastidores da campanha que levou Lula à Presidência da República.

Os programas sociais

No primeiro ano de mandato, o Governo Lula criou o Fome Zero, programa cujo objetivo era erradicar a fome por meio da distribuição de alimentos e outras ações. Também foram criados programas como o Bolsa Família, que concedia um auxílio mensal a famílias carentes (desde que mantivessem os filhos estudando e vacinados); o Luz para Todos, que pretendia levar luz elétrica para a população rural, e o Brasil Alfabetizado, que visava combater o analfabetismo de adultos. O Bolsa Família recebeu reconhecimento da comunidade internacional em 2014, sendo premiado como uma "experiência excepcional e pioneira na redução da pobreza".

Apesar dos avanços, os primeiros resultados dos diversos programas sociais ficaram abaixo das expectativas do governo e da sociedade.

No decorrer do Governo Lula, o país superou a crise econômica. Houve investimentos e geração de empregos, o que elevou a renda de milhares de famílias. Em paralelo, as exportações brasileiras cresceram, ampliando os lucros dos setores exportadores e promovendo sucessivo **superávit** da balança comercial do país.

Glossário

Superávit: valor correspondente ao ganho do país com as exportações em determinado período, já descontado o gasto com as importações.

Ações afirmativas

A partir de meados dos anos 1990, o Brasil adotou diferentes iniciativas de inclusão social. Foram lançadas políticas públicas voltadas à concretização do princípio constitucional da igualdade de oportunidades e ao combate a qualquer tipo de discriminação. Tais práticas são denominadas ações afirmativas.

Um dos exemplos de ação afirmativa é a política de cotas pela qual as universidades públicas reservam um percentual de suas vagas para o ingresso de estudantes afrodescendentes, indígenas e ex-alunos de escolas públicas.

Críticas a Lula

Se na administração de Lula houve avanços tanto na reforma previdenciária como nas negociações para as reformas judiciária e tributária, na política econômica o controle da inflação assumiu características neoliberais. Os avanços na área social combinados com o modelo de desenvolvimento econômico adotado no Governo Lula renderam críticas daqueles que cobravam maior coerência entre as propostas do PT e suas realizações no poder.

A derrota de candidatos petistas nas eleições municipais de 2004, em especial nas grandes cidades do país, foi interpretada como reflexo do descontentamento de diferentes setores da sociedade com a atuação do PT à frente do Poder Executivo.

Sérgio Lima/Folhapress

Sessão da Câmara dos Deputados sobre o escândalo do "mensalão". Brasília (DF), 30 nov. 2005.

O "mensalão"

Entre 2005 e 2006, o Governo Lula enfrentou uma grave crise política: o chamado "mensalão".

Na época, o deputado federal Roberto Jefferson (PTB) denunciou um esquema de "mesadas" que seriam pagas pelo PT em troca do apoio de deputados aos projetos propostos pelo Poder Executivo no Congresso Nacional.

As denúncias causaram a queda e o afastamento de ministros e assessores de Lula. Foram investigados diversos parlamentares do PT e da base aliada do governo. O julgamento coube ao Supremo Tribunal Federal, que, dos 37 réus, condenou 25, incluindo integrantes da cúpula do PT: José Dirceu, José Genoino, Delúbio Soares e João Paulo Cunha. O escândalo pouco abalou a popularidade do presidente, que contornou a crise ajustando a equipe de governo e mantendo o crescimento econômico do país.

O pré-sal é o futuro?

Em 2006, o Brasil atingiu a autossuficiência na produção de petróleo, ficando menos vulnerável à oscilação de preços do mercado internacional. No mesmo ano, o governo anunciou a descoberta da região do pré-sal, uma área abaixo da camada de sal, onde foram encontradas reservas petrolíferas. Essas reservas se encontram entre o litoral de Santa Catarina e do Espírito Santo, em uma área aproximada de 800 quilômetros.

O pré-sal eleva as reservas brasileiras de petróleo e abre caminho para o país se tornar um importante exportador do produto. No entanto, sua exploração depende de sofisticada tecnologia e de elevados investimentos.

Além da captação dos recursos técnicos e financeiros, a viabilidade desse empreendimento está associada à demanda mundial pelo produto. Caso o preço do barril de petróleo diminua nos próximos anos devido ao uso de novas fontes de energia renovável, os altos custos da exploração do pré-sal podem dificultar sua realização.

Outro fator a ser considerado é que, em 2017, já sob o Governo Temer – que rompeu com as administrações do PT –, o cenário de valorização da Petrobras mudou. Permitiu-se a venda do direito à exploração do pré-sal a multinacionais sem a participação obrigatória da Petrobras. Na ocasião, os críticos da medida apontaram o risco da entrega de uma importante fonte de energia ao capital estrangeiro, o que imporia ao Brasil um papel submisso em relação à riqueza nacional, enquanto os defensores dessa política argumentaram que a competitividade no setor pode beneficiar a economia brasileira.

A reeleição de Lula

A melhoria de vida nas camadas mais humildes da população ampliou a popularidade de Lula. Os bons resultados econômicos, o controle inflacionário e as possibilidades de crescimento da economia nacional – tanto pelo desempenho das exportações quanto pela futura exploração do pré-sal –, garantiram amplo apoio popular ao governo.

Em 2006, Lula foi reeleito. Manteve os programas sociais do primeiro mandato e lançou o Programa de Aceleração do Crescimento (PAC), que consistia no financiamento para obras de infraestrutura (como rodovias e hidrelétricas), de saneamento e de transporte coletivo, em incentivos fiscais e em maiores prazos para recolhimento de impostos. Com isso, pretendia impulsionar a economia, gerar empregos e favorecer a distribuição de renda.

As principais críticas ao PAC referem-se ao atraso na conclusão das obras e ao valor dos investimentos, considerado menor que o necessário em diversas áreas.

Plataforma de produção de petróleo no pré-sal. Rio de Janeiro (RJ), 2010.

Pontos de vista

O peso das alianças políticas

Os historiadores Mary Del Priore e Renato Venancio analisam assim o papel das alianças político-partidárias na eleição e reeleição do ex-presidente Lula:

> Não por acaso, durante a campanha presidencial de 2002, o Partido dos Trabalhadores, estrategicamente, estabelece uma aliança com o Partido Liberal (PL), acolhendo o empresário José Alencar como candidato à vice-presidência [...].
>
> O PL [...] possuía doze deputados, ou seja, 2% da bancada do Congresso Nacional. Não se tratava, portanto, de uma força eleitoral expressiva. No entanto, essa aproximação política simboliza a defesa de um governo de coalizão, enfoque que se baseia não só no reconhecimento da necessidade de alianças políticas imediatas, como também na perspectiva de que tal comportamento constitui a base dos sistemas políticos democráticos. [...]
>
> A ampliação das alianças do PT, que incluíam o PTB e o PMDB [...] no entanto implica violentas lutas políticas e, bem pior ainda, o estimula à ilegalidade. Misturando frustração de demandas não atendidas com corrupção, o escândalo do Mensalão [...] domina os debates políticos do final do primeiro mandato do presidente Lula (2002-2006).
>
> Malgrado o desgaste público, o presidente se reelege em 2006. Na raiz desse sucesso estão as diferentes políticas implementadas: a inflação sob controle; a dívida com o Fundo Monetário Internacional (FMI) zerada e a balança comercial com resultados dobrados [...].

Mary del Priore e Renato Venancio. *Uma breve história do Brasil*. São Paulo: Planeta do Brasil, 2010. p. 299-300.

1 Como você explica a expressão "governo de coalizão" utilizada pelos autores?

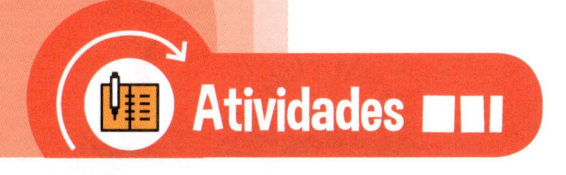

1 Em sua opinião, quais são as principais realizações do Governo FHC? Por quê?

2 Quais realizações do Governo Lula você considera mais importantes? Por quê?

3 O Plano Real foi o principal marco do controle da inflação na história recente do Brasil. Sabendo que a inflação tem forte influência na renda das famílias e no desempenho da economia nacional, pesquise na seção de economia de jornais e revistas recentes e responda:

a) Atualmente, qual é o índice anual da inflação brasileira?

b) Para o governo federal e os analistas econômicos, esse índice inflacionário é aceitável ou elevado?

c) Considere as necessidades e os gastos de uma família de quatro pessoas cuja renda seja de três salários mínimos. Reflita: o atual índice inflacionário beneficia ou prejudica o cotidiano dessa família?

4 No Brasil, a reforma constitucional de 1998 estabeleceu o direito à reeleição de prefeitos, governadores e presidentes. Você é a favor ou contra a reeleição para esses cargos públicos? Por quê? Converse com os colegas da classe. Elabore uma ficha com as vantagens e as desvantagens da reeleição levantadas pela turma. Depois, desenvolva uma conclusão sobre o tema.

5 Forme um grupo e discuta: que questão do Brasil atual vocês proporiam como tema para um projeto de lei de iniciativa popular, tal como ocorreu com o projeto Ficha Limpa? Elaborem um esboço do projeto dando-lhe nome e explicando a importância de sua proposta. Apresentem-no aos outros colegas da classe e peça-lhes que façam sugestões para aperfeiçoá-lo. Avaliem as sugestões recebidas, acatando as que julgarem adequadas.

6 Leia o trecho a seguir sobre as ações afirmativas, extraído do *site* da Secretaria Nacional de Políticas de Promoção da Igualdade Racial (Seppir), do governo federal:

> Do conjunto das metas enunciadas no Plano Plurianual, as ações da Secretaria de Políticas de Ações Afirmativas para o período 2012-2015 terão como centralidade no campo das ações afirmativas as seguintes metas:
>
> Implementar o Programa Nacional de Afirmativas nos Ministérios;
>
> Reduzir as mortes por homicídio na juventude negra;
>
> Estabelecer acordos para a inclusão da população negra no mercado de trabalho;
>
> Realizar e apoiar campanhas de valorização da pessoa negra e de enfrentamento ao racismo, divulgando as manifestações da cultura, a memória e as tradições afro-brasileiras;
>
> Ampliar o número de organizações públicas e privadas que adotam medidas de prevenção e enfrentamento ao racismo institucional;
>
> Reduzir a morbidade/mortalidade materna entre as mulheres negras;
>
> Construir cadastro de programas de ações afirmativas no âmbito das três esferas de Governo e da iniciativa privada: educação, trabalho e cooperação internacional.

Seppir. *Ações Afirmativas*. Disponível em: <www.seppir.gov.br/portal-antigo/acesso-a-informacao/acoes-e-programas/acoes-afirmativas>. Acesso em: jul. 2018.

Forme grupo com os colegas e leia as metas estabelecidas. Reflitam sobre a necessidade de acatá-las para concretizar o princípio da igualdade de oportunidades e depois responda:

a) As ações afirmativas têm caráter temporário (isto é, um dia deixarão de ser necessárias)? Se sim, quando e por quê?

b) Mesmo que um cidadão brasileiro não concorde com as ações afirmativas, por que é necessário aceitá-las e obedecê-las?

c) Por que o debate sobre as ações afirmativas trouxe à tona a discussão sobre o preconceito racial, que muitos brasileiros acreditavam não existir?

d) Por que toda a sociedade brasileira tem o dever e o direito de se engajar na correção das desigualdades historicamente estabelecidas?

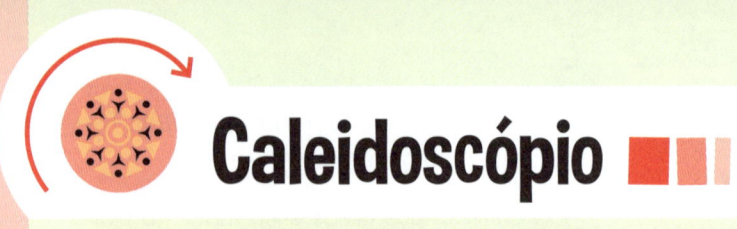

Caleidoscópio

As sociedades indígenas no Brasil

Indígenas desde a colonização

O avanço da colonização foi uma história de extermínio dos povos indígenas, que, nos primeiros anos de contato, morriam ou fugiam para o interior. As atividades econômicas que passaram a ser exercidas na colônia causaram a morte de milhares de indígenas e a escravização de muitos outros.

Com o avanço da colonização, os jesuítas vieram para essas terras e sobrepuseram a língua portuguesa e a religião católica às línguas e culturas dos indígenas.

O extermínio dos povos originários do Brasil significou uma perda humana, cultural e linguística enorme.

Para preservar a vida e a cultura desses povos, foi necessário criar medidas para proteger seus territórios e sua autonomia. Atualmente, as leis que regulam as relações do Estado brasileiro com as populações indígenas são o Estatuto do Índio de 1973 e a Constituição de 1988. Elas estabelecem que, para um grupo ser reconhecido como indígena, é preciso se considerar indígena ou ser assim considerado pela população que o cerca.

Apesar dessas leis, os povos indígenas ainda sofrem com as violentas disputas no campo – motivadas principalmente pelo avanço dos ruralistas sobre suas terras –, com a crescente impossibilidade de manter seu modo de vida vinculado à natureza e com a dificuldade de inserção no mercado de trabalho.

População indígena do Brasil

População indígena em relação ao total de habitantes no Brasil

Ano	População indígena	% comparado ao total de habitantes
1500	3 000 000	100
1650	700 000	73
1825	360 000	9
1940	200 000	0,40
1957	70 000	0,10
1980	210 000	0,19
1991	294 131	0,20
2000	734 127	0,43
2010	817 962	0,43

Linha do tempo

1500

No início da colonização, os indígenas que viviam no território que seria o Brasil falavam cerca de 300 línguas, e os portugueses tiveram de aprendê-las para poder se comunicar com eles.

1790

A língua majoritária na região de São Paulo era o tupi, falado inclusive pelos não indígenas. Porém, ela foi perdendo espaço ao longo dos anos, até que, em 1790, o português se sobrepôs ao tupi.

1825

Após mais de três séculos de colonização, a população indígena do Brasil foi reduzida em 90%. A essa altura, as lavouras de cana-de-açúcar, café e a atividade mineradora avançavam sobre as terras dos nativos.

1964 1988

No século XX, principalmente durante a Ditadura Civil-Militar, os indígenas foram alvo de violência e sofreram com a omissão do Estado. Estima-se que mais de 8 mil indígenas foram mortos entre 1946 e 1988.

Contribuições indígenas à cultura brasileira

Alimentos

Destaque para a mandioca e seus derivados.

Objetos e instrumentos

Redes, braceletes, peneiras, pilão de madeira, arcos, enfeites com plumas, entre outros.

Plantas

Vasto conhecimento em propriedades medicinais de plantas, chás e outras infusões.

Folclore

Lendas como o Boitatá, o Curupira e o Caipora.

Língua

Tupi Macro-jê

O português brasileiro tem diversas palavras de origem indígena.

A influência das línguas indígenas no português atual

Tronco TUPI

tuparí, tupi-guarani, ramarama, arikém, munduruku, awetí, puroborá, juruna, mondé, mawé

À chegada dos portugueses, entre 1 e 6 milhões de indígenas povoavam o território, falando cerca de 300 línguas diferentes de que sobreviveram hoje cerca de 160. Essas línguas compreendem dois grandes troncos, o tronco macro-tupi e o tronco macro-jê, cada qual com suas famílias, línguas e dialetos, além de vinte línguas isoladas, não classificadas em tronco.

(Castilho, 2010, p.174 e 175)

As trocas entre colonizadores e nativos foram importantes; apesar de o processo de extermínio ter durado séculos, os indígenas foram fundamentais para a formação da cultura e da língua brasileiras. Além disso, conseguiram manter algumas das línguas nativas, como o nheengatu, na Amazônia.

Tronco MACRO-JÊ

jê, yatê, boróro, ofayé, krenák, rikbakstsá, guentó, maxakalí, karajá

Algumas palavras do português brasileiro de origem indígena

Abacaxi, açaí, aipim, Amapá, araponga, arapuca, arara, biboca, caatinga, caboclo, caçula, cafundó, cafuné, caipira, capim, capivara, carioca, catapora, cipó, Copacabana, Curitiba, gambá, Goiás, inhaca, Ipanema, ipê, jabuticaba, Macapá, Maceió, mandioca, maracanã, Maranhão, Morumbi, Pacaembu, paçoca, Pernambuco, Piauí, pindaíba, pipoca, piranha, tamanduá, tapioca e toró.

1996 2008

Importantes políticas públicas foram implementadas no sentido de valorizar os direitos e a cultura desses povos. Alguns exemplos são o estabelecimento da educação bilíngue nas escolas indígenas e a inclusão, nos currículos escolares, de temas da história e da cultura dos povos indígenas e de sua participação na formação da sociedade brasileira.

2011 2013

Apesar dos avanços, houve acentuada queda no número de demarcações de terras indígenas nesse período. Essa política favorece os interesses do agronegócio, de empreiteiras e de mineradoras.

❶ Que relação pode ser estabelecida entre a colonização e o extermínio de povos indígenas?

❷ Com a imposição da língua portuguesa, as línguas indígenas deixaram de existir completamente? Explique.

Fontes: Ataliba Castilho. *Nova gramática do português brasileiro*. São Paulo: Saraiva, 2010; FUNAI. *Índios no Brasil: quem são*. Fundação Nacional do Índio. Disponível em: <www.funai.gov.br/index.php/indios-no-brasil/quem-sao>. Acesso em: jul. 2018; IBGE. *População residente, segundo a situação do domicílio e condição de indígena: Brasil 1991/2010*. Disponível em: <https://indigenas.ibge.gov.br/graficos-e-tabelas-2.html>. Acesso em: jul. 2018.

Fábio Nienow

23 *Impeachment* de Dilma: legitimidade ou golpe?

O Brasil tem vivido nos últimos anos uma complexa crise política e institucional que resultou no *impeachment* da presidente Dilma Rousseff, sucessora de Luiz Inácio Lula da Silva, interrompendo um ciclo de 13 anos em que o Partido dos Trabalhadores (PT) esteve à frente do poder. Contudo, a destituição de Rousseff, em 2016, durante seu segundo mandato, não significou o fim da crise. Pelo contrário, ela ganhou novos contornos.

Esse cenário conturbado foi marcado por uma acentuada polarização da sociedade entre projetos e discursos conservadores e progressistas. O legado do *impeachment* de Dilma e da crise política e institucional instalada trazem muitas incertezas ao país. Os rumos de nossa democracia, reconquistada pela mobilização da sociedade brasileira há pouco mais de 35 anos, estão em aberto.

Manifestação a favor do *impeachment* de Dilma. São Paulo (SP), 2016.

Manifestação contra o *impeachment* de Dilma. Rio de Janeiro (RJ), 2016.

Governo Dilma

Na campanha presidencial de 2010, Dilma Rousseff foi lançada candidata pelo PT e adotou o discurso de continuidade dos programas sociais e da política econômica do governo Lula. No segundo turno, venceu o candidato da oposição José Serra (PSDB).

Sem experiência em cargos públicos **eletivos**, ela procurou imprimir sua marca no governo. Iniciou a segunda fase do Programa de Aceleração do Crescimento (PAC), incrementou programas sociais já existentes e criou outros, como o Mais Médicos, que estabelecia a contratação de médicos para atuar em regiões onde faltavam profissionais. O programa recebeu críticas de entidades representantes da classe médica brasileira por discordarem da contratação de médicos estrangeiros sem a validação do diploma no Brasil. Também a presença de médicos cubanos no programa motivou insatisfação de parte da sociedade que, revivendo os tempos de Guerra Fria, desaprovava a aproximação entre Brasil e Cuba. Essas alegações contribuíram para o clima de animosidade de setores sociais mais conservadores em relação ao governo.

Contudo, as críticas mais intensas foram contra os gastos públicos em obras para sediar a Copa do Mundo de Futebol Fifa, realizada no Brasil em 2014.

Dilma Rousseff em sua posse. Brasília (DF), 2011.

Dilma foi a primeira mulher a assumir a Presidência da República em nosso país. Para dar visibilidade ao fato inédito, adotou a denominação "presidenta".

zoom

Do ponto de vista gramatical, o termo **presidenta** é uma forma correta para se referir à mulher que preside algo ou que ocupa a presidência. No entanto, sua adoção por Dilma Rousseff provocou estranhamento, polêmica e até zombaria especialmente em redes sociais. Parte da imprensa optou pelo emprego da forma "a presidente" ao se referir a Rousseff. Naquele contexto, por que o uso de "a presidenta" ou "a presidente" foi mais uma questão política do que linguística?

Manifestação durante as Jornadas de Junho. Recife (PE), 2013.

Indivíduos e coletivos sociais de distintas tendências ideológicas participaram das manifestações de junho de 2013. Enquanto alguns reivindicavam direitos sociais, havia os que pediam intervenção militar no país. Os setores liberais e conservadores saíram fortalecidos das Jornadas de Junho e, entre 2014 e 2016, tiveram papel de destaque na condução de novos protestos contra o governo Dilma e a corrupção.

As Jornadas de Junho

Em junho de 2013, a um ano de o país sediar a Copa do Mundo, ocorreram manifestações em vários lugares do Brasil. As Jornadas de Junho, como foram chamadas, sacudiram o país. Seguindo a iniciativa do Movimento Passe Livre, milhares de manifestantes, especialmente jovens, saíram às ruas para protestar contra o aumento das tarifas do transporte público. O movimento teve início em São Paulo e rapidamente se espalhou por outras cidades. As discussões do movimento, suas reivindicações e os apelos para as manifestações foram feitos nas redes sociais, usando a internet como canal de ativismo sociopolítico.

No decorrer das semanas, a insatisfação generalizou-se para temas como o combate à corrupção e o descontentamento com a classe política.

Operação Lava Jato e reeleição

Em 2014, Dilma Rousseff lançou-se candidata à reeleição. Durante a campanha eleitoral, vieram à tona indícios de que a Petrobras, principal empresa estatal à época, tivera prejuízos com a compra da refinaria Pasadena, no Texas (EUA), quando o Conselho Administrativo da estatal era presidido por Rousseff.

As críticas a Dilma acentuaram-se e o desgaste de seu governo foi agravado pela Operação Lava Jato, da Polícia Federal, que investigava desvios de recursos públicos da Petrobras para pagamento de propinas a parlamentares do Congresso Nacional. Com base no programa de delação premiada, o ex-diretor da Petrobras, Paulo Roberto Costa, e o doleiro Alberto Youssef depuseram sobre o esquema de corrupção que envolvia funcionários da estatal, políticos e empreiteiras. Diferentes partidos foram citados como beneficiários do esquema corrupto, cujo dinheiro era usado no financiamento de campanhas políticas de seus respectivos candidatos.

Os principais veículos de imprensa do país repercutiram as denúncias, especialmente aquelas ligadas ao PT e à base aliada do governo. Em meio a esse cenário, o juiz federal Sergio Moro ganhou projeção nacional e popularidade ao julgar em primeira instância os crimes relacionados à Lava Jato.

Foi nesse clima político tenso que Rousseff disputou o segundo turno das eleições presidenciais com o então senador mineiro Aécio Neves, do PSDB. Ela se reelegeu com uma vitória apertada: obteve 51,64% dos votos válidos, enquanto Neves somou 48,36%.

Crise econômica e *impeachment*

Logo no início do segundo mandato, setores da oposição criticavam o governo pela desaceleração da economia do país, pelo aumento dos impostos e da inflação e pelas altas taxas de desemprego. Esse cenário de crise econômica desagradava também os eleitores de Dilma Rousseff.

Em paralelo, o avanço da Operação Lava Jato trazia novas denúncias e indícios de corrupção praticada por grande parte dos partidos políticos, enquanto o apoio popular à figura do juiz Sergio Moro crescia. As hostilidades ao governo e ao PT se acentuaram, estimuladas pela militância de grupos liberais conservadores que defendiam pautas controversas.

Não tardou para que as críticas se intensificassem na imprensa, nas redes sociais e no Congresso Nacional. Em março de 2015, em várias cidades brasileiras, ocorreram manifestações contra o governo Dilma e a corrupção, reunindo cerca de um milhão de pessoas, sob a liderança de grupos liberais conservadores e com apoio de partidos oposicionistas. Nas grandes cidades do país, segmentos da classe média protagonizaram panelaços para protestar contra Dilma, Lula e o PT.

Na narrativa dos principais opositores, o discurso anticorrupção converteu-se em discurso antipetismo. Acentuou-se a polarização entre adeptos de projetos políticos ligados ao campo ideológico da direita (em defesa do Estado mínimo) e os adeptos da esquerda (em defesa do Estado de bem-estar social). Em dezembro de 2015, o então presidente da Câmara dos Deputados, Eduardo Cunha (PMDB), autorizou a abertura do processo de *impeachment* de Dilma.

Ela era acusada de cometer crime de responsabilidade fiscal ao atrasar o envio de dinheiro aos bancos públicos para pagar os programas sociais (chamadas "pedaladas fiscais"). A oposição alegava que as "pedaladas" funcionavam como um empréstimo dos bancos públicos ao Tesouro, o que é ilegal. A defesa de Dilma argumentou que essa prática ocorreu em outros governos e não havia sido contestada antes.

O Senado aprovou o *impeachment* em 31 de agosto de 2016, porém, manteve os direitos políticos de Dilma, o que acrescentou mais uma polêmica política e jurídica ao processo.

Temer, de vice a presidente

Ao longo do processo de desgaste político do governo Dilma, o então vice-presidente Michel Temer (PMDB) assumiu ter divergências com o governo e foi um dos líderes de seu partido a defender o fim da aliança com o PT.

No mesmo dia em que o Senado aprovou a perda efetiva do mandato de Dilma, Temer tomou posse como presidente da República. Longe de colocar fim à crise que assolou o país, ele a aprofundou. Seu programa de governo buscou implantar o projeto socioeconômico neoliberal que havia sido derrotado nas eleições de 2014. Dessa maneira, ele rompeu com as diretrizes da chapa Dilma--Temer, com a qual se elegeu à vice-presidência. Essa situação reforçou a visão de diversos setores sociais de que a cassação do mandato de Dilma Rousseff havia sido um golpe de Estado travestido de *impeachment*.

Uma das primeiras medidas de Temer foi articular junto ao Congresso Nacional a aprovação de uma emenda constitucional que estabelecia limites para gastos públicos pelos próximos 20 anos. A medida provocou críticas e protestos dos partidos de oposição, de movimentos sociais progressistas e de outros segmentos da população pelo fato de impor um prazo muito longo para sua vigência, desconsiderando com isso necessidades de cenários futuros, especialmente nas áreas de saúde e educação.

Outra ação que gerou polêmica foi a aprovação de uma reforma trabalhista que alterou profundamente as leis que regulamentam o trabalho sem que as propostas tivessem sido amplamente discutidas pela sociedade.

Manifestação contra a reforma trabalhista e a reforma da previdência. Recife (PE), 2017.

O anúncio de reforma da Previdência Social, cujas propostas alterariam as regras para a aposentadoria dos trabalhadores, promoveu ainda mais críticas ao governo. Em fevereiro de 2018, Temer desistiu de tentar implantá-la e afirmou que caberia a quem o sucedesse a tarefa de reformar a Previdência.

Ao agitado contexto sociopolítico que se manteve após o *impeachment* de Dilma Rousseff, somaram-se mais denúncias de corrupção, as quais atingiram ministros do governo Temer e integrantes de quase todos os partidos políticos, incluindo Aécio Neves (PSDB), que disputou a Presidência da República em 2014.

Denúncias e impopularidade

No decorrer de 2017, foram feitas denúncias de corrupção passiva, organização criminosa e obstrução da Justiça contra Michel Temer com base em delação premiada e investigações da Procuradoria-Geral da República. Caso os deputados federais votassem a favor da aceitação das denúncias, Temer seria investigado pelo Supremo Tribunal Federal. Usando a estratégia da troca de favores políticos, o presidente e seus aliados deram início a negociações com parlamentares visando barrar as denúncias. Assim, o governo arrecadou votos contrários à aceitação, e a denúncia foi arquivada. Temer tornou-se o presidente mais impopular da história recente do país. Pesquisa divulgada em setembro de 2017 indicou que 77% da população avaliou seu governo como ruim ou péssimo.

República, a construção do que é público, do que é comum

A crise política recente estimulou a sociedade a questionar e a refletir sobre as bases que sustentam nossa República. Nesse processo, é inevitável não apenas buscar compreendê-la mas também construir um projeto político que priorize em nosso regime republicano o bem comum, coletivo, conforme destaca o texto a seguir, produzido em janeiro de 2015 pelas pesquisadoras e professoras universitárias Lilia Schwarcz e Heloisa Starling.

[…] Cresceu no Brasil a reação pública contra atos de corrupção, e se tornou mais visível o fato de que esses atos têm sido um elemento constante na cena política nacional. Evidentemente, há riscos. O entendimento da política brasileira como um campo regido pela corrupção pode enfraquecer os mecanismos de participação pública e levar descrença ao funcionamento das instituições democráticas. Enfrentar a corrupção exige controle público, transparência das ações dos governantes e um processo de formação – no sentido do aprendizado – de uma cultura republicana que seja exercida cotidianamente pelo brasileiro comum em sua relação com o país. Precisamos praticar em nosso cotidiano a definição do que é público e a linguagem pública dos direitos, e isso quer dizer garantir o respeito ao outro – a qualquer outro. […]

Uma das grandes novidades é a existência de novos clamores em favor dos direitos civis, os "direitos à diferença", **evocados** por uma série de movimentos sociais, como o movimento negro, o movimento LGBT, o movimento quilombola, o movimento feminista, entre tantos outros. Tardou, mas uma nova agenda levou a que mais e mais brasileiros imaginassem uma cidadania que não se limitasse à igualdade, mas também demandasse o direito à diferença na igualdade. […]

De toda forma, os desafios para que se altere o imperfeito republicanismo do Brasil são muitos: a sua persistente fragilidade institucional, a corrupção **renitente**, o bem público pensado como coisa privada. A grande utopia quem sabe ainda seja acolhermos os valores que têm como direção a construção do que é público, do que é comum. […]"

Lilia Moritz Schwarcz e Heloisa Murgel Starling. *Brasil: uma biografia.* São Paulo: Companhia das Letras, 2015. p. 505-507.

Manifestação feminista contra o machismo e a cultura do estupro, na Avenida Paulista. São Paulo (SP), 1 jun. 2016.

Cris Faga/Fox Press Photo/Folhapress

Glossário

Evocar: lembrar; trazer à memória.
Renitente: insistente; persistente.

1. Em qual contexto sociopolítico brasileiro o texto foi produzido e que mensagem transmite ao leitor?

2. As autoras compartilham da ideia de que a corrupção é um fenômeno recente na História do Brasil? Justifique.

3. Na visão das autoras, para combater a corrupção basta punir exemplarmente os corruptos? Justifique.

4. Que relações as autoras fazem entre democracia, cidadania e republicanismo?

 **Atividades** ■■■

1 Após a leitura do trecho a seguir, analise o papel das Jornadas de Junho na crise política que emergiu no país a partir de então.

> Em junho de 2013, o Brasil foi inundado por imagens que surpreenderam o país, a saber, as cenas das chamadas jornadas de junho; uma onda de protestos gigantescos que não eram vistos desde o movimento pelo *impeachment* do presidente Collor em 1992. Milhões de jovens nas ruas, em mais de mil municípios do país – sobretudo nas grandes e médias cidades –, tomaram as principais avenidas, ocupando locais centrais, em uma série de manifestações que causaram um terremoto político, cultural e intelectual no Brasil.
>
> Josué Medeiros. Breve história das jornadas de junho: uma análise sobre os novos movimentos sociais e a nova classe trabalhadora no Brasil. Revista História e Perspectivas, Uberlândia, n. 51, 2014. Disponível em: <www.seer.ufu.br/index.php/historia perspectivas/article/view/28888/16044>. Acesso em: fev. 2018.

2 Cerca de um mês após a Câmara dos Deputados aprovar a abertura do processo de *impeachment* de Dilma Rousseff, os pesquisadores James Green e Renan Quinalha publicaram um artigo sobre o tema no *site* de notícias israelense Ynet, cujo trecho está destacado a seguir.

> [...] Antonio Carlos Jobim, um dos criadores da Bossa Nova, uma vez observou: "O Brasil não é para principiantes". [...] o comentário de Jobim é certamente verdadeiro neste momento. Para muitos leigos, o atual processo de *impeachment* contra a presidenta Dilma Rousseff simplesmente desafia qualquer compreensão fácil.
>
> J. Green e R. Quinalha. Brasil: virando as costas para o futuro. In: H. Mattos, T. Bessone e B. G. Mamiggonian. Historiadores pela democracia: o golpe de 2016 e a força do passado. São Paulo: Alameda. 2016. p. 181.

- Com base no estudo do tema, apresente argumentos que confirmam as ideias contidas no trecho acima.

3 Em seu primeiro mandato, Dilma Rousseff deu continuidade aos programas sociais do governo anterior e criou novos programas. Nesse contexto, o que foi o programa Mais Médicos?

4 A crise política desencadeada em 2014 no Brasil teve como uma de suas causas a Operação Lava Jato. O que foi essa operação e quais seus desdobramentos no cenário político?

5 No processo de *impeachment*, Dilma Rousseff foi julgada pela prática de "pedaladas fiscais", motivo pelo qual teria incorrido em crime de responsabilidade fiscal. Governo e oposição divergiram em relação à legalidade da prática. Identifique o ponto de vista de cada corrente política sobre o assunto.

6 O *impeachment* de Dilma Rousseff, em agosto de 2016, deu início ao governo Temer. No entanto, essa transição não colocou fim à crise política. Comente as razões para a permanência dessa crise.

7 Michel Temer assumiu a presidência do país em maio de 2016. Leia o trecho de uma retrospectiva de seu governo publicada no *site* da Agência Brasil, do governo federal, quando ele completou um ano no poder:

> Nesses 12 meses, a gestão do presidente Michel Temer foi marcada pela adoção do ajuste fiscal na economia, com a definição de um teto para os gastos públicos, e pelo envio das reformas da Previdência, trabalhista e do Ensino Médio para o Congresso Nacional.
>
> Governo Temer completa um ano; relembre alguns fatos. Agência Brasil, 12 maio 2017. Disponível em: <http://agenciabrasil.ebc.com.br/geral/noticia/2017-05/governo-temer-completa-um-ano-relembre-alguns-fatos>. Acesso em: jun. 2018.

Já de acordo com a imprensa não ligada ao governo, os 12 meses do governo Temer foram marcados pela divulgação de inúmeras pesquisas que demonstraram a crescente impopularidade do presidente.

- Pesquise informações na mídia para identificar as principais medidas tomadas por Temer que justifiquem o declínio de sua popularidade.

A redemocratização →

Crise da Ditadura Civil-Militar → **Abertura política** →

- Crise do "milagre econômico"
- Aproximação com a China
- Novos parceiros comerciais
- Pacote de Abril (1977)
- Fim do AI-5 (1979)

- Lei da Anistia
- Pluripartidarismo
- Volta dos exilados
- Greves

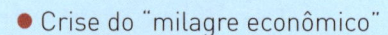

A Nova República

Collor
(1990-1992)

- Plano Collor
  - Confisco de contas
- Neoliberalismo
  - Privatizações
- Denúncias de corrupção
- *Impeachment*
  - Posse de Itamar Franco

Itamar
(1992-1994)

- Plano Real
- Controle inflacionário
- Redução dos gastos públicos
- Ministro da Fazenda: Fernando Henrique Cardoso

FHC
(1995-2002)

- Consolidação da moeda real
- Neoliberalismo
- Fundo Monetário Internacional (FMI)
- Privatizações
- Leis de Diretrizes e Bases (LDB)
- Reeleição constitucional
- Recessão econômica

Diretas Já (1983-1984)

- Mobilização popular por eleição direta
- Emenda Dante de Oliveira
- Eleições indiretas
- Tancredo Neves

Década Perdida

- Plano Cruzado
- Plano Bresser
- Plano Verão

Constituição de 1988

- Cidadania
- Eleições diretas
- Direito à greve
- Reforma agrária

CONSTITUIÇÃO
REPÚBLICA FEDERATIVA DO BRASIL
1988

Fábio Nienow

Lula (2003-2010)

- Políticas sociais
  - Bolsa Família
  - Fome Zero
  - Luz para Todos
- Programa de Aceleração do Crescimento (PAC)
- Geração de emprego e renda
- Mensalão
- Pré-sal

Dilma (2011-2016)

- Políticas sociais
  - Mais Médicos
- Manifestações populares
- Operação Lava Jato
- Crise da Petrobras
- *Impeachment*
  - Posse de Michel Temer

Temer (2016-2018)

- Limite de gastos públicos
- Reforma trabalhista
- Instabilidade política e econômica
- Insatisfação popular
- Denúncias de corrupção

Retomar

1 Em 28 de agosto de 1979, o então presidente general João Batista Figueiredo aprovou a Lei de Anistia, cujo primeiro artigo está reproduzido abaixo:

Art. 1º É concedida anistia a todos quantos, no período compreendido entre 02 de setembro de 1961 e 15 de agosto de 1979, cometeram crimes políticos [...], aos que tiveram seus direitos políticos suspensos e aos servidores da Administração Direta e Indireta, de fundações vinculadas ao poder público, aos Servidores dos Poderes Legislativo e Judiciário, aos Militares e aos dirigentes e representantes sindicais, punidos com fundamento em Atos Institucionais e Complementares [...].

Jusbrasil. Disponível em: <https://presrepublica.jusbrasil.com.br/legislacao/110286/lei-de-anistia-lei-6683-79>. Acesso em: maio 2018.

a) De que maneira a Lei de Anistia representou uma medida de abertura política do regime ditatorial que estava vigente desde 1964?

b) Cedendo às pressões populares pelo fim da ditadura, em 1978, o então presidente Geisel havia tomado outra decisão contra o autoritarismo do regime. Que medida foi essa e qual sua importância para a redemocratização do país?

2 A ligação do Brasil com o futebol é antiga e ultrapassa a esfera esportiva, conforme indica o fragmento a seguir:

A eleição de Waldemar Pires para presidir o Corinthians, um dos clubes mais populares do Brasil, abre espaço para uma ousada experiência de gestão no futebol, inspirada na luta pela redemocratização do país. [...] A Democracia Corintiana, assim batizada pelo publicitário corintiano Washington Olivetto [...] contribuiu para popularizar o movimento pelo fim da ditadura. Além de Sócrates, os jogadores Wladimir, Casagrande, Biro-Biro e Zenon, entre outros, tornaram-se porta-vozes da redemocratização. A palavra Democracia era estampada no uniforme do time. Em 1984 [...] o time entrou em campo com o *slogan* Diretas Já na camisa.

Memorial da Democracia. Disponível em: <http://memorialdademocracia.com.br/card/democracia-entra-em-campo-no-timao>. Acesso em: abr. 2018.

a) A eleição citada no texto acima ocorreu em 1982 e iniciou uma gestão democrática inédita na história do futebol brasileiro. Por que aquela iniciativa ganhou destaque no contexto político nacional da época?

b) O *slogan* Diretas Já sintetizou uma importante mobilização popular pela redemocratização do país. Você considera que essa mobilização foi bem-sucedida? Por quê?

c) Em sua opinião, qual é a importância de equipes esportivas e atletas se engajarem em movimentos em defesa da democracia e da cidadania? Discuta o assunto com os colegas.

3 Na década de 1980, o processo de redemocratização do Brasil que se seguiu à Ditadura Civil-Militar teve diferentes marcos, dentre os quais a aprovação da Constituição de 1988, designada Constituição Cidadã.

a) Comente a importância da Constituição de 1988 para a construção de uma sociedade mais democrática, com maior justiça social.

b) Em sua opinião, a democracia é uma realidade no Brasil atual? Por quê? Em grupo, discuta essa questão e apresente as conclusões à turma.

4 Em um período de 24 anos da história republicana recente, o Brasil vivenciou dois processos de *impeachment* dos ocupantes da Presidência da República: o de Collor de Mello, em 1992, e o de Dilma Rousseff, em 2016. O que é *impeachment* e em qual circunstância a Constituição federal aponta sua validade?

5 A reforma trabalhista do governo de Michel Temer entrou em vigor em novembro de 2017 com a promessa de estimular a abertura de novos postos de trabalho e, com isso, beneficiar os trabalhadores. Por outro lado, seu conteúdo foi criticado por sindicatos, movimentos sociais e partidos de oposição por entenderem que ela estabeleceu a diminuição de direitos trabalhistas.

a) Pesquise quais são as principais mudanças estabelecidas por essa reforma nas relações entre trabalhadores e empregadores. Selecione duas delas, explique-as e comente que impactos elas podem ter sobre os trabalhadores e o mercado de trabalho.

b) Como está, atualmente, a situação dos trabalhadores afetados pela reforma trabalhista? Com a reforma trabalhista, houve aumento nos índices que medem o nível de emprego? Pesquise o assunto em reportagens recentes, base de dados do governo, *sites* de sindicatos ou de associações profissionais. Registre suas conclusões e as fontes pesquisadas.

c) Em data combinada com o professor e com base nas pesquisas, discuta com os colegas qual é o legado da reforma trabalhista do governo Temer para os dias de hoje.

6 Na onda da polarização ideológica, que veio à tona durante a crise política deflagrada em 2014, viu-se crescer entre alguns segmentos radicais o incentivo ao discurso de ódio contra os opositores. Em nome da liberdade de expressão, indivíduos e grupos ultraconservadores disseminaram, sobretudo em redes sociais, ideias que afrontam o convívio democrático e os direitos humanos. O historiador Leandro Karnal reflete sobre o assunto no texto a seguir.

> O ser mais politicamente incorreto do mundo sabe que há limites para a liberdade, segundo as leis de todos os países. Há limites para a liberdade de expressão, por exemplo. O Brasil tem a liberdade de expressão como uma cláusula fundamental da Constituição, mas eu não posso defender um crime. [...] Aceito que haja limites. A lei é castradora da violência ilegal e, nesse sentido, é uma castração desejável. [...] Se eu sou um emissor de ódio contra negros, contra mulheres, contra *gays*, contra esquerdistas, contra conservadores, o que for, eu tenho que ser reprimido porque não há direito baseado no crime. Tenho direito a discordar do que é subjetivo, não criminoso. [...] Não é coincidência o fato de que jovens negros, meninos de 18 a 25 anos, na periferia das grandes cidades, são alvo preferencial de morte. Ou seja, vive-se menos por causa desse preconceito. A morte violenta de rapazes de 18 a 25 anos é um verdadeiro genocídio. Ao expressar o preconceito, portanto, estou reforçando um assassinato. Não pode haver liberdade em torno disso. [...] Não tenho direito ao preconceito. Isso não só tem que ser reprimido como criminalizado, para que as pessoas entendam que racismo, misoginia, homofobia ou demofobia (desconfiança do povo), todos constituem gestos de ódio. Esse gesto de ódio institui a violência real.

Leandro Karnal. Todos contra todos: o ódio nosso de cada dia. Rio de Janeiro: Leya, 2017. p. 56-59.

Reúna-se em grupo para discutir as questões.

a) Que relações o autor estabelece entre o direito individual e a lei?

b) O autor estabelece uma relação entre o discurso de ódio e a violência real. Que situações da comunidade em que vocês vivem, ou da realidade brasileira, são exemplos dessa relação? Por que o respeito aos Direitos Humanos é uma forma de mudar essa realidade?

c) Levando-se em conta os Direitos Humanos, que ações vocês propõem para conscientizar a comunidade escolar sobre a importância de superar o discurso de ódio e o preconceito? Como elas podem ser colocadas em prática?

7 Na crise política, as *fake news* ampliaram a polarização ideológica e o discurso de ódio. Em dupla, discutam porque elas agravam a intolerância e que atitudes podem evitar sua proliferação.

UNIDADE 8

Antever

O século XXI nasceu das ruínas da Guerra Fria. A queda dos regimes socialistas no Leste Europeu a partir de 1989 representou o triunfo do sistema capitalista na ascensão de uma nova ordem mundial. Anunciava-se assim a geopolítica multipolar moldada na integração dos mercados em escala global. Ao mesmo tempo, difundia-se no imaginário das sociedades ocidentais a promessa de colocar fim às barreiras físicas e culturais entre as nações e a crença na consolidação de uma consciência socioambiental planetária.

Contudo, os tempos que emergiram no contexto da globalização trouxeram antigos e novos dilemas ao cenário atual.

No mural *Todos somos um (etnias)*, as dimensões e as cores se destacam na paisagem urbana e desafiam as pessoas a refletir sobre os impasses do mundo contemporâneo. Em que medida o nome dado ao mural e as imagens nele representadas se relacionam aos impasses da geopolítica multipolar do mundo contemporâneo? Quais dilemas você acredita terem emergido da nova ordem mundial baseada no processo de globalização?

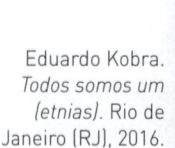

Eduardo Kobra. *Todos somos um (etnias)*. Rio de Janeiro (RJ), 2016.

O mural foi criado no Boulevard Olímpico do Porto Maravilha, região portuária do Rio de Janeiro, por ocasião da realização dos Jogos Olímpicos naquela cidade. A obra multicolorida era, à época, o maior grafite do mundo. Ela estampa cinco rostos que remetem a povos originários de cada continente – os mursi, da Etiópia (África), os tapajós (América), os kayin, da Tailândia (Ásia), os supi (Europa) e os huli, da Nova Guiné (Oceania) – e simboliza a união dos povos do mundo.

Geopolítica multipolar

24

Fim do socialismo no Leste Europeu

Em 2017, a Revolução Russa completou 100 anos. Isso deu força a um movimento de setores da população russa que lembravam com nostalgia do passado socialista: muitas pessoas pensavam que a vida e a economia eram melhores e que o sistema capitalista estava provocando um declínio do modo de vida. Esse sentimento costuma ser alimentado por filmes, fotografias, produtos, cartões e outras mercadorias que simbolizam o passado soviético.

Os problemas econômicos e políticos da sociedade russa atual estimulam esse fenômeno, além de certa desconfiança de setores da população em relação ao governo Putin. Há uma tentativa do governo em barrar a popularização desse ideal nostálgico e evitar o uso do termo "revolução" para se referir ao movimento bolchevique de 1917, preferindo o termo "golpe". Isso evidencia que a leitura do passado é afetada por preocupações do tempo presente e que, para parcela da sociedade russa, o fim do socialismo no país não significou o fim do apoio aos ideais socialistas.

Fim da União Soviética

Durante os últimos anos do governo Brejnev (1964-1982) e nos governos de Andropov (1982-1984) e Tchernenko (1984-1985), a União Soviética assistiu ao desgaste do socialismo, com estagnação da produção, excessiva burocratização da administração pública e crescente corrupção do Estado.

O resultado foi o crescimento cada vez mais acentuado das desigualdades econômicas e tecnológicas da União Soviética (e do Leste Europeu) em relação aos países capitalistas. Essa situação se tornou um entrave para a retomada do crescimento econômico do mundo soviético e foi provocando uma crise de solução cada vez mais difícil. Além disso, a queda do preço do petróleo em meados da década de 1980 também agravou a situação econômica, pois a União Soviética era grande exportadora desse recurso.

Nesse cenário, a ascensão do presidente Mikhail Gorbatchev, em 1985, representou uma tentativa de reorganizar a economia e o sistema político e social da União Soviética. Para isso, o novo governo defendeu duas reformas: a *perestroika* (reestruturação econômica) e a *glasnost* (abertura política).

Máquina de fiar industrial da Alemanha Oriental, na década de 1970.

Enquanto o mundo ocidental passava pela chamada Terceira Revolução Industrial, baseada no desenvolvimento tecnocientífico e no intenso uso de tecnologia robótica e automatizada, a base da produção industrial dos países socialistas continuava sendo a tecnologia da Segunda Revolução Industrial.

A política reformista de Gorbatchev

Os governos soviéticos sempre enfrentaram resistência de membros do Partido Comunista para implementar reformas radicais na economia ou no sistema político do país. Por essa razão, Gorbatchev não pôde iniciar imediatamente suas medidas de reestruturação econômica e de abertura política. Do contrário, correria grande risco de sofrer um golpe de Estado e ser derrubado do governo.

Nos primeiros anos, Gorbatchev adotou medidas pontuais de reforma, como a luta contra a corrupção e pequenos investimentos para modernizar a economia. A partir de 1987, conquistou apoio político para fazer reformas mais profundas que visavam resolver os problemas estruturais do país. Era o início da aplicação efetiva dos princípios da *perestroika* e da *glasnost*. Os investimentos estatais na indústria bélica foram trans-

Mikhail Gorbatchev durante simpósio sobre o aniversário de 25 anos da queda do Muro de Berlim, 2014.

feridos para a produção de bens de consumo a fim de abastecer o mercado e modernizar a indústria. Além disso, estimulou-se a construção de casas populares, legalizou-se a situação de trabalhadores autônomos, incentivou-se a melhoria da qualidade dos produtos e, no campo, as propriedades estatais passaram a ser arrendadas por famílias ou cooperativas. Com a abertura política representada pela *glasnost*, instituíram-se a liberdade de expressão, de imprensa e de religião; anistia aos presos políticos e o pluripartidarismo.

As medidas liberalizantes de Gorbatchev, bem como a defesa do desarmamento nuclear mundial, puseram fim às hostilidades da Guerra Fria e lhe renderam o Prêmio Nobel da Paz em 1990. Contudo, ele enfrentou a oposição conservadora do país, que, em agosto de 1991, articulou um golpe de Estado para tirá-lo do poder e acabar com as reformas implementadas. Embora o movimento tenha fracassado por falta de apoio popular, ele marcou o declínio político de Gorbatchev, já que a *perestroika* não apresentou os resultados pretendidos – a economia soviética não se tornara suficientemente produtiva para competir no mercado internacional.

A partir de então, podem ser identificados três projetos políticos distintos: o dos golpistas, que pretendiam anular a *perestroika* e a *glasnost*; o de Gorbatchev, que pretendia dar continuidade ao programa de reformas e manter a administração da URSS centralizada em Moscou; o dos contragolpistas, que, com um discurso nacionalista, pretendiam a desintegração da URSS por meio da autonomia de suas repúblicas.

ZOOM

Ao assumir o poder, Gorbatchev encontrou um ambiente político favorável à adoção de reformas?

Tanques em tentativa de golpe contra o governo de Gorbatchev. Moscou, Rússia, 19 ago. 1991.

 **Ampliar**

O fim do homem soviético,

de Svetlana Aleksiévitch (Companhia das Letras).

O livro traz inúmeros relatos de pessoas comuns que vivenciaram o fim da União Soviética.

União Soviética

www.bbc.co.uk/portuguese/noticias/000000_curss.shtml

Cronologia da história da União Soviética.

Transformações no Leste Europeu

Andre Durand/AFP

Estátua de Lênin caída, na cidade de Bucareste (Romênia), 1990.

Até 1991, havia estátuas de Lênin de todos os tipos e tamanhos espalhadas pelos países que integravam a URSS. Desde então, a maioria delas foi removida, mas parte das ex-cidades soviéticas ainda conserva essa memória na praça principal ou em um museu.

zoom

Em sua opinião, qual foi o significado da retirada de diversas estátuas como essa nas antigas repúblicas soviéticas depois de 1991?

No início de dezembro de 1991, os presidentes da Rússia, Bielorrússia e Ucrânia concretizaram o fim da URSS assinando o documento de formação da Comunidade de Estados Independentes (CEI), à qual logo aderiram outras ex-repúblicas soviéticas. No mesmo ano, Estônia, Letônia e Lituânia conquistaram sua independência, mas optaram pela não integração à CEI.

Na impossibilidade de concretizar seu projeto político, Gorbatchev renunciou em 25 de dezembro de 1991. Se internamente a ex--URSS não solucionou os graves problemas econômicos e sociais, externamente os ares de liberalização se espalharam por outros países socialistas.

A partir de 1989, Polônia, Hungria, Bulgária, Romênia, Tchecoslováquia, Alemanha Oriental, Iugoslávia e Albânia viram emergir movimentos nacionalistas que questionavam a economia planificada, o autoritarismo político e o regime de partido único. Cada qual a seu modo, essas nações acabaram com o monopólio do Partido Comunista instituindo o pluripartidarismo, abrindo a economia ao capital estrangeiro e privatizando empresas estatais.

Queda do Muro de Berlim

O processo de desestruturação do socialismo nos países do Leste Europeu foi representado, sobretudo, pela Queda do Muro de Berlim. Este dividia a cidade em regimes distintos (o ocidental, capitalista, e o oriental, socialista) e foi um dos mais significativos marcos da bipolaridade da Guerra Fria.

A abertura política e econômica experimentada pela URSS desde as reformas de Gorbatchev estimulou, nas demais nações socialistas do Leste Europeu, o desejo de reformas semelhantes. Em meados de 1989, milhares de alemães orientais foram para a Hungria ao saberem que aquele país abrira, em maio, suas fronteiras com a Áustria (país do bloco capitalista). Assim, abria-se um caminho para a Europa Ocidental – fato inédito desde a implantação do socialismo no leste do continente. Na maioria jovens e com filhos, eles se dirigiram à embaixada da Alemanha Ocidental em Budapeste (Hungria) esperançosos de obter vistos em seus passaportes e, desse modo, poder viajar para fora do bloco socialista.

Após um período de resistência, os diplomatas da Alemanha Ocidental cederam à multidão que se formara em frente ao prédio da embaixada. Os vistos foram concedidos e, desde então, passou a existir uma rota legal para sair da Alemanha Oriental rumo ao Ocidente: chegar a Budapeste e, de lá, seguir em direção à Áustria ou à Alemanha Ocidental. Em setembro de 1989, o ministro do Exterior da República Federal da Alemanha (RFA) permitiu que milhares de alemães orientais, concentrados em frente à embaixada do país em Praga, na Tchecoslováquia, tomassem um trem para o ocidente alemão. Naquele ano, 344 mil pessoas deixaram a Alemanha Oriental. O Muro de Berlim perdia sua função.

O governo da Alemanha Oriental enfrentava intensa oposição popular e foi deposto em outubro de 1989. O novo governo, entre as reformas que promoveu, pôs fim à proibição da migração para o lado ocidental e, cerca de um mês depois, permitiu a derrubada do muro, possibilitando a reunificação alemã.

A reunificação alemã

Populares celebram a reunificação alemã no Portão de Brandemburgo, em Berlim (Alemanha), 3 out. 1990.

Gilles Leimdorfer/AFP

Desde a construção do muro que dividiu a cidade, em 1961, o Portão de Brandemburgo foi interditado, impedindo a ligação entre berlinenses ocidentais e orientais. Com a queda do muro, em 1989, o lugar foi reaberto ao povo e se tornou símbolo da unidade alemã.

Apesar das diferenças de desenvolvimento, tecnologia, competitividade, qualidade de vida e riqueza, o governo de Berlim Ocidental acenou favoravelmente à incorporação do lado oriental, como demonstra a declaração do então chanceler da República Federal da Alemanha, Helmut Kohl, a seus compatriotas: "Estamos a seu lado, somos e permaneceremos uma única nação. Pertencemos à mesma pátria".

A reunificação alemã – concretizada em outubro de 1990 – encerrou a ordem mundial bipolar e deu início à nova ordem mundial, inaugurando a geopolítica multipolar.

Ampliar

Trem para a liberdade

Alemanha, 2014. Direção: Mathias Schmidt e Sebastian Dehnhardt, 90 min.

O filme conta a história dos refugiados da RDA em 1989.

Adeus, Lênin!

Alemanha, 2003. Direção: Wolfganger Becker, 121 min.

Um jovem alemão tenta impedir que a mãe, que estava em coma durante a Queda do Muro de Berlim, perceba as mudanças que ocorreram com o fim do socialismo.

Documentos em foco ▪▪▪

O relato a seguir, recolhido pela escritora bielorrussa Svetlana Aleksiévitch é de uma pessoa que viveu o fim do socialismo na União Soviética e, na década de 2000, refletiu sobre o impacto desse processo em sua vida.

No socialismo, me prometeram que tem um lugar ao sol para todo mundo. Agora falam outra coisa: é necessário viver pelas leis de Darwin, aí é que teremos prosperidade. Prosperidade para os fortes. Mas eu sou um dos fracos. Não sou uma lutadora… Eu tinha um esquema, estava acostumada a viver de acordo com esse esquema: escola, faculdade, família. Eu e meu marido economizamos para comprar um apartamento de cooperativa, depois do apartamento, para comprar um carro… Destruíram o esquema. Fomos jogados no capitalismo… Sou engenheira de formação, trabalhava em um escritório de projetos, que era até chamado de "escritório feminino", porque lá só trabalhavam mulheres. Eu ficava sentada dobrando papel o dia inteiro, adorava deixar tudo direitinho, empilhadinho. Poderia ter passado a vida inteira assim. Mas aí começaram os cortes… Não tocaram nos homens, eles eram poucos, nem nas mães solteiras, nem nas pessoas que se aposentariam em um ou dois anos. Afixaram as listas, eu vi o meu nome lá… Como seguir com a vida? Fiquei desnorteada. Não tinham me ensinado a viver de acordo com as leis de Darwin.

Svetlana Aleksiévitch. *O fim do homem soviético*. São Paulo: Companhia das Letras, 2016. E-book.

1 De acordo com o relato, o fim do socialismo significou uma melhoria no modo de vida de todos os cidadãos da União Soviética? Justifique.

2 Qual é a principal diferença entre o modo de vida socialista e o capitalista, segundo o relato transcrito pela escritora?

Unificação de mercados

O colapso do socialismo representou a vitória do sistema capitalista. Desde o final do século XX, esse sistema tem adotado características do neoliberalismo, como a diminuição da intervenção do Estado na economia, a redução dos investimentos públicos em políticas sociais (educação, saúde, habitação), o controle dos gastos estatais, o fortalecimento da economia de mercado, a privatização das empresas públicas e a crescente participação de capitais externos nos mercados financeiros mundiais.

No âmbito internacional, uma das características mais marcantes do neoliberalismo é a existência de blocos econômicos regionais, ou seja, associações de países que estabelecem relações econômicas privilegiadas entre si. Dentre tais blocos, destacam-se: a União Europeia (UE), que agrupa diversos países do continente europeu; o Bloco do Pacífico, que reúne o Japão, os Tigres Asiáticos (Singapura, Coreia do Sul, Hong Kong e Taiwan) e países do Sudeste Asiático (Indonésia, Tailândia, Filipinas); o Acordo de Livre Comércio da América do Norte (Nafta), cujos membros são Estados Unidos, Canadá e México; o Mercado Comum do Sul (Mercosul), constituído por Brasil, Argentina, Uruguai, Paraguai.

Criados para garantir mercado aos países-membros e fortalecer suas economias diante da alta competitividade mundial, os blocos econômicos sinalizam com a diminuição ou eliminação das barreiras alfandegárias no comércio entre eles. No entanto, não raro, as negociações dos blocos privilegiam os interesses dos países mais industrializados e desenvolvidos que os compõem. Outro aspecto observado é que a cooperação comercial no interior de blocos formados por países em desenvolvimento varia de acordo com a estabilidade das economias nacionais. Por exemplo, os negócios fechados no Mercosul se ressentem das crises monetárias e financeiras enfrentadas por seus membros; por vezes, o protecionismo é reativado como forma de elevar a arrecadação dos governos e equilibrar a balança comercial.

Bandeira do Mercosul.

Alexey Struyskiy/Shutterstock.com

O Brasil participa ainda da União de Nações Sul-Americanas (Unasul), formada pelos 12 países da América do Sul, com o México e o Panamá como observadores. O bloco foi oficializado em 2008, em reunião dos líderes políticos dos países sul-americanos em Brasília (DF). Seu objetivo é fortalecer as relações comerciais, culturais, políticas e sociais entre os países-membros, consolidando o subcontinente no cenário global. No entanto, em abril de 2017, parte das nações da Unasul, incluindo o Brasil, anunciou a suspensão temporária de sua participação, enfraquecendo o bloco.

Bandeira da União Europeia.

Andreadonetti/Dreamstime.com

Os efeitos sociais do neoliberalismo

Um dos efeitos da vitória do capitalismo no mundo globalizado contemporâneo foi o enfraquecimento dos mecanismos dos Estados para controlar a especulação financeira e a circulação de capitais em grande velocidade pelo planeta. Isso vem contribuindo para fragilizar as economias mundiais, que se tornaram suscetíveis a crises constantes.

A crise financeira de 2008

Um exemplo desse efeito ocorreu no final da década de 2000, quando grandes bancos dos Estados Unidos passaram a realizar empréstimos arriscados visando ao lucro rápido.

Como as políticas neoliberais provocaram a redução da intervenção do Estado na economia, o governo dos Estados Unidos não adotou medidas para conter esses empréstimos, que saíram do controle e começaram a ser feitos sem garantia de pagamento. Nesse processo, os bancos comprometeram-se com empréstimos que não podiam suportar.

Em 2007, muitos deles começaram a quebrar pela falta de pagamento dos empréstimos, o que comprometeu toda a economia dos Estados Unidos. Em pouco tempo, a crise estadunidense se espalhou em escala global e diversos países foram afetados. Os efeitos sociais dessa crise ainda estão presentes: redução de salários, aumento do desemprego, crescimento do número de pessoas empobrecidas ou vivendo na miséria, significativo aumento das desigualdades entre os mais ricos e os mais pobres.

Nesse contexto, muitos países passaram a adotar novas medidas neoliberais com o objetivo de superar a crise, como reformar leis trabalhistas e diminuir direitos sociais dos cidadãos. Isso fez com que, em diversos países, os trabalhadores perdessem direitos e sofressem reduções salariais. Além disso, muitos governos diminuíram os recursos aplicados em políticas públicas como forma de cortar os gastos do Estado e possibilitar investimentos para retomar o crescimento econômico, abalado pela crise.

Longe de solucionar o problema, essas medidas agravaram os efeitos da crise e contribuíram para o crescimento da pobreza em muitas regiões do mundo. Contudo, isso não afeta todos os setores da mesma forma e uma pequena parcela de indivíduos ampliou suas riquezas. Por isso, uma característica essencial do mundo neoliberal contemporâneo é o aumento das desigualdades sociais.

Organizações internacionais indicam que, em 2015, apenas 1% da população mundial concentrava mais de 99% das riquezas do planeta. Além disso, de 1988 até 2011, a renda dos 10% mais pobres do planeta aumentou cerca de 65 dólares, enquanto a renda do 1% mais rico aumentou cerca de 11.800 dólares, ou seja, 182 vezes mais.

Nesse cenário, há uma enorme preocupação de que a desigualdade social e o empobrecimento de grandes parcelas da população mundial agravem conflitos em diferentes regiões do planeta, estimulem ações terroristas ou outras formas de violência que possam desestabilizar o equilíbrio internacional.

Sergio Perez/Reuters/Fotoarena

Manifestação do movimento *¡Indígnese!*, em Madri (Espanha), contra práticas da indústria financeira, dos bancos e políticas que prejudicavam a população. No cartaz lê-se "Mudança de modelo já!", 13 nov. 2011.

De olho no legado

Impressões pós-comunistas sobre um centenário na Rússia

Uma nostalgia da vida cotidiana no socialismo pós-stalinista, especialmente relacionada ao consumo, se faz presente em vários meios. São populares os restaurantes e bares soviestálgicos, repletos de objetos domésticos e material de propaganda soviéticos – muitos no estilo de antigas cafeterias, alguns reproduzindo apartamentos privados da época. Canais de televisão reprisam diariamente antigos programas das últimas décadas do socialismo, e festas chamadas "De volta à URSS" atraem tanto os que nela viveram quanto jovens que não a conheceram. Inevitavelmente, as celebrações do aniversário de Moscou de 2017 estavam repletas de referências soviéticas, como as maquetes dos arranha-céus stalinistas que marcam o *skyline* da capital, ou a celebração do papel da cidade nas conquistas científicas, culturais e esportivas dos tempos do socialismo.

Na comemoração da guerra e na nostalgia popular, a União Soviética aparece como símbolo de triunfo nacional e de ordem social, de glória militar e de estabilidade cotidiana. Nada poderia estar mais distante da evocação de uma revolução socialista. O que mais impressiona na Rússia de 2017 é este contraste: por um lado, a **presentificação** de um mundo soviético nacionalista, disciplinado e orientado para a guerra e o consumo; por outro, a minguada celebração das revoltas populares emancipatórias que tornaram aquele mundo possível. [...] Há cem anos [...], o socialismo arrebatou corações e mentes por prometer trazer à Rússia os longamente sonhados progresso e grandeza nacionais. Hoje, os mesmos sonhos de progresso e grandeza nacionais fazem com que a representação da revolução na Rússia seja limitada, tímida e branda. Suas promessas de libertação parecem ser deixadas de lado para se lamentar seu rescaldo de violência e se celebrar seu legado nacionalista de força e ordem. A Rússia parece já não acreditar em revoluções.

Museu do Arcade, Moscou

Jogo de fliperama desenvolvido pela URSS entre 1970 e 1980, em exposição e funcionamento no Museu do Arcade, Moscou (Rússia).

Sergei Karpukhin/REUTERS/Fotoarena

Passeata em comemoração ao centenário da Revolução de Outubro. Moscou (Rússia), 7 nov. 2017.

João Felipe Gonçalves. Impressões pós-comunistas sobre um centenário na Rússia. *Nexo*, 7 nov. 2017. Disponível em: <www.nexojornal.com.br/ensaio/2017/Impressões-pós-comunistas-sobre-um-centenário-na-Rússia>. Acesso em: maio 2018.

1. De acordo com o texto, qual é a relação que os russos estabelecem atualmente com o passado soviético?

2. Por que o autor do texto fala que "a Rússia parece já não acreditar em revoluções"?

3. A atitude de uma sociedade de idealizar determinada época de sua história, seja um passado recente, seja distante, é relativamente comum em períodos de crise ou de transformações. Com base no texto, explique como esse fenômeno se aplica à Rússia.

1 Leia o texto a seguir e responda às perguntas.

> Entre 1985 e 1991, a União Soviética, tentando enfrentar desafios internos e externos que se acumulavam, passou por um período de profundas turbulências: a *perestroika* e a *glasnost*. A sociedade e o Partido, num contexto de amplas liberdades, cedo dividiram-se entre reformistas e conservadores. O sistema não podia continuar como estava, todos concordavam, mas foi difícil definir e trilhar caminhos que levassem à superação dos problemas. Diante dos impasses, num jogo político cerrado e exacerbado por tensões crescentes, a segunda superpotência mundial desintegrou-se.
>
> Daniel Arão Reis Filho. *As revoluções russas e o socialismo soviético*. São Paulo: Unesp, 2003. E-book.

a) O que foi a *perestroika* e a *glasnost* e como elas influenciaram o cenário internacional da época?

b) De que modo a desintegração da União Soviética, indicada no texto, afetou a Alemanha Oriental?

2 Analise a imagem ao lado e faça o que se pede.

a) Descreva do que se trata.

b) Relacione a imagem com o fim da Guerra Fria.

3 Uma característica do mundo contemporâneo é o fortalecimento das políticas neoliberais em diversos países. Em grupo, pesquisem informações sobre políticas neoliberais no Brasil e seus efeitos sociais nos últimos anos. Com base nessas informações, elaborem um relatório analisando a questão.

4 Leia o trecho da reportagem a seguir e faça o que se pede.

Pessoas no Muro de Berlim em frente ao Portão de Brandemburgo. Berlim (Alemanha), 1989.

> Se tem algo que não sai da cabeça de diplomatas dos países do Mercosul é o tal do acordo comercial com a União Europeia. Negociado por mais de duas décadas, previsto para ser assinado ainda em 2017, ele deve sair do papel apenas em 2018. Na cúpula dos países do Cone Sul realizada entre quarta e quinta-feira em Brasília era comum ouvir os envolvidos nas negociações usarem os seguintes termos: "estamos próximos da linha de chegada", "estamos nas portas de fechar o acordo", "quase conseguimos concluir neste ano" e "do ano que vem não passa".
>
> Afonso Benites. Mercosul só tem olhos para o acordo com a União Europeia: "do ano que vem não passa". *El País*, 23 dez. 2017. Disponível em: <https://brasil.elpais.com/brasil/2017/12/21/politica/1513883386_618274.html>. Acesso em: maio 2018.

a) A reportagem cita dois blocos econômicos, o Mercosul e a União Europeia. Explique o que são os blocos econômicos e qual é o papel desse tipo de organização no funcionamento da economia capitalista atual.

b) Formule uma hipótese para explicar o interesse dos diplomatas dos países do Mercosul em conseguir um acordo comercial com a União Europeia.

5 Relacione o fortalecimento do saudosismo de parte da população russa pelo passado soviético com a disseminação das políticas neoliberais no mundo contemporâneo.

Conflitos no Oriente Médio e na Ásia Central

Ameer Alhalbi/AFP

Sírios carregam crianças em meio aos escombros de Aleppo (Síria), 2016.

A cidade de Aleppo, na Síria, é um dos principais cenários do conflito entre as tropas de Bashar Al Assad e a organização terrorista Estado Islâmico.

Ainda hoje, a superação dos desequilíbrios regionais e sociais e a resolução dos impasses do cenário político internacional ainda estão longe de se concretizar.

Com o fim da União Soviética, muitos analistas defenderam que o mundo entraria em uma etapa de progresso nos diálogos e de maior prosperidade após quase um século de conflitos e guerras constantes. Entretanto, essa visão otimista se mostrou equivocada. O mundo foi marcado, nas últimas décadas, por uma série de ameaças ao equilíbrio internacional e barreiras ao avanço de medidas sociais e da diplomacia, além de ações terroristas violentas e deslocamentos em massa.

O Oriente Médio e a Ásia Central são duas regiões em que se desenrolam alguns dos principais conflitos do mundo contemporâneo. Eles são o resultado de processos históricos muito

antigos, alguns até mesmo anteriores à Guerra Fria, mas que continuam sem resolução. Além disso, os problemas sociais dessas regiões estão diretamente relacionados com a disseminação de grupos terroristas que promoveram ataques em diversos países da Europa, nos Estados Unidos e em outras regiões do planeta. Por isso, não é possível entender a geopolítica multipolar sem analisar as mais importantes tensões existentes nessas regiões.

O Oriente Médio no século XX

O Oriente Médio é a maior região produtora de petróleo do mundo e concentra três religiões: cristianismo, islamismo e judaísmo. Ela herdou sérios problemas da partilha imperialista feita pelos países europeus no início do século XX, que não respeitaram as culturas locais e agiram de acordo com seus interesses geopolíticos.

Esses problemas resultaram em vários conflitos que se desenrolaram durante todo o século XX e, mesmo depois do fim da Guerra Fria e da estruturação de um equilíbrio internacional multipolar, o Oriente Médio continua marcado por conflitos e problemas sociais diversos.

Ampliar

Hotel Everest
Estados Unidos, 2017.
Direção: Cláudia Sobral, 40 min.

O documentário acompanha os encontros de três ativistas – um israelense, um palestino e um americano – no Hotel Everest, localizado na cidade de Belt Jala, na Cisjordânia.

O atlas do Oriente Médio,
de Dan Smith (Publifolha).

Apresenta, com textos e mapas, os principais aspectos da história do Oriente Médio.

Palestina em disputa

Um dos conflitos mais representativos da tensão no Oriente Médio envolve israelenses e palestinos. A origem do confronto remonta à Antiguidade: a partir do ano 70 d.C., os judeus se espalharam pelo mundo (forçados pela invasão romana em seu território), enquanto a Palestina continuou ocupada por povos árabes nativos da região. Tal situação se manteve até meados do século XX.

Em 1948, pressionada pela repercussão mundial do Holocausto, praticado pelos nazistas durante a Segunda Guerra Mundial, a ONU criou o Estado de Israel na Palestina. No entanto, a decisão retirou dos palestinos parte do território que ocupavam há séculos, gerando hostilidade entre as duas nações.

Com a fundação da Organização para a Libertação da Palestina (OLP) em 1967, começou-se a articular a formação de um Estado palestino.

O avanço da ocupação israelense na Palestina – 1946 a 2011

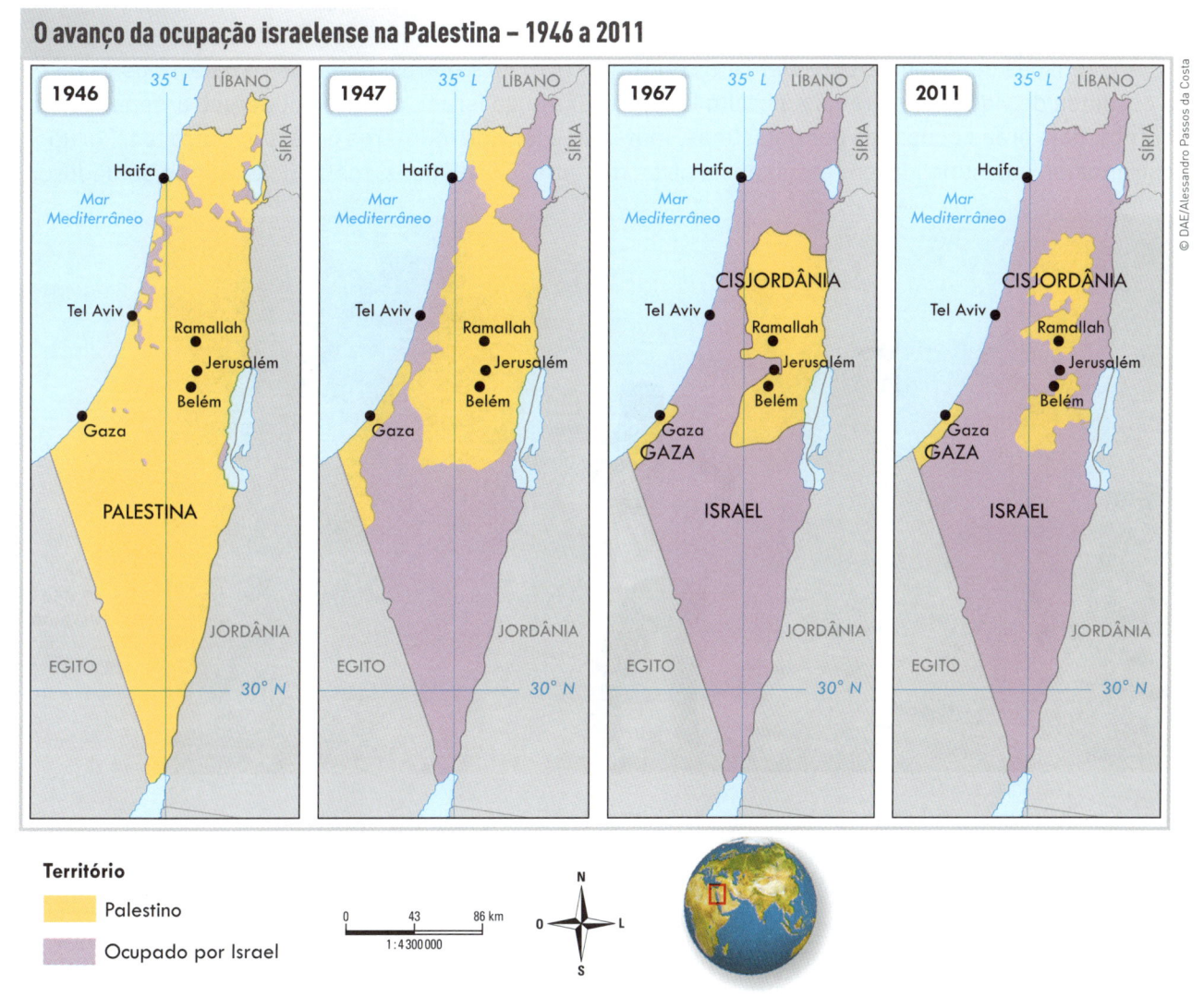

Território
- Palestino
- Ocupado por Israel

0   43   86 km
1:4 300 000

© DAE/Alessandro Passos da Costa

Fonte: Graça Maria Lemos Ferreira. *Atlas geográfico*: espaço mundial. 3. ed. São Paulo: Moderna, 2010. p. 102.

Desenrolar dos conflitos

Sucessivas guerras têm sido travadas entre palestinos e israelenses desde essa época, muitas das quais envolvendo países vizinhos. Durante o período da Guerra Fria, a situação explosiva na região causou o receio de uma intervenção direta das superpotências mundiais, sobretudo porque os Estados Unidos auxiliaram militarmente Israel, tornando-o porta-voz de seus interesses no Oriente Médio, aliança que ainda se mantém.

Em 1979, Israel e Egito assinaram os acordos de Camp David, com mediação dos Estados Unidos, pelos quais determinou-se a devolução do Sinai (região invadida por Israel desde 1967) ao Egito e previu-se a retirada israelense da Cisjordânia (ocupada desde 1967), restabelecendo-se as relações diplomáticas entre os dois países. Em contrapartida, os palestinos conquistaram o apoio das demais nações árabes, que repudiaram os acordos.

Em 1993, sob os efeitos do fim da Guerra Fria, os Estados Unidos promoveram o início de negociações de paz entre Israel e a OLP, mas poucos avanços foram obtidos. Atualmente, a criação do Estado Palestino é reivindicada pela Autoridade Nacional Palestina, entidade que substituiu a OLP, mas os territórios da Faixa de Gaza e da Cisjordânia permanecem ocupados por Israel e muitos palestinos vivem em campos de refugiados ou em diversos países árabes.

Os pontos de desacordo são a divisão de Jerusalém entre israelenses e palestinos, a retirada dos colonos israelenses de terras palestinas, o retorno de refugiados das guerras árabe-israelenses a suas antigas terras e o reconhecimento da Palestina como Estado independente.

As tensões geopolíticas explodem em confrontos armados entre israelenses e palestinos e cresce a escalada de violência na região: por um lado, o exército de Israel, com seu poderoso arsenal bélico, bombardeia áreas ocupadas por palestinos, matando e ferindo inúmeros civis; por outro lado, grupos extremistas palestinos fazem atentados a alvos militares israelenses, matando e ferindo soldados.

Momen Faiz/NurPhoto/AFP

Manifestante palestino atira pedras durante conflito na fronteira entre Israel e a Faixa de Gaza, em 18 maio 2018.

Em 2017, completaram-se 50 anos da Guerra dos Seis Dias, que envolveu Israel, palestinos e países árabes vizinhos. Nesse longo período, as principais negociações de paz e de criação de uma estrutura política que fosse satisfatória tanto a israelenses quanto a palestinos fracassaram. Atualmente, os principais analistas internacionais reconhecem que é pouco provável que um acordo de paz seja estabelecido entre as duas partes nos próximos anos.

Por essa razão, é provável que a paz continue distante dessa região do Oriente Médio e que os conflitos causados pela ocupação israelense de áreas destinadas aos palestinos, bem como as reações palestinas visando expulsar os israelenses de suas terras, continuem ocorrendo na região. Confrontos entre ambos os lados deixaram grande saldo de mortos e feridos na região.

zoom

Quais são as principais dificuldades que impedem um acordo de paz duradouro entre palestinos e israelenses?

Ampliar

Palestina, uma nação ocupada, de Joe Sacco (Conrad Livros).

O autor conta histórias interessantes que coletou nas ruas, hospitais, escolas e casas dos refugiados durante uma viagem ao Oriente Médio.

O Golfo Pérsico e o petróleo

Outro conflito ocorrido no Oriente Médio iniciou-se em meados de 1990, quando o Iraque invadiu o Kuwait para ter acesso ao Golfo Pérsico. Temendo o controle iraquiano sobre o abastecimento de petróleo do mercado consumidor internacional, os Estados Unidos lideraram, entre janeiro e fevereiro de 1991, uma ofensiva militar contra o invasor. A chamada Guerra do Golfo foi vencida pelos exércitos aliados – o Kuwait foi libertado e a ONU impôs rígido embargo comercial ao Iraque.

Apesar da curta duração, essa guerra se caracterizou pelo visível poder de destruição das armas nela usadas. Os bombardeios aéreos sobre a capital iraquiana, Bagdá, devastaram a cidade, matando milhares de civis; os poços petrolíferos kuwaitianos foram incendiados, causando forte impacto ambiental na fauna e na flora do Golfo – calcula-se que décadas serão necessárias para a natureza se recuperar do desastre. Pela primeira vez, uma guerra foi transmitida em tempo real pelas emissoras de televisão do mundo inteiro.

> **zoom**
> Por que o embargo comercial determinado pela ONU é uma sanção internacional a um país?

Tropas americanas aguardam ao redor de tanque de guerra, na Arábia Saudita, próximo à fronteira com o Kuwait, 21 jan. 1991.

A Guerra do Iraque

Nesse contexto, entre 2002 e 2003 vinha se desenrolando uma crise internacional que desenhou novos contornos na geopolítica mundial. Os Estados Unidos acusaram o então presidente do Iraque, Saddam Hussein, de abrigar armas de destruição em massa, colocando em risco a paz mundial e a segurança estadunidense (em razão das hostilidades entre as duas nações desde a Guerra do Golfo).

Com o pretexto de destruir esse arsenal, os Estados Unidos se prepararam para invadir o território iraquiano. A ONU interveio e realizou inspeções no Iraque, onde as tais armas não foram encontradas. Com isso, reforçou-se a tese de que o interesse do governo estadunidense no confronto seria derrubar Hussein e colocar à frente do país um governante alinhado com os Estados Unidos, a fim de favorecer o controle estadunidense sobre as reservas de petróleo iraquianas.

Manifestantes protestam contra a Guerra do Iraque. São Francisco (USA), 19 mar. 2008.

O protesto marcou cinco anos da guerra, que contabilizou cerca de 4 500 soldados estadunidenses mortos, segundo números divulgados pelo governo dos Estados Unidos. Estimativa de investigadores de universidades dos EUA, Canadá e da capital iraquiana, Bagdá, em cooperação com o Ministério da Saúde do Iraque, aponta que cerca de 500 mil pessoas morreram no Iraque, entre 2003 e 2011, em decorrência da ocupação do país por tropas estadunidenses.

O conflito

As tensões cresceram quando a ONU declarou-se oficialmente contra uma investida militar estadunidense no Iraque, sendo apoiada por diversos países. A Inglaterra aliou-se aos Estados Unidos, rompendo com a postura europeia de estimular uma solução pacífica para o impasse, defendida sobretudo pela Alemanha e pela França.

Os Estados Unidos iniciaram a guerra contra o Iraque em março de 2003. Com isso, surgiu a necessidade de reavaliar o papel da ONU no cenário mundial, que, desde sua criação, norteara as ações dos países-membros nos conflitos internacionais.

Após dois meses de combate, os Estados Unidos venceram a guerra e, em dezembro, Saddam Hussein foi capturado. Formou-se um governo de transição, identificado com os interesses estadunidenses, que enfrentou hostilidade de parte da população iraquiana. Em 2005, ocorreram as primeiras eleições livres no Iraque após a ditadura de mais de três décadas imposta por Hussein, que foi executado no ano seguinte.

A retirada das tropas estadunidenses do território iraquiano terminou em 2011, mas o país não alcançou estabilidade social e política. A guerra deixou um rastro de destruição, devastando cidades e matando milhares de pessoas. Uma das principais dificuldades enfrentadas pelo governo eleito está nos inúmeros atentados terroristas cometidos por diferentes facções rebeldes, que o acusam de ser um braço dos Estados Unidos no país. Denúncias de corrupção, disputa de poder entre **xiitas** e **sunitas** e os tímidos avanços sociais do regime democrático aumentam o quadro de instabilidade.

O Estado Islâmico entra em cena

Em 2014, militantes do grupo terrorista Estado Islâmico, formado por sunitas radicais, aumentaram a violência ao tomar cidades para formar um Estado muçulmano em território fronteiriço entre Iraque e Síria. A presença do Estado Islâmico resultou em um conflito armado que se desenrolou até o final de 2017. Em dezembro daquele ano, o primeiro-ministro iraquiano, Haider al Abadi, afirmou que o grupo terrorista foi derrotado, com o apoio de uma coalizão internacional sob a liderança dos Estados Unidos, e foi definitivamente expulso do Iraque. Após a vitória, o governo começou a tomar medidas para evitar novos conflitos e estabilizar as disputas políticas pelo controle do Iraque. Ainda assim, não é possível afirmar que novos focos de tensão não possam iniciar novas guerras nessa parte do Oriente Médio.

Garoto sírio em rua destruída, em Raqa, antiga capital do Estado Islâmico, 18 fev. 2018.

Delil Souleiman/AFP

Ásia Central

Na Ásia Central, a complexidade nas relações entre os diferentes povos também envolveu impasses seculares, disputas econômicas e conflitos étnicos.

Afeganistão

O Afeganistão ganhou a atenção mundial ao derrotar as tropas da União Soviética em 1989, após dez anos de uma ocupação comparável à Guerra Fria. Mergulhado alguns anos na guerra civil, o Afeganistão novamente despertou a atenção da comunidade internacional quando, em 1996, a facção islâmica fundamentalista denominada Talibã tomou o poder. Instalou-se então no país uma ditadura, cuja principal característica é a manutenção das tradições religiosas e culturais do Islã.

Esse cenário político-religioso favoreceu a aliança do país com grupos terroristas que combatiam a ocidentalização dos costumes nas sociedades árabes, representada, principalmente, pela influência política, econômica e cultural estadunidense nos países muçulmanos.

Em setembro de 2001, o mundo assistiu a uma violenta demonstração desses impasses. Em ações planejadas, terroristas atacaram as torres gêmeas do World Trade Center, em Nova York, e o Pentágono, em Washington, causando a morte de aproximadamente 3 mil pessoas.

O impacto das cenas transmitidas em tempo real causou comoção, angústia e incerteza. Boa parte do mundo se solidarizou com o povo estadunidense. Ao mesmo tempo, buscava-se entender as razões históricas da tragédia, lançando novos olhares sobre a geopolítica dos Estados Unidos em relação às nações do Oriente Médio e da Ásia Central.

O governo estadunidense, após investigação, atribuiu a autoria dos atentados à rede terrorista Al Qaeda, liderada pelo árabe saudita Osama Bin Laden. Em poucas semanas, o presidente estadunidense, George W. Bush, que estava em seu primeiro ano de mandato, adotou uma política militarista: organizou uma coalizão internacional contra o terrorismo e iniciou uma caçada contra Bin Laden, chegando a oferecer vultosa recompensa para quem o capturasse. A ironia do fato é que, na década de 1980, Bin Laden trabalhara para a CIA, a agência de inteligência dos Estados Unidos que, durante a Guerra Fria, realizava serviços de espionagem internacional e treinava guerrilheiros pró-capitalistas.

Em outubro de 2001, a fim de capturar Bin Laden, os Estados Unidos declararam guerra ao Afeganistão, país que, supostamente, acolhera o terrorista. O fracasso na captura de Osama Bin Laden fez crescer a preocupação estadunidense com a segurança nacional e diminuir a popularidade de George W. Bush. Mesmo assim, Bush foi reeleito em 2004 e, em sua política externa, priorizou o combate ao terrorismo e aos países que representavam alguma ameaça aos interesses dos Estados Unidos.

Em 2009, logo após ser eleito presidente dos Estados Unidos, Barack Obama prosseguiu a busca por Bin Laden, que foi capturado e morto em maio de 2011, no Paquistão, por soldados estadunidenses.

Porém, isso não significou o fim dos conflitos no Afeganistão. O Talibã continuou lutando para recuperar o controle do Estado e derrubar o governo apoiado pelos Estados Unidos. No início de 2018, as forças do Talibã agiam em grande parte do país e o governo afegão tentou iniciar negociações de paz para reconhecer o grupo como um grupo político legítimo. Já os Estados Unidos eram contra qualquer tipo de negociação com o grupo e afirmam que não há nenhuma previsão para a retirada de suas tropas do país.

A Majeed/AFP

Paquistaneses deixam a Escola Pública do Exército após ataque de militantes do Talibã, 2015.

As diversas faces do terror

No mundo contemporâneo, o terrorismo se constitui em uma estratégia de grupos radicais que, por meio da força e da violência, chamam a atenção da opinião pública para suas reivindicações, tentando impor seus projetos políticos. Por outro lado, o discurso da necessidade de se combater o terrorismo, adotado principalmente pelas potências militares ocidentais, motiva muitas guerras e é usado para justificá-las.

Ao longo da História, há diversos exemplos de ações terroristas. Na Revolução Francesa, os jacobinos, liderados por Robespierre, impuseram o período do Terror (1793-1794), no qual os opositores do governo eram guilhotinados. No século XIX, grupos anarquistas da Rússia, interessados em desorganizar o Estado, atacavam líderes do governo czarista.

No século XX, cresceu o número de organizações terroristas. Em 1972, o grupo palestino Setembro Negro sequestrou e matou atletas israelenses que participavam dos Jogos Olímpicos de Munique, na Alemanha. Desde o final da década de 1960, Espanha e França enfrentaram atentados da organização nacionalista ETA, que, motivada por questões étnicas, reivindicava a independência das províncias de origem basca e a formação de um novo país. A Inglaterra foi alvo do IRA – organização irlandesa antibritânica cujo objetivo é pôr fim à subordinação política da Irlanda do Norte à Inglaterra e unificar Irlanda e Irlanda do Norte. O grupo declarou o fim da luta armada em 2005, anunciando que sua atuação passaria a ocorrer por meios políticos.

Outros grupos terroristas que atuam no mundo contemporâneo são, por exemplo, os grupos islâmicos Al Qaeda, Estado Islâmico, Talibã e Boko Haram. Esses grupos foram responsáveis por ataques em diversas regiões do mundo, como o realizado na cidade de Paris, França, em 2015. Reivindicado pelo Estado Islâmico, esse ataque causou a morte de mais de 180 pessoas.

No mundo contemporâneo, o terrorismo se tornou um problema de escala global. No Ocidente, os principais alvos das ações de grupos terroristas são os Estados Unidos e os países europeus, motivando o crescimento da xenofobia direcionada aos imigrantes árabes que vivem nesses países e à comunidade muçulmana de maneira geral. Acentuam-se, assim, impasses nacionalistas e racistas.

Ampliar

Globalização, democracia e terrorismo, de Eric Hobsbawm (Companhia das Letras).

Um dos mais importantes historiadores do século XX reflete sobre o mundo contemporâneo e o impacto da globalização e dos ataques terroristas no funcionamento das democracias mundiais.

Ataques terroristas no mundo desde 1970.

https://infograficos.oglobo.globo.com/mundo/ataques-terroristas-no-mundo-desde-1970.html

Conjunto de gráficos e mapas com dados sobre ataques terroristas desde 1970.

zoom

Nas décadas de 1960 a 1980, o enredo de muitos filmes produzidos nos Estados Unidos apresentava os embates entre agentes secretos estadunidenses, ou de países aliados, contra agentes e espiões soviéticos (ou de seus aliados). Contudo, nos últimos 20 anos os heróis e vilões de grande parte dos filmes estadunidenses estão envolvidos com a temática do terrorismo. Que razões explicam essa mudança?

Jeff J Mitchell/Getty Images

Homenagem aos mortos no atentado a Paris (França), 2015.

1 O texto a seguir é um fragmento de uma reportagem do jornal *El País* sobre o conflito entre palestinos e israelenses na região da Palestina. Leia-o atentamente e depois faça o que se pede.

> Em novembro de 1967, a Resolução 242 do Conselho de Segurança propunha pela primeira vez a paz [entre palestinos e israelenses] em troca de territórios. Meio século depois, o relator da ONU para os direitos humanos nos territórios palestinos, Michael Lynk, a quem Israel nega autorização para entrar em Gaza e na Cisjordânia, lembrava, em Genebra, que as ocupações militares costumam ser temporárias e de curta duração. "Mas esta ocupação, depois de cinco décadas de punições coletivas, confiscos de propriedades e restrições à liberdade de movimento", concluía, "parece não ter fim e só se endurecer."

> Juan Carlos Sanz. A interminável ocupação israelense na Palestina: 50 anos sem paz ou território. *El País*, 5 jun. 2017.
> Disponível em: <https://brasil.elpais.com/brasil/2017/06/01/internacional/1496319085_594064.html>. Acesso em: mar. 2018.

a) Explique como se iniciaram os conflitos entre israelenses e palestinos na região da Palestina.

b) Aponte como surgiu o Estado de Israel e explique como as populações palestinas que habitavam o Oriente Médio reagiram à criação do Estado de Israel.

c) Por que a reportagem afirma que a ocupação de territórios palestinos por forças de Israel "parece não ter fim e só se endurecer"?

2 Acompanhe em jornais, revistas, telejornais ou internet notícias sobre o mundo. Forme dupla com um colega e, em data combinada com o professor, comentem se as situações do Oriente Médio e da Ásia Central descritas ao longo do capítulo permanecem ou se transformaram.

3 A fotografia ao lado é de uma atração turística da cidade francesa de Paris cercada de visitantes. Ela foi tirada após os ataques terroristas de 2015. Analise-a e faça o que se pede.

a) Com base na imagem, aponte um desdobramento dos ataques terroristas no cotidiano das cidades que foram vítimas desse tipo de ação.

b) Por que, no mundo contemporâneo, diversos grupos utilizam estratégias terroristas?

Reforço militar na Catedral de Notre Dame após o atentado em Paris (França), 2015.

4 A Guerra do Iraque e a Guerra do Afeganistão foram conflitos iniciados sob o pretexto de combater ameaças ao equilíbrio internacional e assegurar a paz mundial. Explique de que modo isso ocorreu nos dois conflitos e aponte se essas guerras foram bem-sucedidas em criar um cenário internacional mais estável e pacífico no mundo contemporâneo.

5 O terrorismo é uma ameaça não apenas para a estabilidade política do mundo contemporâneo mas também para a diversidade identitária e cultural de várias regiões do planeta. Em dupla, pesquise exemplos de ações terroristas que ameaçam essa diversidade e estimulam ações violentas e preconceituosas contra grupos sociais distintos, e elabore um breve texto explicando essa situação.

26

A construção do futuro na África e América Latina

Na década de 1990, muitos governos africanos e latino-americanos tomaram medidas de abertura econômica seguindo orientação neoliberal. Por essa razão, longe de grandes avanços, como esperado, África e América Latina foram marcadas no período por diversos problemas econômicos e sociais. Esse cenário negativo começou a se transformar nas décadas seguintes, quando ocorreu um processo de retomada do crescimento econômico associado a medidas sociais importantes.

Ainda assim, ambas as regiões continuam muito distantes da plena resolução de seus problemas. Nos últimos anos eclodiram novos conflitos e foram fortalecidas políticas neoliberais que tendem a provocar um aumento das desigualdades. Nesse contexto, o futuro ainda é incerto, e a condução das disputas políticas e a organização de diferentes grupos das sociedades locais serão fatores determinantes.

Bruno Kelly/Reuters/Fotoarena

Membros do povo indígena warao, da Venezuela, vivendo em condições precárias em Manaus (AM), 2017.

Cenário latino-americano

O fim da Guerra Fria favoreceu a redemocratização latino-americana com a queda das ditaduras que vigoravam desde os anos 1960-1970. Na década de 1980, o cenário foi de abertura política, pressionada pela mobilização de setores sociais que reivindicavam a volta da democracia aos respectivos países. Nesse contexto, processos históricos específicos de cada nação levaram ao fim do regime militar na Bolívia (1982), Argentina (1983), Uruguai (1984), Brasil (1985) e Chile (1990). A transição democrática, entretanto, foi lenta e se construiu com negociações e concessões que envolveram forças governistas, movimentos estudantis e sindicais, e partidos políticos de oposição.

Do ponto de vista econômico, o período foi caracterizado como "década perdida" para a maioria dos países da América Latina. Eles enfrentaram acentuada crise econômica e endividamento externo, baixa competitividade de seus produtos nos mercados internacionais e queda no nível de industrialização. Na década de 1990, as novas democracias da região adotaram o neoliberalismo como modelo político-econômico. Privatização de empresas estatais, valorização da moeda e combate inflacionário, controle de gastos públicos, incentivo à entrada de capitais externos e tomada de empréstimos do Fundo Monetário Internacional (FMI) foram mecanismos usados para inserir os países na chamada Nova Ordem Mundial.

Governos populares na América Latina

Em países como Argentina, Bolívia, Chile, Equador, Paraguai, Uruguai e Venezuela, a exemplo do Brasil, partidos políticos de esquerda identificados com demandas populares de diversos movimentos sociais (urbanos, rurais, indígenas) chegaram ao poder por meio de eleições democráticas. Em geral, esses governos não romperam completamente com a política neoliberal de seus antecessores, mantendo, por exemplo, o controle sobre os gastos públicos. O diferencial deles foi reabilitar o papel do Estado na promoção do desenvolvimento econômico e do combate à pobreza por meio de políticas públicas.

Sebastian Pinera, presidente do Chile, se reúne com a ex-presidente do país, Michelle Bachelet. Santiago (Chile), 14 mar. 2018.

No entanto, vários desafios permanecem. No plano da economia global, quando algum país da região enfrenta instabilidade monetária, inflação, descontrole do déficit público ou outro sinal de crise, os capitais externos ali aplicados migram para países cujas economias são consideradas mais estáveis. Além disso, a concentração de renda persiste e dificulta o desenvolvimento socioeconômico sustentável; há segmentos sociais sem acesso à terra; o desemprego e o subemprego são ameaças constantes, sobretudo nas parcelas da população com baixa qualificação profissional.

Atualmente, projetos políticos e sociais de integração fazem parte da agenda de todos os países da América do Sul. A expectativa no subcontinente é de que nos próximos anos haja maior intercâmbio de mercadorias e uma integração produtiva, a fim de desenvolver a região.

zoom

Quais são os principais problemas sociais enfrentados pela América Latina atualmente?

Argentina

Em 2001, o país atravessou grave crise econômica, as exportações diminuíram e o governo da época anunciou um calote em sua dívida pública. O fato abalou a economia do país por sucessivos anos. O nível de confiança dos investidores caiu, afastando empresas estrangeiras e dificultando acordos para novos empréstimos internacionais.

Em 2014, uma forte desvalorização da moeda agravou o cenário, levando ao risco de recessão econômica. A popularidade da então presidente Cristina Kirchner diminuiu e o candidato governista Daniel Scioli, governador da província de Buenos Aires, foi derrotado pelo candidato neoliberal Maurício Macri. Isso marcou uma reorientação nas políticas argentinas, já que diversas medidas visando à recuperação econômica do país foram tomadas, mas resultaram em uma elevação das desigualdades sociais e na diminuição do poder de consumo das parcelas mais pobres da população. Por essa razão, durante os primeiros anos de seu governo, houve uma recuperação econômica importante, mas que beneficiou efetivamente somente setores da classe média e classe alta do país.

Protesto contra a reforma na previdência em Buenos Aires (Argentina), 18 dez. 2017.

Bolívia

A eleição de Evo Morales à Presidência da República, em 2005, levou um indígena a assumir pela primeira vez a chefia de um Estado na América do Sul. Líder da maioria étnica do país, Morales chegou ao poder defendendo o nacionalismo e o indigenismo aberto ao diálogo. Aproximou-se de Cuba e Venezuela, firmando acordos nas áreas da educação, saúde e imigração.

Em 2006, Morales nacionalizou o setor de exploração de gás natural, o que, na época, causou tensões com o Brasil, uma vez que a Petrobras explorava campos de gás naquele país. Após negociações, a empresa brasileira manteve suas operações no território boliviano, cujo gás é destinado principalmente às termoelétricas brasileiras, que abastecem nosso setor industrial.

Evo Morales venceu as eleições presidenciais seguintes e se tornou o presidente que mais tempo permaneceu interruptamente no poder na América Latina no século XXI. Esse período foi marcado por um grande crescimento econômico do país, que fez da Bolívia o país com maior crescimento do PIB, em 2017, no subcontinente. No entanto, existem inúmeros setores da sociedade que criticam o governo, especialmente pelo fato de ele adotar reformas contínuas que autorizam a reeleição do presidente.

Presidente Evo Morales em viagem a Lima. Peru, 2018.

Ampliar

A pesca milagrosa e a guerrilha na Colômbia, de Alain Devalpo (Edições SM).

O livro é inspirado na história verídica de um jovem que é sequestrado por guerrilheiros das Farc.

Colômbia

O país teve destacado crescimento econômico entre 2000 e 2010. Nos últimos anos, o governo intensificou o combate ao narcotráfico e aos grupos guerrilheiros das Forças Armadas Revolucionárias da Colômbia (Farc) e do Exército de Libertação Nacional (ELN), que promoveram inúmeros conflitos armados no país. No governo de Juan Manuel Santos, eleito em 2010 e reeleito em 2014, foram iniciadas negociações de paz com as Farc, sob a mediação de Cuba. Essas negociações resultaram na assinatura de um acordo de paz em 2016. Porém isso não ocorreu com o ELN e, no início de 2018, o governo colombiano decidiu suspender as negociações de paz com ele.

Uruguai

Nas eleições de 2014, o país elegeu pela terceira vez consecutiva, o socialista Tabaré Vázquez, que governou o Uruguai entre 2005 e 2010. O Uruguai é conhecido pelas medidas pioneiras em relação aos direitos civis e democráticos: o primeiro país a legalizar o divórcio, em 1932; o primeiro da América Latina a legalizar uniões civis entre pessoas do mesmo sexo e a permitir a adoção homoparental, em 2007. Em 2013, aprovou o casamento entre pessoas do mesmo sexo.

Um aspecto importante do governo de Vázquez é que ele conseguiu manter o crescimento econômico alcançado por seu antecessor, resultando em 15 anos sucessivos de desenvolvimento da economia do país.

Estudantes uruguaios com acesso à tecnologia na escola, por meio de um programa do governo, 2012.

Venezuela

Em 2013, o então presidente Hugo Chávez morreu em decorrência de problemas de saúde. Em quase 14 anos no poder, implementou um governo nacionalista, socialista e anti-imperialista. Estatizou setores como telecomunicações e energia, fez a reforma agrária e estabeleceu novas regras para controlar a exploração de petróleo no país. Melhorou o serviço público de saúde e educação e promoveu melhor distribuição da riqueza gerada pelo petróleo. Ainda em 2013, Nicolás Maduro sucedeu a Chávez na presidência, após vencer a eleição.

O governo de Maduro foi marcado por inúmeros problemas políticos e econômicos. Atualmente, a situação da Venezuela é bastante delicada e grande parte da população sofre com a miséria. No início de 2018, dados indicavam que cerca de 90% da população não obtinha renda suficiente para viver com dignidade. Além disso, o país era afetado por constantes apagões energéticos, a hiperinflação havia se tornado um problema crônico, manifestações contra o governo eram organizadas com frequência e havia um clima de forte instabilidade social. Com isso, um número muito elevado de pessoas buscava refúgio em países vizinhos.

Protesto contra o governo de Nicolás Maduro. Caracas (Venezuela), 6 maio 2017.

O legado do chavismo na Venezuela

Líder carismático, a trajetória política de Hugo Chávez foi marcada por alto índice de popularidade e por severas críticas de opositores. Simpatizantes destacam a diminuição da desigualdade social em seu governo. Em 2013, a distribuição de renda do país era a mais igualitária da América Latina (medida pelo **coeficiente Gini**). Também ganharam apoio popular os programas sociais de combate ao analfabetismo e à mortalidade infantil.

No plano internacional, Chávez deu especial atenção aos países em desenvolvimento e ameaçou romper a aliança histórica com os Estados Unidos, grande importador do petróleo venezuelano, o que não se concretizou. Para seus opositores, essa ameaça prejudicou o país. Eles também criticaram a aproximação com regimes autoritários do Oriente Médio e questionaram acordos firmados com Cuba.

Ao estabelecer o controle do Estado sobre a exploração de petróleo e gás natural nas reservas venezuelanas, restringindo a atuação de empresas estrangeiras, por um lado ele agradou aos setores nacionalistas; por outro lado, desagradou grandes grupos petrolíferos internacionais.

Uma das maiores críticas a Hugo Chávez era a seu autoritarismo. Após sua segunda eleição, ele promoveu reformas na legislação que lhe permitiram concorrer ao terceiro mandato consecutivo, uma possível manobra para assegurar sua permanência no poder. Além disso, exerceu forte influência sobre os demais poderes, sobretudo a Justiça, censurou a imprensa e perseguiu opositores, atitudes adotadas por regimes ditatoriais.

Atualmente há uma forte polarização no país entre aqueles que defendem a continuidade das políticas de Chávez e os que afirmam que tais políticas enfraquecem a democracia e são responsáveis pela grave crise econômica. Nesse cenário, há um risco muito grande de que os mecanismos democráticos sejam suspensos e se instaure alguma forma de governo autoritário, já que ambos os lados defendem meios violentos e antidemocráticos na disputa pelo poder. Por essa razão, o futuro do **chavismo** e da Venezuela é incerto e causa grande preocupação aos analistas internacionais.

zoom

Explique esta frase: "O chavismo é um tipo de política que só foi possível por causa do final da Guerra Fria".

Hugo Chávez, ex-presidente da Venezuela, 2007.

Sven Creutzmann/Mambo Photo/Getty Images

África

O continente africano é reconhecido internacionalmente pelos seus parques de preservação ambiental e pela diversidade de ritmos musicais, que conquistam admiradores em várias partes do mundo. O mesmo reconhecimento é dirigido a suas criações estéticas. Suas sociedades tradicionais são exemplos de uma vida comunitária com base na solidariedade e no respeito, nas quais a sabedoria dos mais velhos é valorizada e orienta as gerações jovens.

Os desafios atuais incluem manter a pluralidade cultural do continente e, ao mesmo tempo, abrir-se para inovações que podem beneficiar a vida de suas populações.

As economias de Cabo Verde, Gana e África do Sul vêm crescendo e se dinamizando nos últimos anos, superando questões ainda presentes em outras nações africanas, como a baixa competitividade no mercado internacional e as dificuldades de exportar os principais produtos: gêneros agrícolas e minérios.

Além disso, um dos problemas mais importantes enfrentados pelos países africanos refere-se aos conflitos armados e suas consequências. Segundo a ONU, na África ocorre o maior número de conflitos duradouros do planeta.

Cientes das dificuldades partilhadas em boa parte do continente, em 2002, chefes de Estado africanos criaram a União Africana, instituição **supranacional** que estimula o diálogo e a cooperação mútua entre os atuais 54 países-membros e visa ao fortalecimento da democracia e da integração regional. Entretanto, persistem ainda graves problemas sociais, sobretudo a pobreza, os baixos índices de escolaridade e a disseminação da Aids.

Há ainda algumas regiões do continente africano marcadas por intensos conflitos militares que geram número elevado de refugiados e impedem a criação de um ambiente política e socialmente estável. Um desses graves conflitos é a guerra civil do Sudão do Sul. O país conquistou sua independência em 2011, mas, em 2013, iniciou-se uma disputa pelo controle do novo governo que já fez com que quase dois milhões de pessoas fossem obrigadas a deixar suas casas e buscar refúgio em países vizinhos, como Etiópia, Quênia e Uganda.

Ampliar

Timbuktu
França/Mauritânia, 2014. Direção: Abderrahmane Sissako, 100 min.

O filme mostra o drama de uma família afetada pelo radicalismo de rebeldes islâmicos que, em 2012, tomaram o poder na cidade africana de Timbuktu, no Mali.

Glossário

Supranacional: que tem poder superior ao governo de cada nação.

Stefanie Glinski/AFP

Manifestação pelo fim dos conflitos e a volta da paz. Juba (Sudão do Sul), 9 dez. 2017.

De olho no legado ▪️◾️▫️

África, modernidade e futuro

Em 2005, o escritor moçambicano Mia Couto, em palestra a estudantes universitários de seu país, comentou como, em sua opinião, Moçambique e a África em geral podem entrar na modernidade e construir seu futuro. Leia algumas de suas ideias a seguir.

[...] A pergunta crucial é esta: o que é que nos separa desse futuro que todos queremos? Alguns acreditam que o que falta são mais quadros, mais escolas, mais hospitais. Outros acreditam que precisamos de mais investidores, mais projetos econômicos. Tudo isso é necessário, tudo isso é imprescindível. Mas para mim, há uma outra coisa que é ainda mais importante. Essa coisa tem um nome: é uma nova atitude. Se não mudarmos de atitude não conquistaremos uma condição melhor. Poderemos ter mais técnicos, mais hospitais, mais escolas, mas não seremos construtores de futuro.

Jovens durante as celebrações do aniversário da independência de Moçambique. Maputo (Moçambique), 25 jun. 2015.

Falo de uma nova atitude mas a palavra deve ser pronunciada no plural, pois ela compõe um conjunto vasto de posturas, crenças, conceitos e preconceitos. [...] Um pensamento que não resulte da repetição de lugares-comuns, de fórmulas e de receitas já pensadas pelos outros. [...]

A minha mensagem é simples: mais do que uma geração tecnicamente capaz, nós necessitamos de uma geração capaz de questionar a técnica. Uma juventude capaz de repensar o país e o mundo. Mais do que gente preparada para dar respostas, necessitamos de capacidade para fazer perguntas. [...] A bússola dos outros não serve, o mapa dos outros não ajuda. Necessitamos de inventar os nossos próprios pontos cardeais. Interessa-nos um passado que não esteja carregado de preconceitos, interessa-nos um futuro que não nos venha desenhado como uma receita financeira.

A Universidade deve ser um centro de debate, uma fábrica de cidadania ativa, uma forja de inquietações solidárias e de rebeldia construtiva. Não podemos treinar jovens profissionais de sucesso num oceano de miséria. A Universidade não pode aceitar ser reprodutor[a] da injustiça e da desigualdade. Estamos lidando com jovens e com aquilo que deve ser um pensamento jovem, fértil e produtivo. Esse pensamento não se encomenda, não nasce sozinho. Nasce do debate, da pesquisa inovadora, da informação aberta e atenta ao que de melhor está surgindo em África e no mundo. [...]

Mia Couto. À porta da modernidade, há sete sapatos sujos que necessitamos descalçar. Geledés Instituto da Mulher Negra. Disponível em: <www.geledes.org.br/mia-couto-porta-da-modernidade-ha-sete-sapatos-sujos-que-necessitamos-descalcar>. Acesso em: abr. 2018.

1 Segundo Mia Couto, qual é o principal fator que separa o continente africano de um futuro socialmente mais justo?

2 Qual é o papel das universidades no desenvolvimento social da África, de acordo com Mia Couto? Que papel ele atribui à juventude?

 **Atividades** ■■■

1 O texto a seguir é fragmento de uma reportagem sobre o futuro do chavismo na Venezuela. Leia atentamente e faça o que se pede.

> Para o cientista político Jesús Azcargorta, Chávez criticou duramente o *status quo* que a maioria dos venezuelanos associava à corrupção e ao elitismo quando foi candidato à presidência em 1998.
>
> "Chávez atraiu distintos grupos sociais e instrumentalizou muito bem a noção de 'povo' para se aproximar de cidadãos comuns, promovendo-se como seu interlocutor direto no Estado. Por outro lado, o mandato de Chávez (1999-2013) foi muito bem afortunado", comenta Azcargorta, autor do livro *Los partidos monopólicos latino-americanos*.
>
> O pesquisador explica, ainda, que a sorte desempenha um papel nada desprezível na política. Para ele, por contar tanto tempo com os altos preços do barril de petróleo no mercado internacional, Chávez teve a sorte que não tiveram seu predecessor na presidência, Rafael Caldera (1994-1999), nem seu sucessor, Nicolás Maduro.
>
> "Além disso, Chávez chegou ao poder quando começava um novo auge da esquerda na América Latina e isso lhe garantiu apoios duradouros", afirma Azcargorta.
>
> <div align="right">O auge e o declínio do chavismo. <i>Carta Capital</i>, 15 maio 2015. Disponível em: <www.cartacapital.com.br
/internacional/o-auge-e-declinio-do-chavismo-3575.html>. Acesso em: abr. 2018.</div>

a) De acordo com a reportagem, por que é possível afirmar que o sucesso de Hugo Chávez também esteve relacionado a um contexto externo favorável ao governo?

b) De que modo a situação política atual da Venezuela se diferencia do período em que Hugo Chávez governou o país?

2 Pesquise notícias sobre a situação atual dos países da América Latina mencionados no capítulo. Forme uma dupla com um colega e, na data combinada com o professor, apresentem uma análise da situação desses países e comentem se permanece igual ou ocorreram transformações importantes.

3 Com base em seus conhecimentos, relacione a atual situação de carência econômica, social e política em muitos países africanos com a escravidão e o imperialismo no continente.

4 Pesquise em revistas e jornais aspectos culturais em que a África atual sobressai e influencia outras culturas no mundo. Crie um cartaz sobre o tema e apresente-o à turma.

5 Leia o trecho de uma reportagem sobre Chimamanda Adichie, uma escritora nigeriana.

> Adichie cresceu num *campus* nigeriano. Seu pai era professor, e sua mãe, secretária de admissões. Aos 19 anos tomou o rumo dos Estados Unidos para continuar seus estudos universitários na Filadélfia. Dessa experiência surgiria *Americanah*, que se passa nos dois países – o natal e o de adoção – pelos quais hoje divide sua vida [...].
>
> A fama de Adichie não se deve somente a sua literatura, mas também a duas populares palestras TED. Intitulou a primeira *O perigo de uma história única* (2009), assistida milhões de vezes, e nela alerta sobre os estereótipos. Quando chegou aos Estados Unidos, sua colega de quarto na moradia universitária lhe perguntou onde tinha aprendido a falar inglês tão bem – é uma língua oficial na Nigéria, esclareceu–, ficou muito decepcionada quando ao se interessar pela música tribal que escutava ela lhe confessou que adorava Mariah Carey, e supôs que ela nunca tivesse utilizado um fogão. Adichie não ligou. Mas após alguns meses no país entendeu que essa era a única história que os norte-americanos ouviam sobre a África: o continente equivalia a majestosas paisagens e belos animais, povos envolvidos em guerras eternas, fome, miséria e Aids. Sua história sobre a África estava cheia de estereótipos. E não é que os estereótipos sejam falsos, defende. São somente incompletos.
>
> <div align="right">Chimamanda Ngozi Adichie. Nossa época obriga a tomar partido. <i>El País</i>. Disponível em: <https://brasil.elpais.com/
brasil/2017/10/01/cultura/1506882356_458023.html>. Acesso em: jun. 2018.</div>

Explique o que significa estereótipo e qual foi o identificado pela autora após sua chegada aos Estados Unidos.

27

Impasses do mundo contemporâneo

Bulent Kilic/AFP

Sírios desabrigados pela guerra em Deir Ezzor dirigem-se a campos de refugiados na cidade de Raqa, Síria, 2017.

A comunidade internacional enfrenta grave crise humanitária desde o início do século XXI, causada por violentas guerras civis, como no Congo (1998-2003), na Síria (desde 2011), no Iêmen (desde 2015), além de desastres naturais, como o terremoto que devastou o Haiti (2010).

Na passagem do século XX para o século XXI, diversas transformações resultaram em tensões e conflitos que ameaçam o equilíbrio internacional.

Entre os principais focos de tensão atuais estão os Bálcãs, na Europa, os países árabes, na África e no Oriente Médio, e a península da Coreia, na Ásia. As origens deles remontam à Guerra Fria e em muitos casos resultaram em guerras civis violentas.

Nesse cenário, os Estados Unidos continuam a intervir em diferentes regiões para atender aos próprios interesses. Essa posição também contribui para intensificar situações de instabilidade diplomática.

Conflitos nos Bálcãs

Um importante foco de tensão geopolítica do mundo atual localiza-se na Península Balcânica, na ex-Iugoslávia. Formada após a Segunda Guerra Mundial pelas repúblicas da Eslovênia, Croácia, Macedônia, Montenegro, Bósnia-Herzegovina e Sérvia, a Iugoslávia era muito diversa étnica e culturalmente e manteve-se unida sob o governo de Josef Broz Tito, que implantou um sistema socialista independente das diretrizes soviéticas.

Com a morte de Tito, em 1980, sucederam-se disputas nacionalistas pelo poder central, aprofundadas em 1991, quando a Sérvia tentou impor sua hegemonia. Em represália, no mesmo ano, Eslovênia, Croácia e Macedônia declararam sua independência, seguidas pela Bósnia-Herzegovina em 1992. A Sérvia não reconheceu as repúblicas separatistas, o que resultou em violenta guerra civil, agravada pela diversidade étnica e cultural – os sérvios são, em sua maioria, cristãos ortodoxos; os croatas, católicos; os bósnios, muçulmanos.

Em dezembro de 1995, representantes da Croácia, Bósnia e Sérvia assinaram o acordo de paz, pondo fim à guerra civil. A necessidade de interromper os violentos combates mobilizou a opinião pública mundial, sobretudo após a divulgação da "limpeza étnica" comandada pelo presidente sérvio Slobodan Milosevic, que consistia no confinamento de pessoas não pertencentes à etnia sérvia em campos de concentração, seguido de deportação sumária. Em março de 2001, ele foi preso e acusado pelo **Tribunal de Haia** de praticar crimes de guerra e contra a humanidade. Morreu na prisão em março de 2006, antes da conclusão do julgamento.

Glossário

Tribunal de Haia: corte criada no Pós-guerra como principal órgão jurídico da ONU. Tem a função de julgar as disputas entre países e condenar crimes de guerra.

Iugoslávia durante a Guerra Fria

Fonte: José Jobson de A. Arruda. *Atlas histórico básico*. 17. ed. São Paulo, 2011. p. 32.

Atual configuração da ex-Iugoslávia

Fonte: *Atlas geográfico escolar: Ensino Fundamental do 6º ao 9º ano*. Rio de Janeiro: IBGE, 2010. p. 89.

Novos conflitos

Ainda em 2006, a república de Montenegro declarou sua independência da Sérvia, pondo fim ao que restava da Iugoslávia.

As diferenças culturais entre as repúblicas balcânicas permanecem como entraves à pacificação plena da região. Um exemplo disso foi a Guerra de Kosovo, iniciada em 1999. De maioria albanesa, a província de Kosovo pretendia se separar da Iugoslávia e se unir à vizinha Albânia.

A violência dos conflitos levou a Organização do Tratado do Atlântico Norte (Otan), organização militar ocidental criada no início da Guerra Fria, a bombardear a Iugoslávia e a ONU a enviar uma força de paz para administrar Kosovo. Após o fim da Iugoslávia, Kosovo permaneceu como província da Sérvia, mas, em 2008, declarou unilateralmente sua independência. O novo país tem o reconhecimento internacional de 111 dos 193 países-membros da ONU; entretanto, até o início de 2018, países importantes como a Rússia e a China, além da própria Sérvia, não reconheciam sua autonomia.

Atualmente, uma das estratégias utilizadas para promover a estabilidade nos Bálcãs é a negociação para o ingresso dos países da região na União Europeia. O ingresso da Sérvia e de Montenegro no bloco econômico foi proposto sob a condição de os dois países adotarem políticas para a superação dos conflitos. Com isso, espera-se que eventualmente o governo sérvio reconheça a autonomia de Kosovo.

Além disso, o Tribunal Penal Internacional para a ex-Iugoslávia continua julgando líderes políticos envolvidos no massacre de populações civis nos conflitos da região. No final de 2017, Ratko Mladic, ex-chefe militar dos sérvios na Bósnia, foi condenado a prisão perpétua por crimes praticados, sob seu comando, contra a humanidade.

Albaneses de Kosovo fogem dos combates na região, 1999.

A "limpeza étnica" de Milosevic obrigava os não sérvios a abandonar suas casas para não correr o risco de serem deportados ou enviados para os campos de concentração.

ZOOM

Descreva a cena retratada na fotografia ao lado. Quais elementos da imagem indicam que se trata de uma fuga em massa?

Índia e China

Índia e China atraem o interesse internacional porque são países populosos, sua produção industrial é a maior do mundo e seu mercado consumidor é capaz de absorver produtos e serviços de diferentes lugares. Além disso, carecem de investimentos em infraestrutura, e os setores produtivos constituem importantes focos para a expansão capitalista; sua presença no mercado globalizado tende a se tornar cada vez mais forte.

As economias desses países estão entre as que mais crescem no planeta. O PIB da Índia aumentou 7,2% em 2017, e a projeção de crescimento para 2018 é de 7,7%. Já o PIB da China aumentou 6,7% em 2017, e a previsão de crescimento é de 6,4% em 2018.

Ainda assim, o crescimento econômico não tem sido acompanhado de desenvolvimento social e democratização dessas sociedades. A Índia apresenta altos índices de mortalidade infantil e de analfabetismo; grande parte da população não tem acesso a saneamento básico e vive na miséria; há baixa qualificação profissional e muitos sobrevivem do trabalho informal. Na China, o governo exercido pelo Partido Comunista, no poder desde 1949, tem características autoritárias, reprimindo iniciativas populares que reivindicam a democratização do país.

A China hoje se caracteriza pela inusitada fusão de dois sistemas econômicos aparentemente opostos: capitalismo e socialismo. Lá se fundem a ciência, a tecnologia e a produção em larga escala, típicas do capitalismo globalizado, com um modelo de Estado restritivo das liberdades individuais, típico do socialismo. Essa união entre dois modelos político-econômicos tem sido definida pelos analistas internacionais como "socialismo de livre mercado".

Ampliar

As montanhas se separam

China, 2015. Direção: Jia Zhangke, 131 min.

O filme narra a história de uma mulher chinesa em três períodos: no final dos anos 1990, 2014 e 2025. Assim, por meio dessa história, a obra reflete sobre a modernização da China e os impasses contemporâneos do país.

Nenhum a menos

China, 1999. Direção: Zhang Timou, 106 min.

O filme narra o esforço de uma garota chinesa ao assumir o lugar de um professor, na tentativa de impedir que os estudantes abandonem a escola.

Idoso em situação de rua caminha em frente a uma loja de roupas. Srinagar (Índia), 2017.

A Primavera Árabe

A partir de 2011, ocorreu uma série de manifestações e protestos populares contra os regimes ditatoriais que há décadas controlavam o poder em diferentes países de cultura árabe. Esse fenômeno sociopolítico, chamado de Primavera Árabe, também foi motivado pela crise econômica enfrentada pelas sociedades locais. Os governos desses países usaram força policial e militar contra os manifestantes na tentativa de intimidá-los e enfraquecer o movimento. Entretanto, a mobilização popular prosseguiu e derrubou os governos autoritários da Tunísia (2011), Egito (2011), Líbia (2011) e Iêmen (2012).

Uma das características da Primavera Árabe foi o uso das redes sociais digitais pela população civil, sobretudo pelos jovens, para disseminar as ideias em favor da democratização e convocar a sociedade para os protestos. Inaugurava-se assim uma forma de luta política mediada pelas tecnologias digitais de informação e comunicação. A conexão entre pessoas e ideias possibilitada pelas redes sociais se converteu em instrumento de atuação política popular. As imagens e discursos produzidos pelos manifestantes correram o mundo sem que fosse necessário o aparato da mídia tradicional e sem que os respectivos governos tivessem controle do processo. Isso ajudou a propagar os movimentos de contestação aos regimes autoritários do mundo árabe.

Porém, em pouco tempo, iniciou-se um movimento de reação de forças tradicionais ou de novos grupos sociais que desejavam ocupar o poder após a queda dos regimes autoritários. Na Líbia, por exemplo, depois da derrubada do governo, começou uma violenta guerra civil, que mergulhou o país no caos. A situação não foi pacificada e o conflito já causou a destruição de grande parte do país, além de resultar em um número muito elevado de mortos e de pessoas obrigadas a procurar refúgio em outros países do Oriente Médio.

No Egito, em 2013 ocorreu um golpe de Estado liderado por militares. Isso barrou os movimentos que lutavam por reformas democráticas e acabou criando um regime autoritário que governa o país até hoje. A mobilização popular foi reprimida e não houve mudanças sociais importantes.

Outro país que permaneceu em profunda instabilidade após a Primavera Árabe foi o Iêmen. Parte da população que se manifestou para derrubar o governo daquele país acabou desiludida com as reformas implementadas a partir de 2012 e começou a apoiar um golpe para derrubar o governo. Isso deu início a uma guerra civil no começo de 2015. Até o final de 2017, o conflito, ainda em andamento, havia ferido cerca de 50 mil pessoas e provocado quase 10 mil mortes.

Todas essas situações demonstram o fracasso das aspirações sociais e democráticas da Primavera Árabe. Com exceção da Tunísia, que passou por um processo de efetiva democratização do Estado, os demais países acabaram mergulhados em conflitos ou sofreram golpes de Estado que implantaram novos governos autoritários. Isso criou uma situação de caos regional muito intenso e que está longe de se resolver. A situação mais grave de todas é a da Síria, cenário de uma das mais violentas guerras civis da década de 2010 e que causou instabilidade não apenas na região mas em outras partes do mundo.

Miguel Medina/AFP

Mulheres egípcias ocupam a Praça Tahrir exigindo a queda do presidente. Cairo (Egito), 06 fev. 2011.

A guerra civil na Síria

Na Síria, as manifestações evoluíram para violentos confrontos entre exército e manifestantes, deflagrando uma guerra civil e a luta pela derrubada do presidente Bashar al-Assad. Aos poucos, esse conflito foi crescendo e envolvendo forças externas. Países do Golfo Pérsico, o Irã, a Turquia, os Estados Unidos e a Rússia passaram a intervir na Síria, apoiando as forças rebeldes ou o governo sírio.

Com isso, a destruição intensificou-se e muitas pessoas foram mortas ou obrigadas a se refugiar em países vizinhos, na Turquia e na Europa. Essa grande onda migratória causou problemas sociais nos países de destino, já que eles nem sempre tinham estrutura para abrigar o grande número de pessoas que busca auxílio. Além disso, o fenômeno migratório foi usado por partidos europeus de extrema-direita como argumento para a defesa de medidas estatais mais duras contra a entrada de refugiados, o que agravava ainda mais a crise humanitária provocada pela guerra.

Outro desdobramento da guerra é que o colapso do Estado e o caos provocados pelos combates abriram caminho para o Estado Islâmico e outros grupos terroristas se instalarem na Síria. Essa articulação de grupos terroristas possibilitou a organização de intervenções deles em outros países próximos e aumentou significativamente a instabilidade no Oriente Médio.

Durante o conflito, os governos da Rússia e dos Estados Unidos discordaram sobre os rumos da intervenção e isso também contribuiu para o crescimento das tensões internacionais entre os dois países. Nesse caso, é importante destacar que a Rússia tinha passado por um acelerado processo de modernização de suas forças armadas e o conflito na Síria foi uma oportunidade para os russos demonstrarem seu novo poderio. Assim, pode-se dizer que a Rússia voltou a ser uma potência internacional capaz de se impor aos países ocidentais e isso vem causando preocupação aos analistas internacionais.

Anas Alkharbouti/Picture-Alliance/DPA/AP Images/Glow Images

População local durante evacuação da cidade de Al--Ghouta (Síria), 25 mar. 2018.

Estimativas apontam que, em 2017, a guerra civil já tinha causado a morte de quase 500 mil pessoas e o deslocamento de mais de cinco milhões. Dados desse mesmo ano também indicavam que mais de 70% da população síria não tinha mais acesso a água potável, 20% da população estava vivendo na pobreza e mais de 2 milhões de crianças estavam impossibilitadas de ir à escola. Por tudo isso, afirma-se que o conflito causou uma das maiores crises humanitárias do mundo contemporâneo.

Os Estados Unidos no mundo contemporâneo

Resultado das políticas neoliberais dos Estados Unidos, a crise econômica de 2008 abalou a confiança no sistema bancário estadunidense e deu origem a movimentos populares que defendiam mudanças radicais no modelo econômico do país. O mais famoso desses movimentos, conhecido como Occupy Wall Street, mobilizou diversas manifestações em diferentes partes dos Estados Unidos a partir de 2011. Os protestos, entretanto, tiveram pouco sucesso e mudanças efetivas não foram implementadas.

É importante lembrar que Barack Obama, candidato do Partido Democrata, tornou-se o primeiro presidente negro da história dos Estados Unidos em 2008. Muitos tinham a expectativa de que seu governo tomasse medidas para controlar a ação dos bancos e combater a desigualdade social. Entretanto, do ponto de vista prático, pouca coisa mudou: dados indicam que a parcela de riqueza controlada pelos 10% mais ricos dos Estados Unidos aumentou de 34%, na década de 1990, para 47% em 2017, por exemplo.

Isso não significa que o governo Obama não tenha tomado algumas medidas sociais importantes, como a criação de um sistema de saúde destinado às pessoas pobres, porém essas medidas foram pontuais e não afetaram diretamente o modelo neoliberal de organização da economia.

Do mesmo modo, a gestão Obama deu continuidade à política externa adotada desde os ataques terroristas de 2001. Operações militares em diferentes partes do mundo continuaram sendo organizadas com o objetivo de conter movimentos considerados perigosos para a segurança dos Estados Unidos. Exemplo disso foi a manutenção das tropas estadunidenses no Afeganistão.

Após dois mandatos de Obama, Donald Trump, do Partido Republicano, chegou ao poder em 2016. Durante a campanha eleitoral, Trump defendeu medidas neoliberais mais radicais e adoção de uma postura ainda mais agressiva contra ameaças externas. Posteriormente à sua vitória, soube-se que a campanha nas redes sociais foi feita com base em dados de eleitores obtidos de grandes empresas de tecnologia sem o consentimento deles. O fato motivou a discussão sobre a manipulação dos usuários das redes sociais pelos algoritmos das empresas de tecnologia digital. São os algoritmos que determinam quais notícias, imagens e mensagens entram automaticamente na rede dos usuários, o que impede a liberdade de escolha deles e os envolve em uma bolha de publicações que direciona suas ideias e opiniões.

O início da gestão de Trump foi marcado pelo endurecimento das negociações internacionais e a reversão de medidas sociais da gestão anterior. Além disso, ele defende a redução dos impostos dos setores mais ricos e o fim de mecanismos estatais de intervenção na economia.

Nas relações exteriores, Trump ampliou a intervenção americana em conflitos internacionais. No Iraque, por exemplo, decidiu intervir no combate ao Estado Islâmico, contrariando a promessa da gestão Obama de não enviar novas tropas àquele país.

Donald Trump em anúncio sobre a saída dos Estados Unidos do Acordo de Paris, que prevê a redução da emissão de gases de efeito estufa. Washington, (EUA), 2017.

Kevin Lamarque/Reuters/Fotoarena

Tensão e aproximação entre as Coreias

Um dos primeiros conflitos ocorridos no contexto da Guerra Fria foi a Guerra da Coreia (1950--1953), que envolvia as forças comunistas da Coreia do Norte e as forças capitalistas da Coreia do Sul. Os Estados Unidos intervieram no conflito com o objetivo de evitar a expansão comunista na região. Porém, em 1953, eles foram obrigados a abandonar a região e foi assinado um tratado que dividia as Coreias. Ainda assim, nunca foi assinado um efetivo acordo de paz na região.

Por essa razão, nas décadas seguintes, a tensão entre as duas Coreias voltou a crescer. Especialmente a partir da década de 1980, as autoridades da Coreia do Norte passaram a sinalizar a possibilidade de invadir e ocupar o território da Coreia do Sul. Para isso, foram adotadas medidas para fortalecer o exército do regime comunista e, após a queda da União Soviética, os norte-coreanos começaram a investir no desenvolvimento de armamentos nucleares.

Isso fez da Coreia do Norte um dos principais alvos da política externa estadunidense. O governo dos Estados Unidos passou a defender a necessidade de se preparar para uma guerra na região visando proteger a Coreia do Sul e evitar a possibilidade de o regime comunista da Coreia do Norte utilizar armas de longo alcance para atacar o território americano. Após os ataques terroristas de 2001, a Coreia do Norte passou a ser considerada um dos regimes que ameaçavam a segurança dos Estados Unidos e que precisavam ser combatidos.

No início da gestão Trump, a tensão na região das Coreias cresceu ainda mais, pois surgiram evidências sólidas de que a Coreia do Norte já dominava a tecnologia para a produção de mísseis nucleares de longo alcance. Nesse contexto, o governo Trump adotou uma postura muito agressiva, ameaçando frequentemente iniciar uma operação militar para destruir o regime norte-coreano.

Testes de mísseis de longo alcance realizado na Coreia do Norte, 4 jul. 2017.

Por essa razão, temia-se que as tensões nas Coreias resultassem em uma guerra de proporções imprevistas, com potencial para criar graves atritos com outras potências regionais, como a China e a Rússia. Contudo, em abril de 2018, os presidentes das duas Coreias reuniram-se e anunciaram a intenção mútua de assinar um acordo de paz até o fim daquele ano e desarmar a península coreana do arsenal nuclear de ambos os países.

Atividades ▪▪▪

1 O fragmento a seguir faz uma breve análise da chamada Primavera Árabe. Leia atentamente o documento e depois faça o que se pede.

Iniciadas na Tunísia e logo reproduzidas ao norte da África e no Oriente Médio, diversos levantes, de maioria popular, têm provocado consideráveis alterações no cenário político da região. Em grande medida, as manifestações se alastraram porque os países compartilham certo grau de identidade árabe – seja pela língua, seja pelas características culturais ou históricas. Contudo, apesar das similaridades, elementos de dissonância interna também são importantes para o avanço dos protestos – e ajudam a explicar seus distintos desdobramentos: desde o surgimento de novas democracias até a consolidação de antigos sistemas ditatoriais, passando por reformas em monarquias e, em alguns casos, guerras civis.

Fernando Brancolli. *Primavera Árabe*. São Paulo: Desatino, 2014. E-book.

a) Como você define a Primavera Árabe?

b) O autor do texto fala que os desdobramentos desse movimento foram distintos, como o surgimento de novas democracias, a consolidação de regimes autoritários e guerras civis. Aponte um exemplo de cada um deles.

c) Comente o papel das redes sociais digitais na Primavera Árabe.

2 Sobre o tema do texto a seguir, faça o que se pede.

Em 1993, foi criado o Tribunal Penal Internacional para a ex-Iugoslávia. Este foi criado pela ONU e contou com o apoio das principais potências do planeta. De acordo com a ONU, esse tribunal "tem mostrado agora que os suspeitos que detêm a maior responsabilidade pelas atrocidades cometidas podem ser chamados a prestar contas, bem como que a culpa deve ser individualizada, protegendo comunidades inteiras de serem rotuladas como 'coletivamente responsáveis'" [...]

Associação de Jovens ONU – Brasil (Ajonu). *O Tribunal Penal Internacional para a ex-Iugoslávia*. Disponível em: <https://ajonu.org/2012/10/17/o-tribunal-penal-internacional-para-a-ex-iugoslavia-un-icty>. Acesso em: abr. 2018.

a) Por que a ONU afirma que os suspeitos de maior responsabilidade pelas atrocidades cometidas durante os conflitos na região da antiga Iugoslávia foram punidos por suas ações?

b) Explique por que os conflitos nos Bálcãs resultaram em graves atrocidades contra os direitos humanos.

3 Leia o fragmento a seguir, sobre o movimento Occupy, e responda às questões.

O movimento global dos "ocupas" – acampamentos de estudantes e trabalhadores em áreas públicas de centenas de cidades em todo o mundo –, iniciado no segundo semestre de 2011, tem entre suas principais bandeiras a crítica à desigualdade econômica.

David Harvey (Org.). *Occupy*. São Paulo: Boitempo, 2012. p. 27.

a) De que forma é possível relacionar o movimento Occupy com as transformações econômicas e sociais dos Estados Unidos a partir de 2008?

b) O movimento Occupy foi bem-sucedido em promover mudanças políticas importantes nos Estados Unidos?

4 A tensão entre as Coreias cresceu em 2017 em consequência do desenvolvimento da indústria bélica nuclear norte-coreana. Em abril de 2018, os líderes da Coreia do Norte e do Sul surpreenderam o mundo ao anunciar a disposição de assinar um acordo de paz e efetivar o desarmamento. Pesquise em jornais, revistas ou na internet informações sobre a situação da região e depois elabore um breve texto que explique os rumos diplomáticos tomados para resolver as tensões entre os dois países.

Visualização

Fábio Nienow

Nova Ordem Mundial

- Queda do Muro de Berlim
- Reunificação alemã
- Expansão do capitalismo
- Neoliberalismo
- Blocos econômicos
- Desigualdade econômica

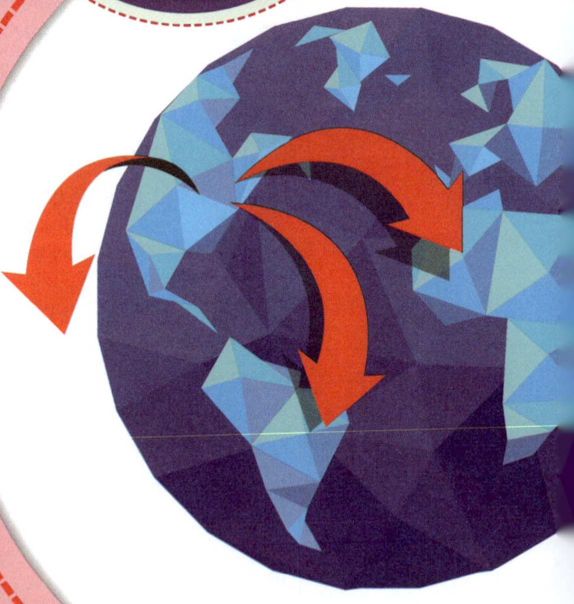

URSS

- Declínio do socialismo
- *Perestroika*
- *Glasnost*
- Comunidade dos Estados Independentes (CEI)

Oriente Médio

- Guerra do Golfo
- Guerra do Iraque
- Questão Palestina
- Disputa territorial

Instabilidade

Bálcãs

- Conflitos étnicos
- Independência de Kosovo
- Massacre de civis

Índia e China

- Expansão econômica
- Problemas de infraestrutura
- Repressão política
- Desigualdade social

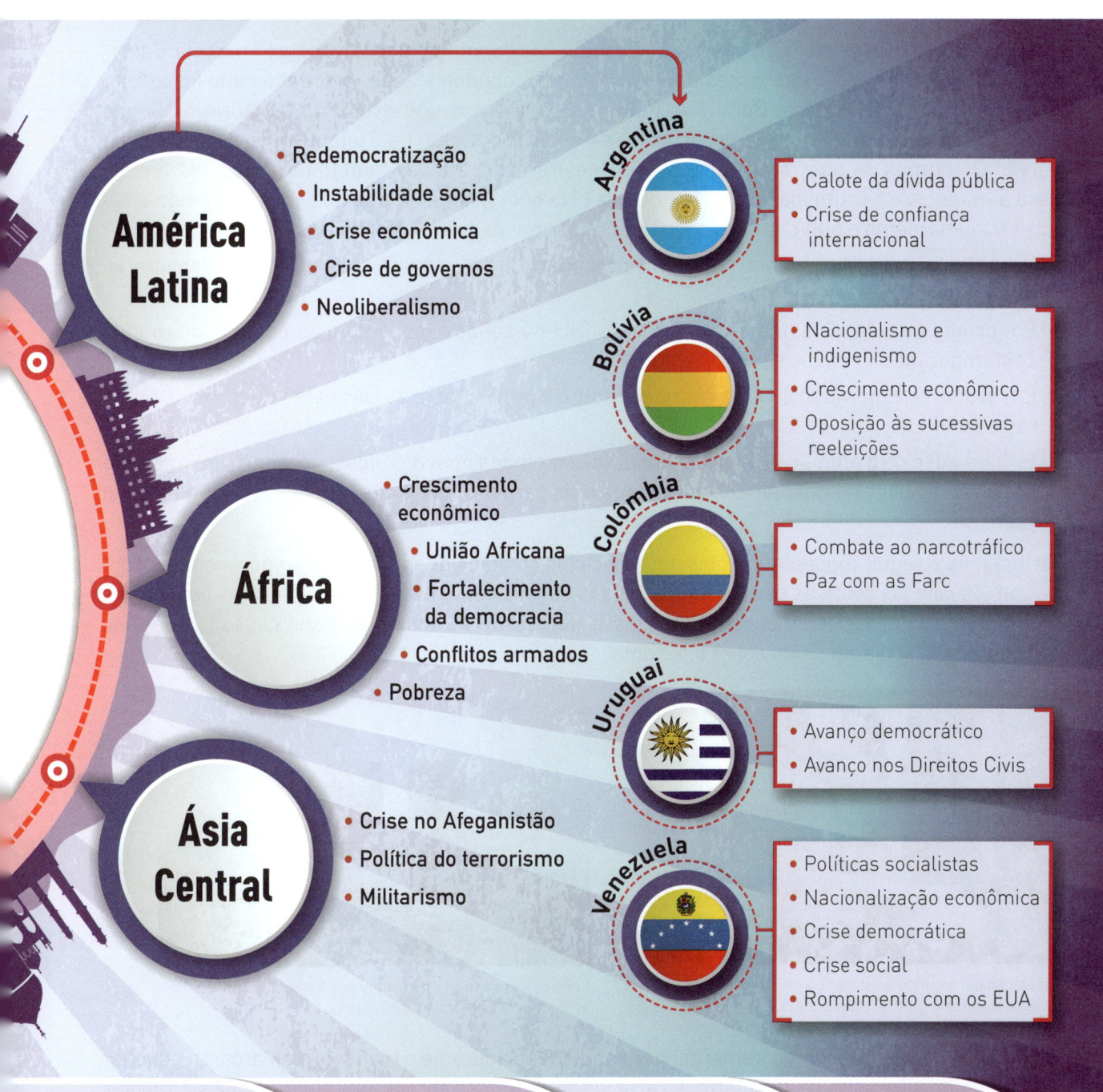

América Latina

- Redemocratização
- Instabilidade social
- Crise econômica
- Crise de governos
- Neoliberalismo

Argentina
- Calote da dívida pública
- Crise de confiança internacional

Bolívia
- Nacionalismo e indigenismo
- Crescimento econômico
- Oposição às sucessivas reeleições

África

- Crescimento econômico
- União Africana
- Fortalecimento da democracia
- Conflitos armados
- Pobreza

Colômbia
- Combate ao narcotráfico
- Paz com as Farc

Uruguai
- Avanço democrático
- Avanço nos Direitos Civis

Ásia Central

- Crise no Afeganistão
- Política do terrorismo
- Militarismo

Venezuela
- Políticas socialistas
- Nacionalização econômica
- Crise democrática
- Crise social
- Rompimento com os EUA

Mundo árabe
- Manifestações populares
- Crise econômica
- Regimes ditatoriais
- Política nas redes sociais

Síria
- Tensões internacionais
- Guerra civil
- Onda migratória de refugiados
- Grupos radicais

EUA
- Crise econômica
- Occupy Wall Street
- Donald Trump

Coreias
- Crise nuclear
- Negociações para um acordo de paz

Retomar ▪▪▪

no caderno

1 No contexto da guerra civil que envolveu as repúblicas da antiga Iugoslávia, na Península Balcânica, entre 1991 e 1995, o então presidente da Sérvia, Slobodan Milosevic, ordenou que fosse feita no país uma limpeza étnica. Com isso, milhares de pessoas que viviam no território da Sérvia sofreram tortura, maus-tratos e deportação, e muitas morreram pelo fato de não serem da etnia sérvia! Os crimes de guerra cometidos por Milosevic chocaram o mundo na época. Há limites para a violência e a brutalidade em uma guerra? Na guerra, qualquer ação contra o inimigo é válida? Há julgamento e punição para quem comete crime de guerra e crime contra a humanidade?

a) Pesquise o que é Direito Internacional Humanitário (DIH) e quais seus objetivos. Registre as informações.

b) Em grupo, discuta: Qual é a importância do DIH no cenário de conflitos e guerras do mundo contemporâneo?

c) Em grupo, crie um vídeo ou uma animação sobre a importância do DIH para situações de guerras e conflitos.

d) Exiba o vídeo ou a animação à turma, em data combinada com o professor. Se participar de rede social, compartilhe o vídeo/animação em sua rede para divulgar o assunto e incentivar a reflexão sobre ele.

2 As imagens a seguir representam dois dos principais conflitos do mundo contemporâneo. Converse com os colegas sobre as causas fundamentais desses conflitos e quais medidas os países e as organizações internacionais podem tomar para minimizar o impacto humano causado por eles. Em seguida, elabore um texto sobre o assunto.

População derrubando a estátua do presidente Saddam Hussein durante a guerra. Iraque, 2003.

Patrick Baz/AFP

Prédios em chamas após ataques a bomba e conflitos armados na capital da Bósnia, 1992.

Georges Gobet/AFP

3 As políticas neoliberais começaram a ganhar popularidade durante o mandato de Margaret Thatcher como primeira-ministra da Inglaterra a partir de 1979. Ela se tornou um dos principais símbolos desse tipo de política e ajudou a disseminar a ideia de que as reformas neoliberais poderiam gerar crescimento econômico para o mundo capitalista. Leia atentamente os trechos da reportagem a seguir, que analisa o legado do neoliberalismo de Thatcher, e, em seguida, responda às perguntas.

Ilusões à parte, a era de Margaret Thatcher não trouxe recuperação econômica real. O crescimento médio da economia em seu governo foi de 2,4% ao ano, idêntico ao dos problemáticos anos 1970 e bem inferior ao dos anos 1960.

A renda dos 20% mais pobres estagnou em seu governo e a dos 20% mais ricos cresceu 48%. O índice Gini de concentração de renda cresceu de 25, em 1979, início de seu governo, para 34, em 1990, no final e hoje está em 35.

Se as elites festejaram foi porque Margaret Thatcher quebrou a espinha do movimento sindical, reduziu de 65% para 53% a participação dos trabalhadores na renda nacional e, por meio das privatizações, permitiu aos empresários – ou melhor, aos banqueiros, pois a indústria nacional foi dizimada e o país colocado a serviço da City, o centro financeiro londrino, do qual depende cada vez mais – explorar uma fatia muito maior da economia nacional, adquirida a preço de ocasião.

[...] Seu lema "Não há alternativa" (*There is no alternative* – TINA, como abreviaram admiradores e adversários) quebrou o pacto social do pós-guerra, desautorizou meio século de pensamento keynesiano [...] e moldou o pensamento neoliberal de toda uma geração, juntamente com seu "A sociedade não existe, o que existe são os indivíduos", com o qual legitimou a ganância e o egoísmo das elites e a miséria dos excluídos.

Leandro de Almeida. Margaret Thatcher, a mãe do neoliberalismo. *Carta Educação*, 12 jun. 2013. Disponível em: <www.cartaeducacao.com.br/disciplinas/historia/margaret-thatcher-a-mae-do-neoliberalismo>. Acesso em: abr. 2018.

a) De acordo com o texto, quais foram os resultados das políticas neoliberais de Thatcher?

b) Você concorda com a frase "A sociedade não existe, o que existe são os indivíduos"? Justifique.

c) Na década depois do Governo Thatcher, o neoliberalismo se tornou a base das políticas dos governos capitalistas. Quais foram os principais efeitos das políticas neoliberais no mundo contemporâneo?

4) O texto a seguir traz o trecho de uma reportagem que analisa a crise da Venezuela em 2016. Leia-o atentamente e depois responda as perguntas.

Milhares de venezuelanos cruzaram a fronteira com a Colômbia no dia 10 de julho para comprar principalmente alimentos – como ovos, farinha e arroz –, além de remédios e de produtos básicos, como papel higiênico, numa tentativa de driblar a crise de abastecimento vivida há meses na Venezuela. O governo venezuelano deu apenas 12 horas para que seus cidadãos cruzassem a fronteira, trocassem moeda nas casas de câmbio da cidade colombiana de Cucuta, fizessem as compras e retornassem ao país. A fronteira está permanentemente fechada desde 2015, quando o presidente Nicolás Maduro impôs restrições à circulação entre os dois países sob pretexto de coibir o contrabando. A abertura extraordinária foi tomada como uma ação humanitária diante da falta de produtos básicos no lado venezuelano da fronteira. A crise econômica, que acompanha a queda no preço do petróleo – principal produto da economia da Venezuela – entrou em sua fase mais aguda em novembro de 2015, quando começaram a faltar produtos nos supermercados e farmácias do país.

Politicamente, a Venezuela está dividida entre os que apoiam e os que rechaçam o "chavismo". A expressão se refere à forma de governar do ex-presidente Hugo Chávez, militar que chegou democraticamente à presidência pela primeira vez em fevereiro de 1999, e se manteve por 16 anos, vencendo sucessivas eleições, até deixar o cargo, vítima de um câncer fatal, em 2013. Seu sucessor, Maduro, levou adiante o modelo de "socialismo do século XXI", herdando tanto as políticas sociais que efetivamente diminuíram a distância entre ricos e pobres quanto as críticas que recaíam, antes, sobre seu antecessor. Entre essas críticas estão as acusações de que o "chavismo" se apoia em políticas populistas de distribuição de renda, beneficiado por anos de uma alta circunstancial no preço do petróleo, usando o apoio popular para mudar regras constitucionais e eleitorais, controlar o Judiciário e esvaziar os poderes da Assembleia Nacional, cuja maioria passou, só a partir de dezembro de 2015, a ser opositora – fato inédito desde 1999. A explicação sobre a origem dessa crise e sobre as possíveis saídas variam radicalmente, dependendo de quem fala.

João Paulo Charleaux. A crise na Venezuela e a saída possível, segundo 2 analistas de visões distintas. *Nexo*, 15 jul. 2016. Disponível em: <www.nexojornal.com.br/entrevista/2016/07/15/A-crise-na-Venezuela-e-a-saída-possível-segundo-2-analistas-de-visões-distintas>. Acesso em: abr. 2018.

a) De acordo com a reportagem, qual é o impacto da crise política e social da Venezuela na vida dos cidadãos daquele país?

b) O que foi o chavismo e quais os principais resultados dessa política?

Referências

ARBEX JR., José. *Islã*: um enigma de nossa época. São Paulo: Moderna, 1997.

AZEVEDO, Antonio Carlos do Amaral. *Dicionário de nomes, terras e conceitos históricos*. Rio de Janeiro: Nova Fronteira, 1990.

AZEVEDO, Célia Maria Marinho de. *Onda negra, medo branco:* o negro no imaginário das elites – século XIX. São Paulo: Annablume, 2004.

BARRACLOUGH, Geoffrey. *Introdução à História contemporânea*. São Paulo: Círculo do Livro, [s.d.].

BOTELHO, André; SCHWARCZ, Lilia Moritz (Org.). *Agenda brasileira:* temas de uma sociedade em mudança. São Paulo: Companhia das Letras, 2011.

_____; _____. *Cidadania, um projeto em construção:* minorias, justiça e direitos. São Paulo: Claro Enigma, 2012.

BOTTOMORE, Tom (Ed.). *Dicionário do pensamento marxista*. Rio de Janeiro: Zahar, 2001.

_____ (Org.). *Imagens da cidade:* séculos XIX e XX. São Paulo: Marco Zero; Fapesp, 1994.

CANÊDO, Letícia Bicalho. *A descolonização da Ásia e da África*. 10. ed. São Paulo: Atual, 1994.

CARVALHO, José Murilo de. *Os bestializados*. São Paulo: Companhia das Letras, 1987.

CHIARETTI, Marco. *A Segunda Guerra Mundial*. 2. ed. São Paulo: Ática, 1997.

CUNHA, Manuela Carneiro da. *Índios no Brasil:* história, direitos e cidadania. São Paulo: Claro Enigma, 2012.

D'ARAÚJO, Maria Celina. *A Era Vargas*. São Paulo: Moderna, 1997.

DEL PRIORE, Mary. *Conversas e histórias de mulher*. São Paulo: Planeta, 2013.

_____ (Org.). *Documentos de História do Brasil:* de Cabral aos anos 90. São Paulo: Scipione, 1997.

_____; VENANCIO, Renato. *Uma breve história do Brasil*. São Paulo: Planeta, 2010.

FIGUEIREDO, Luciano (Org.). *História do Brasil para ocupados*. Rio de Janeiro: Casa da Palavra, 2013.

GORENDER, Jacob. *Perestroika:* origens, projetos, impasses. São Paulo: Atual, 1991.

HAHNER, June H. *A mulher brasileira e suas lutas sociais e políticas:* 1850-1937. São Paulo: Brasiliense, 1981.

HOBSBAWM, Eric J. *Era dos extremos:* o breve século XX – 1914-1991. 2. ed. São Paulo: Companhia das Letras, 1998a.

_____ *Sobre história*. São Paulo: Companhia das Letras, 1998.

_____. *A Era dos Impérios (1875-1914)*. Rio de Janeiro: Paz e Terra, 1998.

_____ *Revolucionários*. 4. ed. Rio de Janeiro: Paz e Terra, 2013.

HUBERMAN, Leo. *História da riqueza dos EUA* (Nós, o povo). 2. ed. São Paulo: Brasiliense, 1978.

ISNENGHI, Mario. *História da Primeira Guerra Mundial*. São Paulo: Ática, 1995.

KARNAL, Leandro. *Todos contra todos:* o ódio nosso de cada dia. Rio de Janeiro: LeYa, 2017.

KI-ZERBO, Joseph. *História da África Negra*. Lisboa: Europa-América, 1980.

LEAL, Victor Nunes. *Coronelismo, enxada e voto*. 3. ed. Rio de Janeiro: Nova Fronteira, 1997.

LIMONCIC, Flavio; MARTINHO, Francisco C. P. *A experiência nacional:* identidades e conceitos de nação na África, Ásia, Europa, Américas. Rio de Janeiro: Civilização Brasileira, 2017.

LUNA, Francisco Vidal; KLEIN, Herbert. *The economic and social history of Brazil since 1889*. New York: Cambridge University Press, 2014.

MACEDO, José Rivair. *História da África*. São Paulo: Contexto, 2013.

MAO JR., José; SECCO, Lincoln. *A revolução chinesa*. São Paulo: Scipione, 1999.

MATTOS, H.; BESSONE, T.; MAMOGONIAN, B. G. *Historiadores pela democracia:* o golpe de 2016 e a força do passado. São Paulo: Alameda, 2016.

MELLO, Patrícia Campos. *Índia:* da miséria à potência. São Paulo: Planeta, 2008.

MELLO E SOUZA, Marina de. *África e Brasil africano*. São Paulo: Ática, 2006.

MORAES, Luís Edmundo. *História contemporânea:* da Revolução Francesa à Primeira Guerra Mundial. São Paulo: Contexto, 2017.

MUNANGA, Kabengele. *Rediscutindo a mestiçagem no Brasil*. Petrópolis: Vozes, 2003.

PERROT, Michelle (Org.). *Os excluídos da História*. Rio de Janeiro: Paz e Terra, 1988.

PONTES, José Alfredo Vidigal. *A política do café com leite:* mito ou história? São Paulo: Imprensa Oficial do Estado de São Paulo, 2013.

PRADO, Maria Ligia; PELLEGRINO, Gabriela. *História da América Latina*. São Paulo: Contexto, 2014.

PRESTES, Anita Leocádia. *Uma epopeia brasileira:* a Coluna Prestes. São Paulo: Moderna, 1995.

REIS, Daniel Aarão (Coord.). *Modernização, ditadura e democracia (1964-2010)*. Rio de Janeiro: Objetiva, 2013.

SADER, Emir. *A transição no Brasil:* da ditadura à democracia? São Paulo: Atual, 1991.

_____. *Cuba, Chile e Nicarágua:* socialismo na América Latina. São Paulo: Atual, 1992.

SALIBA, Elias Thomé. *Raízes do riso:* a representação humorística na história brasileira da Belle Époque aos primeiros tempos do rádio. São Paulo: Companhia das Letras, 2002.

SCHWARCZ, Lilia Moritz; STARLING, Heloisa Murgel. *Brasil:* uma biografia. São Paulo: Companhia das Letras, 2015.

_____ (Coord.). *A abertura para o mundo:* 1889-1930. Rio de Janeiro: Objetiva, 2013.

_____ (Org.). *Contrastes da intimidade contemporânea*. São Paulo: Companhia das Letras, 1998.

_____. *O espetáculo das raças:* cientistas, instituições e questão racial no Brasil – 1870-1930. São Paulo: Companhia das Letras, 1993.

SERRANO, Carlos; MUNANGA, Kabengele. *A revolta dos colonizados:* o processo de descolonização e as independências da África e da Ásia. São Paulo: Atual, 1995.

SEVCENKO, Nicolau. *Literatura como missão:* tensões sociais e criação cultural na Primeira República. 2. ed. São Paulo: Brasiliense, 1985.

_____. *A corrida para o século XXI*. São Paulo: Companhia das Letras, 2001.

_____ (Org.) *República:* da Belle Époque à era do rádio. São Paulo: Companhia das Letras, 1998.

SKIDMORE, Thomas. *Brasil:* de Getúlio a Castelo. 7. ed. Rio de Janeiro: Paz e Terra, 1982.

SODRÉ, Nelson Werneck. *A Coluna Prestes*. São Paulo: Círculo do Livro, [s.d.].

SOUZA, Jessé. *A elite do atraso:* da escravidão à Lava Jato. Rio de Janeiro: LeYa, 2017.

SOUZA, José Inácio de Melo. *O Estado contra os meios de comunicação (1889-1945)*. São Paulo: Annablume; Fapesp, 2003.

TOLEDO, Caio Navarro de. *O governo Goulart e o Golpe de 64*. 4. ed. São Paulo: Brasiliense, 1984.